职业教育财经类
"十二五"规划教材

连锁经营管理原理

Chain Business Management Principle

范征 主编
潘忠文 邱云 副主编
曹升洋 主审

人民邮电出版社
北京

图书在版编目（CIP）数据

连锁经营管理原理 / 范征主编. -- 北京 : 人民邮
电出版社, 2014.2（2019.8重印）
职业教育财经类"十二五"规划教材
ISBN 978-7-115-33807-5

Ⅰ. ①连… Ⅱ. ①范… Ⅲ. ①连锁经营－经营管理－
高等职业教育－教材 Ⅳ. ①F717.6

中国版本图书馆CIP数据核字(2013)第300933号

内 容 提 要

本书以影响连锁企业经营管理的4个主要因素作为主线进行编写，即人员、财务、商品和信息。结合高职教学改革的基本要求，科学地设计了8章32节，分别是商业零售业的产生及发展、连锁经营的基本原理、连锁经营的主要业态、连锁企业组织管理、连锁企业的商品管理、连锁企业的财务管理、连锁经营的战略管理和连锁零售业从业指南，比较全面地介绍了连锁经营的概念、产生背景以及主要管理内容。在深度把握上，本书定位于技能型人才的培养，重点培养学生掌握连锁经营的模式、连锁经营的主要业态以及连锁企业的商品管理。此外，本书还介绍了零售业从业的岗位技能要求及成长路线，使学生熟悉零售业从业的利与弊，从而做好职业生涯规划。

本书的每一章开篇均以学习目标和课堂思考进行课程导入，并有阅读与思考供教师在教学过程中组织学生进行讨论。每章结束后有精心挑选的实训内容，学生可以在老师的指导下进行分组实训，并有老师进行点评和分析，从而学生能掌握好本章的知识点。本书深度适中、通俗易懂，方便学生自主学习与自我训练，并配有多媒体课件等配套资源。

本书可作为连锁经营管理专业的核心课程，也可作为物流管理、工商管理、市场营销、经济信息管理、商务管理和电子商务等经管类专业的基础课教材以及连锁零售企业员工的自学与培训用书。

◆ 主　　编　范　征
　　副主编　潘忠文　邱　云
　　主　　审　曹升洋
　　责任编辑　刘　琦
　　执行编辑　喻文丹
　　责任印制　焦志炜

◆ 人民邮电出版社出版发行　北京市丰台区成寿寺路11号
　　邮编　100164　电子邮件　315@ptpress.com.cn
　　网址　http://www.ptpress.com.cn
　　北京九州迅驰传媒文化有限公司印刷

◆ 开本：787×1092　1/16
　　印张：14.5　　　　　　　2014年2月第1版
　　字数：383千字　　　　　2019年8月北京第3次印刷

定价：34.00元

读者服务热线：(010) 81055256　印装质量热线：(010) 81055316
反盗版热线：(010) 81055315
广告经营许可证：京东工商广登字20170147号

前 言

在全球范围内，连锁经营已经成为商业领域主导的企业组织形式。近几年中国更是后来者居上，成为世界上连锁经营发展十分迅速的国家。随着我国连锁经营的高速发展，整个社会对连锁经营管理专业人才的需求也日益增加。专业人才的培养依赖于教育，而高等教育是培养连锁经营管理中高级专业人才的主要途径，许多院校的工商管理、市场营销和企业管理等专业纷纷开设了与连锁经营管理相关的课程，其中260多所院校开设了连锁经营管理专业。

为了适应连锁经营管理课程教学发展的需要，编者通过市场调查，力求准确掌握国内外连锁经营行业的发展现状及趋势，参考了大量有关连锁经营和零售管理的教材、专著、论文等文献资料，并结合自身多年的教学和实践经验编写了本书。

"连锁经营"是一种商业组织形式和经营制度，是指经营同类商品或服务的若干个企业，以一定的形式组成一个联合体，在整体规划下进行专业化分工，并在分工基础上实施集中化管理，把独立的经营活动组合成整体的规模经营，从而实现规模效益的一种经营方式。能够实行连锁经营的商业行业很多，但一般来说涉及零售业、餐饮业和服务业的比较多。本书的"连锁企业"主要是指连锁超市、连锁百货店、连锁专卖店、连锁专业店和连锁便利店等商业零售企业。

本教材有如下特点：

1. 视角新：站在高职高专学生"应用型、操作型、能力型"人才培养目标的角度编写。
2. 思路新：以理论知识和岗位技能为主线，以实用技能训练为核心，通过对典型实践性问题的提出及相应情境的创设，让学习者"在学中做、在做中学"，循序渐进。
3. 内容新：行业企业专家参与审阅和编写，带来新的经营管理理念，新的项目实训题型，与时俱进，实现从学习者向职业者的角色转换。
4. 结构新：全书8章均配以实训，每章中主要的知识点均精心设计了技能训练。
5. 材料新：案例和技能训练均根据企业真实经营状况编写，学习与实践高度接轨。

本书由范征担任主编，他提出了全书的整体思路、整体框架和编写大纲，负责全书的统稿、各章节内容的协调和修改定稿工作，并且编写了第1章、第2章、第3章、第6章、第7章和第8章，潘忠文编写了第5章，邱云编写了第4章。

本书建议课堂讲授48—64课时，课堂讨论和点评4—6课时，总计52—70课时，建议4节/周。教师应采用多媒体教学的形式，以课堂讲授和学生训练为主，辅以学生的自学和教师的指点，各章的参考学时详见下面的学时分配表。

学时分配表

项　　目	课　程　内　容	学　　时
第1章	商业零售业的产生及发展	6—8
第2章	连锁经营的基本原理	6—8
第3章	连锁经营的主要业态	6—8
第4章	连锁企业的组织管理	6—8
第5章	连锁企业的商品管理	8—10
第6章	连锁企业的财务管理	6—8

前言

续表

项　　目	课　程　内　容	学　　时
第 7 章	连锁经营的战略管理	6—8
第 8 章	连锁零售业从业指南	4—6
课堂点评		4—6
课时总计		52—70

  本书在编写过程中，得到了零售业、学术界同行和朋友们的大力支持，尤其是湖南千惠商贸连锁有限公司副总经理曹升洋先生、屈臣氏个人用品商店有限公司长沙公司人力资源经理王江先生从连锁零售企业经营管理的角度对本书的结构提出了建议并审读了全稿，提出了许多宝贵的建议，在此一并向他们表示诚挚的谢意。

  本书在编写过程中参考和引用了国内外专家、学者的许多研究成果，并通过网络检索了大量的文献，限于篇幅未能一一注明，在此向原作者深表谢忱。

  由于连锁行业在管理方法和技术水平上发展迅速，特别是企业的大量实践经验还无法有效地收集和整理，再加上编写人员对高职教育阶段连锁经营的认识也有待进一步提高，故书中难免有疏漏和欠缺之处，恳请读者谅解并提出宝贵意见和建议。

编　者
2013 年 12 月

目 录

第1章 商业零售业的产生及发展 ……1
【学习目标】……1
【案例导入】……1
【课堂讨论】……2
【本章知识结构图】……3
  1.1 商业的产生及发展 ……3
  1.2 零售业的演变 ……8
  1.3 零售业在国民经济中的作用 ……13
  1.4 我国零售业的现状及发展趋势 ……15
【本章小结】……23
【本章实训】……23

第2章 连锁经营的基本原理 ……24
【学习目标】……24
【案例导入】……24
【课堂讨论】……25
【本章知识结构图】……26
  2.1 连锁经营的内涵界定 ……26
  2.2 连锁经营的基本模式 ……31
  2.3 连锁经营的经济学分析 ……40
  2.4 连锁经营的优势及风险 ……42
【本章小结】……47
【本章实训】……47

第3章 连锁经营的主要业态 ……48
【学习目标】……48
【案例导入】……48
【课堂讨论】……49
【本章知识结构图】……50
  3.1 餐饮业的连锁经营 ……50
  3.2 服务业的连锁经营 ……55
  3.3 主要的连锁零售业态 ……57
  3.4 连锁经营在各主要国家的发展 ……69
【本章小结】……73
【本章实训】……74

第4章 连锁企业的组织管理 ……75
【学习目标】……75
【案例导入】……75
【课堂讨论】……76
【本章知识结构图】……77
  4.1 连锁企业组织结构的类型 ……77
  4.2 连锁企业人员招聘与培训管理 ……83
  4.3 连锁企业人员绩效考核管理 ……90
  4.4 连锁企业门店店长管理 ……96
【本章小结】……104
【本章实训】……104

第5章 连锁企业的商品管理 ……105
【学习目标】……105
【案例导入】……105
【课堂讨论】……106
【本章知识结构图】……107
  5.1 连锁企业商品定位 ……108
  5.2 连锁企业商品采购管理 ……116
  5.3 连锁企业物流配送管理 ……124
  5.4 连锁企业商品促销管理 ……127
  5.5 连锁企业信息管理 ……131
【本章小结】……135
【本章实训】……135

第6章 连锁企业的财务管理 ……136
【学习目标】……136
【案例导入】……136
【课堂讨论】……137
【本章知识结构图】……138
  6.1 连锁企业财务管理概述 ……138
  6.2 连锁企业筹资与货币资金管理 ……141
  6.3 连锁企业存货与固定资产管理 ……153
  6.4 连锁企业财务计划与费用控制 ……157

目 录

　　【本章小结】……………………………163
　　【本章实训】……………………………163
第7章　连锁经营的战略管理……164
　　【学习目标】……………………………164
　　【案例导入】……………………………164
　　【课堂讨论】……………………………165
　　【本章知识结构图】……………………166
　　7.1　连锁经营的目标选择与市场
　　　　定位………………………………166
　　7.2　连锁经营的盈利模式分析……170
　　7.3　连锁企业的运营与发展战略……176
　　7.4　连锁企业的竞争与营销战略…182
　　【本章小结】……………………………185
　　【本章实训】……………………………185
第8章　连锁零售业从业指南……188
　　【学习目标】……………………………188

　　【案例导入】……………………………188
　　【课堂讨论】……………………………188
　　【本章知识结构图】……………………190
　　8.1　连锁零售业人才需求分析……190
　　8.2　连锁零售业典型就业
　　　　岗位及成长路线………………205
　　8.3　连锁零售业从业的利与弊……211
　　【本章小结】……………………………214
　　【本章实训】……………………………214

附录1　零售业态分类标准……215

附录2　专业零售店店长岗位
　　　　　需求…………………………218

附录3　连锁经营名词、术语
　　　　　英汉对照109例………………222

参考文献………………………………226

第1章 商业零售业的产生及发展

【学习目标】

- 掌握商业、零售业的相关概念
- 掌握零售业的演变历程
- 掌握零售业在国民经济中的作用
- 掌握我国零售业的现状及发展趋势

【案例导入】

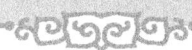

范蠡的经商之道

范蠡是春秋战国时期著名的人物,他协助勾践彻底击败吴王夫差而雪耻复国,继而助勾践北向称霸中原。功成名就之后,激流勇退、务农经商,创造了人生的辉煌,为历史发展做出了杰出的贡献。

一、把握行情,"人取我予"。

范蠡商业经营的最主要目标是"人取我予",即满足人们生产与生活的需求,这种需求不仅是多方面、多层次的,而且与时令、季节的关系也很密切。他能把握时机提供市场最需要的东西,因此立于不败之地。

二、让货等人,"待乏贸易"。

范蠡运用农业丰歉循环论,调节物资,进行"待乏贸易"。具体说,就是"夏则资皮,冬则资绤(细麻布),旱则资舟,水则资车,以待乏也。"所谓待乏原则就是让货等人,不要让人等货。要准备别人所没有的或想不到的,这样才能在市场上占据制高点和优势。

三、诚信经商,"不求暴利"。

范蠡经商,不仅善于抓住时机,并且不追求暴利。《史记》记载,范蠡"候时转物,逐十一之利。"这是非常人性化的主张,符合中国传统思想中经商求"诚信"、求"义"的原则。而且薄利多销、不求暴利、细水长流、日积月累、必成大富,是范蠡成功的秘诀之一。

四、因地制宜,多种经营。

范蠡搞经济不是盲目出击,而是精心选择地点,充分发挥自然环境的优势,以求最好的经济效益。他离开越国后,来到齐国,那里具有良好的从事生产的条件,为范蠡致富奠定了基础。在齐国,他从事农业和海上经营,到陶(今山东肥城)后,除了经营农产品还倡导多种经营。他曾向鲁国穷士猗顿传授致富经验:子欲速富,当畜五牸(应当饲养五种雌性牲畜)。他还提倡养鱼,《齐民要术》记载的《养鱼经》传说就是范蠡所作。

五、注重质量,不图侥幸。

范蠡和计然提出一套"积著之理",就是储存货物的原则。他说:"积著之理,务完物,无息币,以物相贸易,腐败而食之货勿留,无敢居贵。"重视货物质量,资金要流通,不图侥幸获利。

六、埋头苦干,劳动致富。

范蠡充分利用齐国的资源和环境,带领全家人艰苦奋斗。他从越国的上将军变为普通的劳动者,在官为本的时代,多少人仰慕高官厚禄,而范蠡坦然面对身份的改变,埋头苦干、劳动致富,对传统观念做出了大胆的挑战,仅此一点对后人的启迪都是极其深刻的。

七、尽散其财,富好行德。

范蠡经商思想中最可贵的是"富好行其德"。《史记》记载,范蠡在齐致富后,就曾"尽散其财,以分与知友乡党";后来经商,"十九年中,三致千金。"但是他把钱又分给贫穷人和远房兄弟,受到人们的高度赞扬。范蠡富有,凭借的是自己的勤奋和智慧,不搞官商勾结,没有假冒伪劣,并慷慨地回报社会,是中国有记载的最早的慈善家。

【课堂讨论】

请结合范蠡的经商之道讨论我国古代商业的特点。将讨论结果填入表 1-1 中。

表 1-1 讨论结果

讨论人	观　　点
自己的观点	
同学的观点	
老师的观点	

【本章知识结构图】

本章知识结构图如图 1-1 所示。

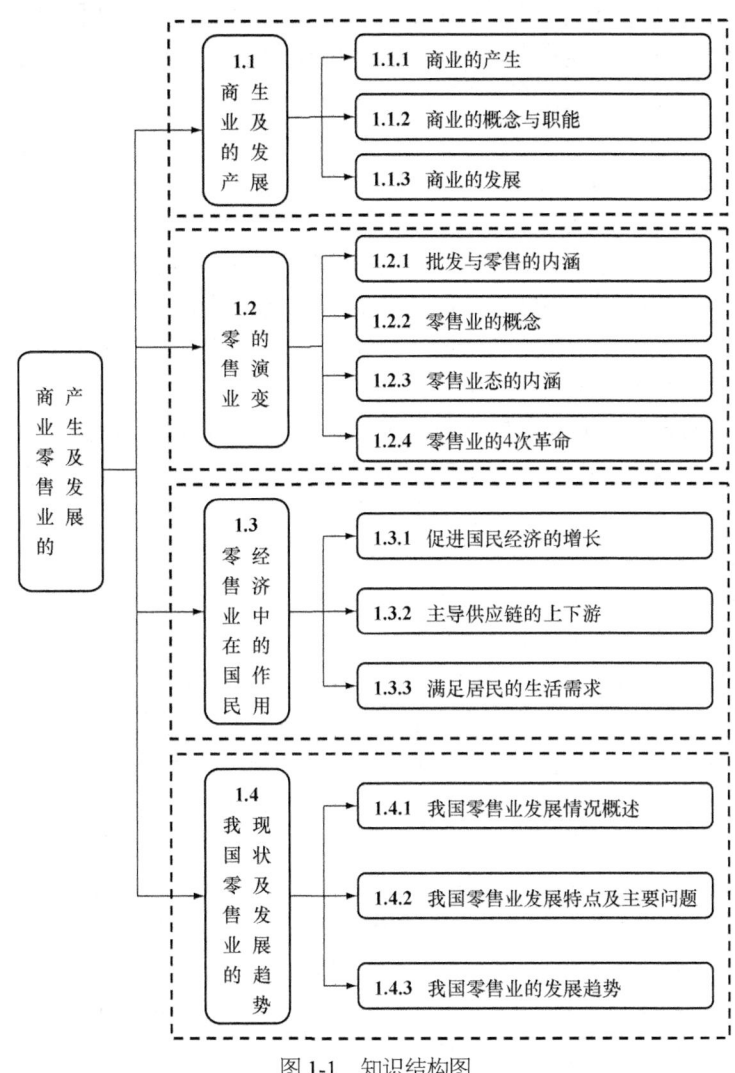

图 1-1　知识结构图

1.1　商业的产生及发展

1.1.1　商业的产生

商业的产生是以商品生产和商品交换为前提的，没有商品的生产和交换，就没有商业，但不等于说，有了商品的生产和交换就一定有商业。商业是商品经济发展到一定历史阶段的产物，它随着人类社会商品经济的发展而发展。

商业是组织商品流通的经济部门，是商品交换的发达形式。商业产生于原始公社制度解体、奴隶制度兴起的历史时期，即人类社会的第三次大分工时。商人最早的概念是商族人，只是一个部落或者说是一个氏族的称谓，商人这个概念包含有从事商业贸易活动的人的意义始于西周。早在周朝建立之前，商业并没有形成一个行业，那时的商业活动可以称作中国商业的原始状态。

商业形成一个行业是在西周初期，最早就在东都洛阳，所以洛阳是中国商业的发祥地。商业的产生，以生产的社会分工和生产要素的不同所有制为前提。更确切地说，是以简单的商品和货币流通的存在为前提的，是人类社会的重要的进步。

新石器时代的早期阶段，生产工具已经由打制石器发展到磨制石器，弓箭也得到了普遍的运用，于是就产生了原始农业和原始畜牧业。随着农业的发展，对原始手工业产生的要求日益迫切，因而原始手工业在这一时期作为农业、畜牧业的副业而产生了。这一时期的手工业主要是陶器的制作和纺织缝纫，以满足日益复杂的生产工具的制作和生活方式的追求。由于各地自然条件和地理环境不同，在开始产生了农业和畜牧业的前提条件下，慢慢地就产生了人类社会的第一次大分工——农业和畜牧业的分工。从此，人类的社会经济完成了一次质的飞跃，从采集经济发展到了生产经济，为商品经济的产生和发展铺平了道路。

大约在距今4 500年至4 000年前，我国社会发展到了父系氏族公社时期。农业生产工具又有了进一步改进。火耕农业已经发展到了锄耕农业甚至犁耕农业，并且开始使用金属工具、红铜器具和青铜器具。在这一时期中，手工业也得到了较大的发展，并且，手工业已成为独立的生产部门，已经完成了社会第二次大分工——手工业从农业和畜牧业中独立出来。原来是农牧民在空闲的时候制作自己需用的手工业品，而随着生产力的发展，使一小部分人专门从事其他的生产成为可能，这样就有了专门制作各种手工艺品的人。

第二次社会大分工的实现，手工业的独立化、专业化，意味着商品生产已开始产生。因为手工业的产品绝大部分是要出卖的，为交换而生产，所以至此商品生产产生。当时虽然还是以物物交换为主，但随着商品交换的日益发展，价值形态已经由简单的偶然的价值形态发展到了扩大的价值形态，一般的价值形态发展到了货币形态，也就是说，在这一时期中，货币已经产生了。这时的货币主要是实物货币，像粟、帛、农具、牲畜和蚌贝等都充当过货币。

我国在距今4 000年至3 500年前，建立了夏朝。夏朝将近500年的时间，我国进入了青铜时代，农业生产也得到了进一步发展，社会经济又有了一个飞跃的发展，农业、手工业都达到了新的水平，城市也有较大的发展。一方面，由于城市的发展，城市人口的增加，人们对物品的消费需求日益增大；另一方面，商品交换场所固定化、扩大化也为商业的生产和发展提出了客观要求和提供了客观条件。因此，在此时期商品经济得到了较大的发展。这一时期，已经出现了大量的专业化的商人，实现了第三次社会大分工，特别是在城市中，出现了固定的商业市场，商业已经从农业、渔猎业和手工业的附属中脱离出来，成为了一个社会经济中不可缺少的独立的经济部门。

1.1.2 商业的概念与职能

1. 商业的概念

商业（Commerce；Trade；Business），是指以货币为媒介进行交换从而实现商品的流通的经济活动，是一种有组织的提供给顾客所需的商品与服务的行为。

商业作为商品交换的一种发达形式，产生于奴隶社会初期，是商品生产和商品交换发展到一定程度的结果，是在物物交换（W—W，W代表商品）发展到简单商品流通之后才产生的。它的产生，形成了人类社会的第三次大分工，并创造了一个不从事生产而只从事产品交换的阶层——商人，其职能是"专门对商品交换起中介作用"。人类历史上最初的商品交换就是直接的物物交换，这是最原始的商品交换形式。货币出现以后，物物交换就发展成了以货币为媒介的商品交换，这就是商品流通。

大多数的商业行为都是通过以成本以上的价格卖出商品或服务来营利，如微软、索尼、IBM、联想和通用都是营利性的商业组织典型的代表。然而某些商业行为只是为了提供运营商业所需的基本资金的，一般称这种商业行为为非营利性的，如各种基金会、红十字会等。所以，一般认为商业的本质是交换，是基于人们对价值的认识的等价交换。

2. 商业模式

商业模式就是企业赚钱的合法途径或方式。例如，饮料公司通过卖饮料来赚钱；快递公司通过送快递来赚钱；网络公司通过点击率来赚钱；通信公司通过收话费来赚钱；超市通过平台和仓储来赚钱，等等。只要有赚钱的地方，就有商业模式的存在。

商业模式一般包括运营性商业模式和策略性商业模式。

3. 商业的职能

（1）媒介交换的职能

媒介商品交换的职能是商业的基本职能，商人的职能是"通过买和卖来交换商品"，"商业职能是专门对商品交换起中介作用"。西方商业理论中，对商业职能分类影响最大的是克拉克，他也将交换职能列为商业职能之首，具体包括收购和销售两个方面。日本学者将交换的职能扩展为联结供求的职能。他们认为现代经济中，生产与消费之间的距离变大，在商业交换职能中，只包括收购和销售是不充分的，还应将商品计划和信息收集在内，因为商品计划与信息交流也是重要的经济活动。他们所讲的联结供求，是指调节商品生产与消费之间存在的矛盾，并将达到消费者希望的质量、数量和价格的商品，在希望的地点和时间，送达消费者手中的一系列活动。具体包括市场评价、商品调整、信息传递和交易等活动。

（2）实体分配职能

实体分配职能，又称为物资转移的职能，是指为了满足消费者的需求，将商品从产地运到消费地期间，从生产期保管到消费时期的运输、保管及其相关的一系列经济活动。由于这种活动主要是对商品进行物理上、技术上的转移和处理，所以这是一种"使生产和消费在物理上、技术上相适合的职能"。

（3）便利交换与实体分配职能

又称辅助职能。在商业职能中，媒介交换的职能或联结供求的职能具有创造商品所有权的效用；实体分配职能具有创造时间与地点的效用。便利交换与实体分配的职能，虽不直接创造什么效用，但却是辅助或便利商品交换与实体分配职能顺利实行的一种重要职能，因而也是商业职能中不可或缺的一部分。

1.1.3 商业的发展

1. 奴隶社会的商业

奴隶社会是以奴隶主占有生产资料并占有和剥削生产者——奴隶为基础的社会，其经济形式基本上属于自给自足的自然经济，商品经济处于从属地位，因此奴隶社会的商业发展非常缓慢。

在奴隶制社会，王公、贵族和奴隶主等统治阶级基本上垄断了商品交易活动，交换的商品主要是供统治阶级消费和享乐的奢侈品、贵重手工艺品等。占人口绝大多数的奴隶，由于完全失去了人身自由,其劳动产品除很少一部分用来维持奴隶们的生命外,其余都被奴隶主占有。因此,奴隶既不能以生产者的身份到市场上去出售商品、购买原料,也不能以消费者的身份到市场上去购买消费品。不仅如此,奴隶自身还成了买卖的对象,供奴隶主们当作商品一样任意贩买。

此外,由于交易的对象主要是供统治阶级奢侈生活所需要的物品,而这些物品由于自然条件和手工艺技术水平的限制,常常需要到别的地区购买,所以,"区域内市场"虽不发达,而"区域"间的贸易往来和对外贸易往来却比较发达。

2. 封建社会的商业

封建社会是以地主阶级占有基本生产资料——土地和不完全占有直接生产者——农民为基础的社会。农民较之奴隶获得了相对的人身自由,可以发展一些家庭手工业和以交换为主的专门手工业,这就促进了商品生产的发展;而且,农民的劳动产品,在缴纳了地租以后,还可以直接拿到市场上出卖。因此,尽管在封建社会里占统治地位的仍然是自给自足的自然经济形式,封建统治阶级仍然垄断和控制着商业,对一些产品实行"专卖"制度、推行抑商政策,但进入交换领域里的产品较之奴隶社会已大大增多,交换范围也更加扩大。在乡村集镇、水陆交通要道和庙宇等附近地区逐渐形成了农民和手工业者互通有无的交易集市,后来又在集市的基础上发展成为封建社会的城市,城市里店铺林立、商旅往来、城乡沟通和内外交流,成为生产和交易的中心。一些规模较大的城市,还逐渐成为国际贸易的中心。

3. 资本主义社会的商业

资本主义社会是以资本家占有生产资料和雇佣劳动为基础的社会。生产的目的是追求剩余价值。所以,在资本主义社会里,商品生产成为社会生产的普遍的、占统治地位的生产形式。商品生产发展到最高阶段,一切都成了商品,到处都是冷酷无情的金钱交易,到处都被买卖的原则支配着,商品交换关系渗透到社会生活的各个领域,商业以空前的规模和速度发展起来。商业企业由独资经营发展成为股份公司、跨国公司,甚至数国联合组织。各种百货公司、超级市场、连锁商店和各种各样的零售企业纷纷出现,交易方式、服务方式日益繁杂,经营管理也逐步采用了各种先进的科学技术;商业内部的分工也越来越细,采购、批发、仓储、运输、装卸、包装和搬运等也逐渐成为独立经营的行业。总之,在资本主义社会,商业的规模、范围、内部结构、经营方式、管理制度等都发生了巨大变化,达到了人类社会前所未有的高度。

商业自从原始社会末期产生以来,它经历了奴隶社会、封建社会,并在资本主义社会达到最高峰。在社会主义社会,商业仍继续存在和发展着。社会主义的商业和奴隶社会、封建社会、资本主义社会的商业是有根本区别的。

4. 新中国商业的发展

新中国成立后,正式设立了管理国内外贸易的贸易部,各省、市、自治区设立了商业厅(局),专区和县设立了商业科或工商科,作为各级地方政府的商业行政机构。1950—1951年,贸易部相继成立了粮食、花纱布和百货等专业总公司,各省(市、自治区、县)相应地设立了一部分分支机构,国营商业还通过对粮食和其他主要农产品的统购统销,对私营工业产品的加工订货、统购包销,迅速掌握了关系国计民生的重要货源。这样就形成了从管理到经营、从批发到零售、从商业到饮食服务业,从上到下一套初步完整的国营商业系统。

1950年开始,在原来解放区合作社商业的基础上,通过征用、接收和改造旧合作社商业,发动群众集资建立新的合作社商业,我国发展了农村的供销合作社和城市的消费合作社商业,在全国范围内形成了一个强大的合作社商业的组织系统,建立了强有力的国营商业。

1956年对个体工商业采取了合作化的方式进行社会主义改造,有许多小商店并入了国营商店,许多小贩组织了合作商店合作小组，但当时还有相当一部分小商小贩仍然自负盈亏。到1958年，许多合作商店、合作小组又并入了国营商业系统，至此，自负盈亏的小商小贩所剩无几，形成了以国有商业为领导的社会主义统一市场。直到1978年党的十一届三中全会后，自负盈亏的集体、个体商业才有了较快的恢复和发展，在商业、饮食、服务和修理等行业中，恢复和发展了一大批自负盈亏的有经营特色的合作商店，沟通城乡物资交流，方便了城镇居民的生活。自1992年开始，我国从计划经济逐步向以社会主义公有制经济为主体的市场经济过渡，商品流通得到了空前的发展。

我国古代的商业

我国古代商业的发展出现过3个高峰时期，依次是战国秦汉时期、唐宋时期和明清时期。

我国古代商业产生于先秦时期，初步发展于秦汉时期，到了隋唐时期有了进一步的发展。商朝人善于经商，周武王灭商后，商朝的遗民为了维持生计，东奔西跑地做买卖，日子一长，便形成了一个固定的职业。周人就称他们为"商人"，称他们的职业为"商业"。这种叫法一直延续到今天。

到了西周，商业成了不可缺少的社会经济部门。当时在"工商食官"的制度下，商业由国家垄断。春秋战国时期，官府控制商业的局面被打破，各地出现许多商品市场和大商人。春秋时期著名的大商人有楚国的范蠡、郑国的弦高、孔子的弟子子贡；战国时期著名的商人有魏国的白圭、魏国的吕不韦。

两汉时期开通了陆上和海上两条丝绸之路，中外贸易也逐渐发展起来。张骞通西域之后，陆上丝绸之路开通，路线是从长安出发，经过河西走廊，出玉门关或阳关，再经过今天的新疆进入中亚和西亚。汉武帝之后，还开辟了与南海诸国及印度半岛等地交往的水上交通线，从事经常性的贸易往来，这就是海上丝绸之路。

隋唐是我国封建社会的繁荣时期。农业经济的发展、手工业的进步，特别是隋朝时开凿的贯通南北的大运河，促进了商品流通范围的扩大。当时商业发达的城市，除黄河流域的长安、洛阳外，还有长江流域的扬州、益州。唐代长安城有坊、市，市有两个，东市和西市。市与坊用围墙隔开，白天定时开市、闭市。东市和西市各占两坊之地，各有220行。东市肆邸千余，货物山积，商贾云集。长安城的人口不下百万，这样庞大的人口对商品的需求，造成长安城商业的繁荣。农村集市也有了进一步发展。尤其是在水陆交通要道附近，集市不断增多，有些还发展成重要的市镇。

明代由于农业和手工业生产的发展，地区性分工的出现以及分工门类的增多，投入市场的商品品种和数量大量增加，并且从过去的以奢侈品为主转为以人民生活、生产的必需品为主，从而促进了商业的繁荣。商人数量大增，明中叶以后，商人的行会组织向着"会馆"方向发展。会馆按地域组成，会馆内又按行业分成"帮"。这些既同乡又同行的会馆行帮组织，为保护自身利益，共同协商价格，相互借贷，合力对外。当然，它仍被豪商富贾所操纵，一般中小商人只能唯命是从，任其宰割。

随着工商业的发展，工商业城镇大量兴起，尤其是在江南的苏、松、杭、嘉、湖地区，有的在明初还是只有几十户人家的小村，到明末已成为拥有几万人口的大市镇了。商业资本也慢慢渗入生产领域，有的以包买商的形式出现，有的商人直接投资开设具有资本主义性质的手工工场。到了清代，资本主义萌芽有了进一步的发展，商业更加活跃。

请思考：商业的发展对社会经济的作用是什么？

1.2 零售业的演变

1.2.1 批发与零售的内涵

1. 批发的内涵

（1）批发的概念

商业经营者将商品销售给后手的再销售购买者或者生产者，而购买者将购进的商品用于再销售或投入生产过程，这种商业经济活动就是批发，其特点是"趸买趸卖"。

（2）批发的特点

① 批发交易与批量作价。
② 交易对象多为企业和个体工商户。
③ 批发的区域范围较广。
④ 批发交易的双方关系易于稳定。

（3）批发商的概念

批发商是指以批发活动为基本职能的独立的中间商，介于制造商与零售商之间，以营利为目的的从事批发活动的组织。

（4）批发商的特点

① 处于商品流通的中间环节。批发商连接的是制造商和零售商。
② 其交易在企业之间进行。批发商的进货要与制造商交易；向零售商或经销商供货，也是与企业进行交易。
③ 批发商与零售商交易后商品一般不退出流通环节。批发商的主要销售对象是零售商，产品到了零售商手中，仍要进一步流通才能到达最终消费者手中。

（5）批发商的类型

批发商可按"经营商品"、"服务区域"、"是否拥有商品的所有权"和"服务内容"等指标进行分类。具体分类如图1-2所示。

2. 零售的内涵

美国零售专家麦克尔·利维和巴特·A·韦茨认为，零售（Retail）是将产品和劳务出售给消费者，供其个人或家庭使用，从而增加产品和服务价值的一种商业活动。

这一定义包括以下4层含义。

第一，零售是将商品及相关服务提供给消费者作为最终消费之用的活动。如零售商将汽车轮胎出售给顾客，顾客将之安装于自己的车上，这种交易活动便是零售。若购买者是车商，而车商将之装配于汽车上，再将汽车出售给消费者则不属于零售。

第二，零售活动不仅向最终消费者出售商品，同时也提供相关服务。零售活动常常伴随商品出售提供各种服务，如送货、维修、安装等。多数情形下，顾客在购买商品时，也买到某些服务。

第三，零售活动不一定非在零售店铺中进行，也可以利用一些使顾客便利的设施及方式，如上门推销、邮购、自动售货机、网络销售等，无论商品以何种方式出售或在何地出售，都不会改变零售的实质。

第四，零售的顾客不限于个别的消费者，非生产性购买的社会集团也可能是零售顾客。如公

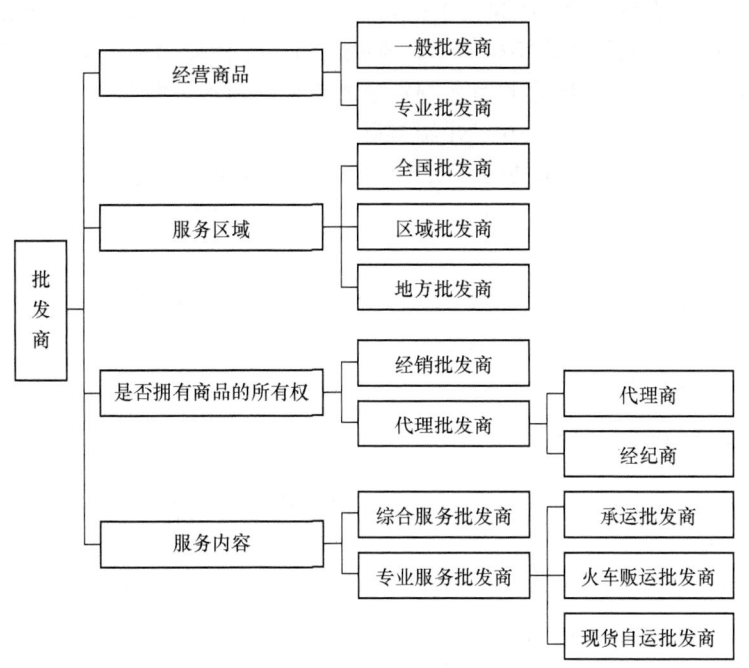

图 1-2　批发商的分类

司购买办公用品，以供员工办公使用；学校订购鲜花，以供其会议室或宴会使用。所以，零售活动提供者在寻求顾客时，不可忽视团体对象。在中国，社会集团购买的零售额占比平均达 10%。

1.2.2　零售业的概念

零售业（Retail Industry）是指通过买卖形式将工农业生产者生产的产品直接售给居民作为生活消费用或售给社会集团供公共消费用的商品销售行业。

零售业是最古老的行业之一，零售业也是最重要的行业之一。零售业的每一次变革和进步，都带来了人们生活质量的提高，甚至引发了一种新的生活方式。

零售业是反映一个国家和地区经济运行状况的晴雨表。国民经济是否协调发展、社会与经济结构是否合理，首先在流通领域，特别是在消费品市场上表现出来。

零售业是一个国家和地区的主要就业渠道。由于零售业对劳动就业有着突出贡献，很多国家甚至把扶持、发展零售业作为解决就业问题的一项经济政策。

现代零售业是高投资与高科技相结合的产业。现在，零售商们运用着最先进的计算机和各种通信技术，以对变化中的消费需求迅速做出反应。

1.2.3　零售业态的内涵

1．零售业态的概念

零售业态（Retail Formats），是指零售商为满足不同的消费需求进行相应的要素组合而形成的不同经营形态。

2. 零售业态分类

根据 2004 年国家质检总局、国家标准委联合发布的新国家标准《零售业态分类》（GB/T 18106—2004），按照零售店铺的结构特点、其经营方式、商品结构、服务功能，以及选址、商圈、规模、店堂设施、目标顾客和有无固定场所等因素将零售业分为两大类 17 种业态，该标准为推荐标准，从 2004 年 6 月 30 日开始实行。

第一大类是有店铺零售（Store-based Retailing），是指有固定的进行商品陈列和销售所需要的场所和空间，并且消费者的购买行为主要在这一场所内完成的零售业态。有店铺零售业态分为 12 类。

第二大类是无店铺零售（Non-store Selling），是指不通过店铺销售，而由厂家或商家直接将商品递送给消费者的零售业态。无店铺零售业态分为 5 类。

零售业的 17 种具体分类详见附录 1。

1.2.4 零售业的 4 次革命

商业的早期发展大致经历了行商和坐商两个阶段。从前面的介绍中我们已经得知，我国从商朝开始产生了商人和商业活动，当时主要是"肩挑手提"、"沿街叫卖"的行商。自秦汉以来有了商业活动的交易场所，商人在这些固定场所从事商业活动，称为坐商。当时主要由官方划定交易区域、筑有围墙、定时击鼓开闭，这是市坊分离型的坐商。到了唐朝中后期，坊市制度取消，在临近市场的坊里已经出现了小手工业者在作坊前后设店、商人摆小摊或开饮食店等商业活动，这是市坊合一型的坐商。到北宋时期，市与坊已完全融为一体，形成早、中、夕、夜"四市"。从北宋画家张择端的《清明上河图》可以看出，我国北宋时期（公元 960 年—公元 1127 年），商业已经进入店铺形式，坐商已经达到空前繁荣的程度。而在西方国家，16 世纪才开始进入坐商兴盛繁荣的时期。

但是，自 19 世纪中期以来，零售业所经历的 4 次重大变革，却都是在西方国家掀起的。零售业中的某些变化之所以能提升到重大变革的高度，必须满足 3 方面的条件：一是革新性，即这一变化应产生一种全新的零售经营方式、组织形式和管理方法，并取得支配地位；二是冲击性，即新的零售组织和经营方式将对旧组织和旧方式带来强烈的冲击，同时也影响着顾客购物方式的变化和厂商关系的调整；三是广延性，即这场变革不是转瞬即逝，而是扩展到一定的空间，延续到一定的时间。从这几个方面来考察，西方零售业历史上曾出现过 4 次重大变革，这被称为零售业的 4 次革命分别是：百货商店、连锁商店、超级市场和无店铺销售。经过这 4 次革命，现代零售业的经营定位有了新的内容，并呈现出新的发展趋势。

1. 百货商店：零售业的第一次革命

19 世纪中叶，随着第一次产业革命在西方国家的爆发，大机器生产广泛运用于纺织业、制造业等生产领域，社会劳动生产率有了极大地提高，造成了"商品庞大的堆积"；同时，由于城市化进程的加快，越来越多的人口和现代化产业积聚于大城市空间，从而使得大量消费成为普遍的社会消费格局，零售业也开始由传统的小型店铺形态向大型的商业形态过渡。1852 年，被称为"百货商店之父"的阿里斯蒂德·布西科在法国巴黎创办了世界上第一家百货商店"本·马尔谢，BON MARCHE"（法语，廉价的意思），虽然面积仅 100 平方米，但却比传统店铺大得多，仅当年的销售额就达到了 45 万法郎。很快，这种规模大、品种全、设施好、定时定位、系列服务和明码标价的经营方式就传到了英国、美国、德国和日本。这被誉为零售业的第一次革命，其革命性主要是，在一个大建筑物内集中了若干个专业的商品部，如同在一个商店内集中了许多家专业商店一样，满足了顾客对商品多样化选择的需求，节约了顾客要走许多家专业商店购物所花的时间，极大地方便了顾客。

在我国，1900年俄国人在哈尔滨开设秋林公司，第一次将百货公司这一业态引入中国。1904年，上海出现了第一家百货公司（英国惠罗公司在上海设立的分公司），之后百货公司成为上海上流社会最时髦的社交场所。新中国成立以后，百货商店一直作为计划经济体制的商品流通主渠道，承担着短缺经济下生活物资配给的职能。改革开放初至1989年年底，传统百货商店一直在零售市场占据着绝对的主导地位。1990年之后，各种零售业态纷纷涌入中国，从而打破了传统百货商店在零售行业的垄断地位。

2. 连锁商店：零售业的第二次革命

美国是连锁经营的鼻祖国家。1859年，美国大西洋和太平洋茶叶公司（A&P）建立了世界上第一家连锁商店，这也是世界上最早的直营连锁组织，他们在全美各地开办分店，实行统一经营、统一管理。1865年，美国的胜家缝纫机公司成立了世界上第一家特许加盟店，在全美各地设置了拥有销售权的特约经销商。到了1887年，为了对抗大型连锁公司的垄断，由美国130多家食品零售商共同出资开办了一家联合批发企业，实行联购分销，统一管理，但各成员企业仍保持各自的独立性。这是世界上第一家被称为"自由连锁"的商业组织。

连锁商店之所以被称为零售业的又一次革命，主要是因为以下方面。

第一，改变了零售业的经营方式。连锁经营的本质是将现代化工厂化的经营形式运用到商品的交易过程，是将独立的、分散的单个性商店联合起来，形成幅员广阔的大规模营销体系，促进了零售商业组织化程度的提高。

第二，实现了规模效益。零售业正是通过连锁经营的方式，将分散、单个的店铺联合起来，大规模生产要求零售业实现大规模销售。

把连锁商店称为零售业的第二次革命主要是从最初出现的时间上来考虑的，实际上，连锁商店直到20世纪50年代以后才进入高速发展时期，超级市场在20世纪30年代出现后，就对当时的零售业产生了很大的影响。

3. 超级市场：零售业的第三次革命

超级市场是美国人的一大发明，它不仅是对传统的柜台销售方式的一次革命，而且还改变了消费者的购物方式和生活方式。因此，超级市场的出现被誉为"零售业的第三次革命"。

世界上第一家超级市场是一个叫卡伦的美国人在纽约郊区开设的金·库伦食品商场，开设时间是1930年8月。卡伦的食品市场一问世，就吸引了大量的顾客蜂拥而至，主要原因如下。一是采取了"薄利多销"的策略。卡伦根据几十年食品经营的经验，对当时经营的1 100种商品的出售价格进行了精确而巧妙的设计。其中，300种商品以进价出售，200种商品加5%毛利出售，300种加20%毛利出售。他的超级市场综合毛利率为9%，这与当时美国绝大多数商店25%—40%的毛利率相比是相当低的。到了1932年，他已经开设了8家连锁的超级市场，以大量的进货来压低进价。卡伦在报纸上的广告称自己是"世界上最伟大的价格突破者"，首创了自助购物的销售方式。

超级市场的革命性主要表现在以下方面。

第一，使得向顾客提供标准化的商品和服务成为可能。超级市场自我服务的销售方式，很大程度上避免了在人对人的销售服务中，可能因为服务水准的差异而对顾客利益产生的损害。同时，由于店中不设售货员，顾客可自行挑选商品然后一次集中结算。另外，商品的规格齐全，且有完备的商品介绍。

第二，更具活力和适用性的规模经济特征。超级市场"薄利多销"的价格特征，决定了超级市场往往采用多门店的连锁经营模式,而多门店的市场网络体系,一方面使超级市场有较高的市场占有率,另一方面使超级市场能够满足消费者就近购物的便利性需要。

4. 无店铺销售:零售业的第四次革命

无店铺销售是指生产商和经销商不通过门店,而是通过邮购、互联网等途径直接向消费者提供商品和服务的销售模式,它是继百货商店、超级市场后的又一种新的零售业态。

无店铺经营销售的风潮源自于美国。1871年,美国的蒙哥马利·伍德(Montgomery Ward)百货公司便开始采用通信销售方式。1886年,西尔斯(Sears)随后跟进,带动了当时美国的邮购风潮,使得美国人民得以享受在家购物的方便与乐趣,但由于受当时消费习惯的影响,消费者更放心购买那些看得见、摸得着的商品,加之先付款后寄货的信用和监督制度尚未建立,以致产生许多商品拖欠、丢失,甚至出现了骗财的问题。因此,直到20世纪70年代后,这种销售方式才有比较明显的发展。

1992年,俄克拉荷马大学的Robert Lush等人率先提出了无店铺零售是零售业第四次革命的观点。随着互联网的普及和信息技术的广泛使用,电子商务、网络营销、网上购物等与信息技术相联系的零售业态,成为这次革命的主力军。无店铺零售最早起源于美国,之后发展迅速,无店铺零售总营业额一直保持着两位数的增长率。同前面三次零售革命一样,无店铺零售也是零售组织在市场竞争中适应生产力发展水平和消费水平变化而进行变革创新的产物。之所以将其称为第四次零售革命,是因为它颠覆了传统意义上的零售概念。

无店铺销售避免了中间环节过多,容易导致渠道冲突的问题;减少了厂商和中间商为保持销售的正常进行,不得不投入大量资金开设店铺、装修设计、广告促销、招聘人员和保证存货,从而导致经营成本大大提升等缺陷;改变了消费者的购物方式和货款的支付方式等。因此其被称为"零售业的第四次革命"。

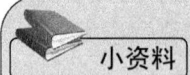 小资料

2012年我国国内网购交易额达1.26万亿元

春节快到了,在上海一家IT企业工作的志伟,为回老家探亲,先后在网上购买了往返机票、送给家人的礼物,甚至还团购了旅游景点的门票。

伴随着近年来国内互联网和电子商务产业的快速发展,由于优惠的价格、便捷的服务,网络购物日渐为人们所接受和喜爱,越来越多的消费者开始通过电子商务来解决日常生活中的衣食住行问题。

截至2012年12月底,我国网络购物用户规模达2.42亿人,网民使用网络购物的比例提升至42.9%,网络购物市场交易金额达到12 594亿元,网络零售市场交易总额占社会消费品零售总额的6.1%,较2011年增长66.5%;网购用户人均年网购消费金额达到5 203元,与2011年相比增加1 302元,增长25%,用户半年平均网购次数达到18次。

推动我国网络购物市场交易规模增长的主要因素有两方面:一是在供给层面,电商企业不断完善产业链,加大仓储、物流、支付等体系建设,而品牌商、渠道商及其他互联网巨头纷纷加大在电子商务行业的布局力度,由此极大提高了网络购物商品服务质量,丰富了网络购物用户的选择,并且推动了网络购物市场的规范;二是在需求层面,用户对网络购物的依赖程度和信任程度进一步加深,人均网络购物消费支出持续增加。

1.3 零售业在国民经济中的作用

零售业在国民经济发展中处于重要的地位，它是连接生产者和使用者的桥梁和纽带，处于市场经济中最活跃的环节，对各种影响因素的反应敏感度要高于其他行业，因而其发展变化轨迹可以作为观察我国国民经济和社会发展的晴雨表，对经济发展有着重要的影响。一个国家没有强大的零售业，既成不了经济大国，也造就不了经济强国。

1.3.1 促进国民经济的增长

投资、消费、出口，被称为拉动 GDP 增长的"三驾马车"，除消费需要直接通过零售业实现以外，投资额中的约 60%会逐步转为消费额，直接或间接通过零售业实现。发达国家批发和零售业占国民经济的比重一般在 12%—14%，美国为 22%，日本为 21%。

从 20 世纪 90 年代至今，我国经济运行态势十分良好，是近年来世界上经济增长最快的国家之一。强劲的经济增长及人均国内生产总值增长，改善了人们的生活水平，使人们消费能力持续上升，2012 年我国零售业销售额达到了 1.9 万亿元，规模居世界第二，占第三产业增加值的比重为 9%，占 GDP 的比重为 3.7%，对当年 GDP 增长的贡献率为 5.9%，与美、日等发达国家相比，我国零售业对 GDP 的拉动作用仍有增长空间。

零售业的高增长促进了国民经济的持续发展，使我国零售业获得强劲的发展动力，成为促进我国经济持久发展的动力元素。

1.3.2 主导供应链的上下游

零售业是生产与消费的中介，是国民经济各部门的桥梁和纽带，最终关系着所有部门和行业的运行。零售业既制约着生产的起点，又影响着生产的归宿——价值的实现。零售业可以把亿万人民的分散需求汇集成为巨大的消费需求，从而带动大规模的现代化生产，其最主要的作用就是主导供应链的上下游。

零售业主导供应链的上下游是指零售业在商品从生产商到顾客之间的链条移动过程中发挥着主导作用。在上游密切加强与生产商的关系，强化实施对生产领域的控制；在下游以顾客为中心，引导顾客需求并做好顾客服务，以达到以销定产、以产带销、降低成本、扩大利润从而提高竞争力的目的。零售业担当主导角色源于市场环境的变化，消费者成为了市场的主人。零售业最贴近消费者，在了解消费者需求状况方面比生产商有着天然的优势。生产商也认识到零售业在流通领域中的地位日益重要，因而愿意和零售商合作，寻求自身运作成本的最小化。

1. 主导生产商

主导生产商是指零售商注重生产功能，控制生产领域从而在与上游生产商的关系中处于主导地位，零售商对生产活动实施影响、引导、监督和控制，从而保证货物品质及适销对路。主导生产商不但受零售商谋求流通主导权的推动的影响，而且与消费者的消费观密切相连。例如，随着生活水平的提高，消费者对食品安全越来越重视，蔬菜水果等农产品的新鲜性是消费者的第一选择，零售业为保证食品、农产品的安全卫生，会加强生产源头控制，满足消费者需求。

2. 引导消费者

引导消费者是在消费者主导市场环境的形式下，零售商努力研究消费者的需求状态，满足消费者需求并且引导和创造消费者需求,以达到下游顾客数量的最大化和客户关系的稳定化。整个物流供应链的终端是广大消费者,是市场的主导力量,是整个物流链的"入海口"。一个零售业的顾客数量及其购买力水平是决定零售业物流是否高效畅通的关键因素。因此引导消费者管理,基本的是顾客管理,掌握消费者消费动态以求随机应变,提高顾客的忠诚度以稳定销售额,开发新客户以扩大商品销售量,想方设法稳定客户关系,把最大量的顾客吸引到自己的零售店内。

1.3.3 满足居民的生活需求

零售业通过自身的商业活动在全社会范围内为广大消费者提供生活用品,与广大群众建立最广泛、最直接、最密切的经济联系,是一项社会性、全民性的经济活动。它的商品、服务以及网点分布涉及千家万户,是其他任何一个行业都无法比拟的。不管是零售业态的选择还是零售形态的塑造,实际上都是在营造生活的市场环境,直接关系到市场的繁荣、居民生活的质量、消费观念的更新和消费方式的改变。没有现代零售业,就没有现代化的生活,也就难以构建和谐社会。

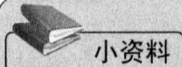

风雨 58 载的王府井百货

北京王府井百货(集团)股份有限公司,简称"王府井百货",前身是享誉中外的"新中国第一店"——北京市百货大楼(如图 1-3 所示),创立于 1955 年。公司经过 58 年的创业、发展,现已成为国内专注于百货业态发展的最大零售集团之一。

图 1-3 北京市百货大楼

公司 1991 年组建集团,1993 年改组股份制,1994 年完成社会公募后公司股票在上海证券交易所上市,1996 年在全国推进百货业连锁发展战略。2000 年 9 月与东安集团实现战略性资产重组,成为北京最大的零售集团。2004 年,公司入选商务部重点扶植的全国 20 家大型流通企业。2010 年在王府井国际层面成功引入战略投资集团。2011 年,作为商业企业唯一入选北京十大影响力企业。2011 年,在中国企业品牌竞争力评选中,王府井百货在商业企业中居首位。

长期以来,王府井百货秉承"一切从顾客出发,一切让顾客满意"的经营宗旨,矢志不渝地探索一条民族商业发展壮大之路,在不断改革创新与实践中完成了从传统百货向现代百货的转型,实现了由地方性企业向全国性企业,由单体型企业向连锁化、规模化集团的转变。自 1996 年在广州开设第一家百货连锁店起,王府井百货已在全国六大经济区域 20 个城市内开业运营或即将开业运营 30 家大型百货连锁店,构筑起了以北京为中心,遍及华南、华北、华中、西南、西北、东北等重要经济区域的百货连锁网络,面对国内中档消费者,提供品类齐全、质高价优的各类商品。所有新店保持一致的市场号召力和特色,同时反映当地特有的商品风格,力求迅速顺应地区需求。王府井百货年销售规模近 220 亿元,经济效益是全国业内最好的百货零售集团之一,公司的资产收益率、投资收益率、现金流等指标都是国内 A 股上市公司中的佼佼者,由此被评为国内零售业发展最健康的企业。

1.4 我国零售业的现状及发展趋势

1.4.1 我国零售业发展情况概述

由于我国居民消费率仍处于较低水平，零售行业仍面临人多利薄、增加值贡献相对较少的状况，面临着业态结构、经营模式乃至整体格局的调整变化，未来将加快其转型升级。

零售业转型升级的主要发展趋势还包括全渠道经营模式日趋明显、网络零售将呈现新变化、实体与网络零售加快融合、更加注重供应链管理、零售商和供应商关系日趋和谐、行业组织化程度进一步提高、跨区域并购重组提速、业态不断创新和注重品牌建设等。

经济发展方式转变、消费结构加快升级、城镇化加速，都将带动零售业格局的调整。随着以物联网、云计算、供应链管理、冷链物流等为代表的新技术的开发与应用，促进零售业发展的技术支持条件将会进一步改善，行业发展将从传统的劳动密集型向技术密集型转变，从单纯依靠扩大规模向主要依靠科技进步、劳动者素质提高和管理创新转变，由规模扩张型向注重效率的效率型转变。

1. 总体规模

（1）企业数量稳步增加

根据相关历史数据及典型零售企业数据测算，2012年全国零售业经营单位达2 354.42万个，比上年增长6%。其中大中型法人企业2.22万个，较上年增长6.7%；小微型企业及个体户2 352.2万个，较上年增长6%。如表1-2所示。

表1-2　　　　　　　　2012年全国零售业经营单位数及增速　　　　　　　单位：万个

	2012年	2011年	增速
大中型企业	2.22	2.08	6.7%
小微型企业及个体户等	2 352.2	2 219.1	6.0%
总体	2 354.42	2 221.18	6.0%

（2）销售额平稳增长

2012年全国零售业实现销售额16.17万亿元，较上年增长14.1%。其中大中型法人企业实现销售额6.66万亿元，比上年增长13.8%；小微型企业及个体户实现销售额9.51万亿元，较上年增长14.4%。如表1-3所示。

表1-3　　　　　　　　2012年全国零售业经营单位销售额及增速　　　　　　　单位：万亿元

	2012年	2011年	增速
大中型企业	6.66	5.85	13.8%
小微型企业及个体户	9.51	8.31	14.4%
总计	16.17	14.16	14.1%

从不同规模企业占比看，大中型企业实现的销售额占41.2%，小微型企业及个体户占58.8%。

如图1-4所示。分区域看,东部地区企业销售额占全国比重高达64.5%,中、西部企业销售额比重分别为24.8%、10.6%。如图1-5所示。

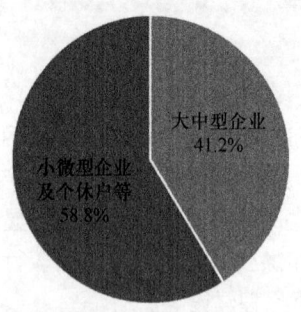

图1-4 不同规模企业销售额占比

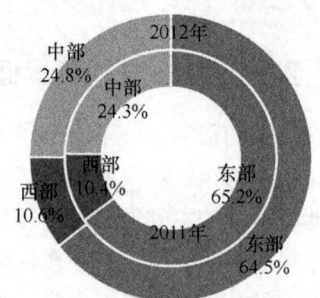

图1-5 销售额地区分布

（3）从业人数继续上升

据测算,2012年末全国零售业从业人数为6 134万人,其中大中型企业从业人数为468万人,比上年增长3.0%;小微型企业及个体户从业人数为5 666万人,比上年增长4.3%。在全部从业人员中,大中型企业从业人数占7.7%,小微型企业及个体户从业人数占92.3%。如表1-4所示。

表1-4　　　　　　2012年全国零售业经营单位从业人数及增速、占比　　　　单位:万人

	2012年	增速	占比
大中型企业	468	3.0%	7.7%
小微型企业及个体户	5 666	4.3%	92.3%
总计	6 134	4.2%	100%

（4）企业营业面积扩大

据测算,2012年全国零售业企业年末营业面积为7.5亿平方米,比上年增长7%。其中大中型企业2.34亿平方米,增幅为14.7%;小微型企业为5.16亿平方米,增幅为4.0%,扩张步伐明显慢于大中型企业。从营业面积构成看,大中型企业占比为31.2%,小微型企业占比为68.8%。如表1-5所示。

表1-5　　　　　　2012年零售业法人企业年末营业面积及增速、占比　　　　单位:亿平方米

	2012年	增速	占比
大中型企业	2.34	14.7%	31.2%
小微型企业	5.16	4.0%	68.8%
总计	7.5	7.0%	100.0%

2. 效益与效率

（1）利润额增长但利润率小幅下降

① 营业利润小幅增长。据测算,2012年企业营业利润比上年增长3.6%,其中大型企业增长3.8%,小微型企业增长0.6%,而中型企业营业利润有所下滑。如表1-6所示。影响利润的主要原因是房租和人工成本上升较快,平均增幅在15%以上。

表 1-6　　　　　　　　　　　法人企业营业利润增速

	营业利润增速
大型企业	3.8%
中型企业	−0.6%
小微型企业	0.6%
平均	3.6%

② 毛利率有所下降。据测算，2012 年企业销售毛利率为 15.6%，比上年下降 0.9 个百分点。其中大中型企业为 16.43%，比上年下降 0.4 个百分点；小微型企业为 14.17%，比上年下降 1.03 个百分点。

③ 净利润率略微下降。据测算，2012 年企业净利润率（营业收入利润率）为 2.46%，较上年下降 0.19 个百分点。其中，大中型企业为 3%，比上年下降 0.42 个百分点；小微型企业为 2.27%，比上年下降 0.28 个百分点。

（2）平效稳定，劳效小幅提升

① 平效与上年基本持平。2012 年，零售企业平效为 13 855 元/平方米，比上年下降 0.5%。从企业规模看，大型企业为 14 590 元/平方米，中型企业为 8 201 元/平方米；从增速看，大型企业和中型企业平效下降近 1%，小微型企业平效提高 3.5%。

② 劳效小幅上升。零售企业劳效为 845 394 元/人，比上年提高 2.1%，表明销售额增长快于从业人员增加速度，人均创造的销售额在提升。其中，大型企业劳效较上年提升较快，为 2.7%，明显快于中型和小微型企业的增速。

③ 流动资产周转率小幅提升。2012 年法人企业流动资产周转率为 2.4 次，比上年有所提升。其中大型企业为 2.5 次，增幅为 2.8%；中型企业为 2.1 次，增幅为 2.4%；小微型企业为 2.0 次，周转速度下降。

3. 行业贡献

零售业在便利人民生活、促进居民消费、引导生产发展等方面发挥着日益重要的作用，为拉动经济增长、扩大社会就业、增加财税收入做出了积极贡献。

据测算，2012 年末全国零售业从业人数为 6 134 万人，占第三产业从业人数 27 690 万人的 22.2%，占全国从业人员的 8%。2012 年零售业新增就业人数 160 万人，占第三产业新增就业人数的 39.2%。

2012 年零售业实现增加值 1.9 万亿元，占第三产业增加值的比重为 9%，占 GDP 比重为 3.7%，对当年 GDP 增长的贡献率为 5.9%。

2012 年零售业实现税收 3 844 亿元，占第三产业税收收入的比重为 6.9%，占全国税收收入的比重为 3.4%。

1.4.2　我国零售业发展特点及主要问题

1. 零售业发展的主要特点

（1）网络零售继续高速增长，实体零售加速调整

统计显示，2012 年国内网络零售市场交易规模达 1.31 万亿元，同比增长 67.5%，占当年社会消费品零售总额的 6.23%，比 2011 年提高近 2 个百分点。截至 2012 年年底，国内 B2C、C2C 与其他零售电商模式企业数已达 24 875 家，较 2011 年增加 4 125 家，增幅达 19.9%。同时，网络购

物交易平台开放化程度更加明显，向追求全品类覆盖的综合性平台以及专注细分市场的垂直类平台两个方向演进，自营网站逐渐向第三方平台发展的态势也较明显。

网络零售经营范围从最初标准化的图书音像、家电、数码3C，到服装鞋帽、日用百货，再到家居、食品甚至非标准化的生鲜商品。网络零售在一定程度上挤压了实体零售企业的市场份额。以全国连锁百强为例，2012年连锁百强销售额占社会消费品零售总额的9%，比上年下降2.2个百分点，2003年以来首次出现比重下降的情况。传统零售企业正在经历全面而深刻的调整与变革。如图1-6所示。

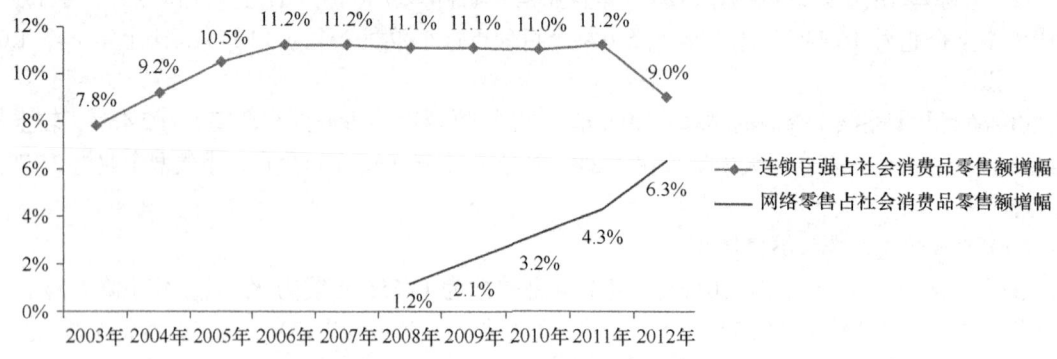

图1-6　2003—2012年我国不同零售形式发展业态

另据中国百货商业协会统计，2012年81家大中型百货零售企业销售总额为2 282.7亿元，同比仅增长8.92%，相比2006—2011年百货行业销售年均16.5%的增长率明显下滑，一些传统百货商店甚至演变为人们只看不买的"体验地"、"试衣间"。

为应对激烈的市场竞争，传统零售企业纷纷"触网"，传统零售企业大规模进军网络零售成为2012年零售业最为突出特点。越来越多的传统零售企业加大对线上渠道的运营力度，部分企业加强了对自有电子商务平台的投资。在连锁百强中，2012年传统零售企业已有62家以不同方式开通了网络零售平台。尽管从总体看传统零售商网络零售规模尚小，其2012年网络零售额约为350亿元，在全国网络零售整体规模中所占比例较低，但从长远看，传统零售商通过调整优化、融合发展，将会在网络零售业务中占据更加重要的地位。

（2）零售渠道下沉，经营网络向"三四线城市"扩展

近两年，一、二线城市零售业竞争日趋激烈，一些区域零售市场趋于饱和，单店销售增长难度加大，经营成本大幅上涨，租金和人工成本显著增加等方面因素叠加，零售企业在一、二线城市扩张的速度明显放缓；而三、四线城市需求潜力较大，租金和人工成本低，经营效益和效率一般好于一、二线城市，加之国家实施"万村千乡市场工程"以及一些地区相继出台有关优惠政策，加快了零售企业向三、四线市场发展的步伐，一些大型连锁企业纷纷向中小城市及农村地区延伸渠道，在县、镇及乡村设立的零售网点明显增加。2012年连锁百强企业在一、二线城市的门店数量平均增幅仅为2%，平均销售增幅为6%，而在三、四线城市上述两项指标分别高达17%和18%，零售企业在三、四线城市扩张步伐加快。

（3）部分企业探索转型，终端作用有效发挥

2012年，面对成本提高、市场日益饱和、消费者消费习惯转变以及网络零售高速发展带来的挑战，零售企业积极推进传统经营模式转型：一是加强精细化管理，采取多种措施增收节支，包括健全预算管理、激励机制、优化商品结构等，从而提高整体经营绩效；二是寻求供应链变革，例如，超市企业努力进行基地直采、开展农超对接和推出自有品牌等方面的实践，零售商和供货

商通过加强合作，树立共同目标，通过整体供应链效率提升降低费用，增加各方利益。据不完全统计，全国已开展农超对接的大型流通企业已达 800 多家。这些转变一定程度上改变了零售企业过度依赖通道费的情况，使增长方式逐步从以追求规模为主的粗放型扩张向注重效率和效益提升的精细化管理方向转变，这对带动流通效率提升，引导生产发挥出了积极的作用。

（4）外资零售在调整中稳步发展

外资零售企业在我国的发展大致经历了 4 个阶段：2000 年以前是集中进入期，2000—2004 年是稳定增长期，2004—2008 年是快速发展期，2008 年至今为外资调整期。调整原因，一方面与内资企业一样，即面临激烈的竞争和高企的成本；另一方面，在国内零售企业快速发展、经营模式、管理理念、商品结构等方面与外资差距大大缩小的情况下，外资企业所专长的开大店、一站式购齐模式，对于消费者的吸引力逐步下降。

2012 年尽管出现个别外资企业退出中国市场的情况，但外资零售总体发展势头良好。2012 年，全国零售业新设立外资投资企业 321 家，实际利用外资 19.11 亿美元，比上年同期增长 5.46%。外资零售企业发展速度仍然快于行业平均水平，并呈现出一些特点。一是业态相对集中。大部分外资企业专注于某一种业态，在一个专业领域内精耕细作，例如，大型超市业态中，无论是店铺数量还是销售规模都显现出一定优势。二是单店效率高。外资大型超市单店销售额均在 3 亿元左右，仍高于内资企业单店销售水平。三是注重战略布局。在全面扩张的同时注重实施区域优势战略，即在某一区域内集中开店，在物流、总部功能等方面形成优势，然后再向外扩张。

（5）加强技术应用，现代化程度进一步提升

随着科技进步特别是电子商务的高速发展，零售企业信息技术、通信技术和物流技术等得到了比较广泛的应用，零售业的现代化程度加速提升。

第一，连锁化步伐进一步加快。据测算，近 5 年来限额以上连锁零售企业销售额占社会消费品零售总额的比例一直保持在 16% 以上，2012 年这一比例约为 19%，比上年提高约 0.3 个百分点。

第二，管理信息化程度大幅提升。目前，已有 80% 的大中型零售企业采用了计算机管理，70% 以上的连锁企业建立了前台 POS（Point of Sale，销售点终端）销售时点系统和后台 MIS（Management Information System，管理信息系统）、ERP（Enterprise Resource Planning，企业资源计划）管理系统，53% 的企业使用了办公自动化系统，89% 的企业使用了财务管理软件系统，30% 的企业率先进入了商业自动化技术、现代通信技术和网络信息化技术相结合的数字化管理系统集成阶段。

第三，POS 刷卡消费比重逐步提高。2012 年，法人企业通过 POS 刷卡销售额比重达 11.6%，占整个零售业销售额的 9.3%，较上年提高 0.4 个百分点。

第四，物流配送专业化和社会化水平提高。第三方物流配送力量不断加强，据典型企业数据，2012 年零售业法人企业第三方配送率为 37%，较上年提高了 5 个百分点。

2. 我国零售业存在的主要问题

（1）网点布局和业态结构有待优化

由于城镇化进程加快，一些地区商业网点规划落实不到位等原因，商业网点在城乡之间、城市区域之间以及业态之间发展存在不均衡的问题。一是城乡之间发展不够均衡。一些一线城市和新兴城市大型商业设施发展过快，个别地区存在重复建设现象，甚至出现招商不足、商铺闲置的情况。而农村地区商业网点相对不足，业态结构不尽合理，新型业态发展滞后，超市不超、连锁不连的情况仍然存在。二是城市中各区域间发展不平衡。在热点商业地段往往存在多家大型零售企业，同质化恶性竞争严重。而面向社区居民的中低端商业网点建设滞后，社区超市、便利店及生活服务网点仍显不足，布局不尽合理、服务功能单一、改造提升缓慢，不能完全满足居民消费

需求。三是各零售业态发展不平衡。大型商业业态如购物中心、百货店、奥特莱斯和城市综合体等建设速度过快,而小型商业业态如社区便利店、社区超市等发展缓慢。

(2) 费用增加过快,经营压力增大

典型企业数据显示,2012年企业的平均费用较上年上涨8.3%,其中便利店、专卖店、百货店、超市的平均费用上涨较快,分别上升17.2%、12.8%、9.9%和11.8%。

房租和人工费用上涨是推动费用上涨的主要因素。2012年典型零售企业房租平均上涨17.5%,以大型零售企业为主的连锁零售百强企业平均房租上涨21%,人工费用上涨20.5%。特别是2012年,很多商业企业迎来续租期,续租的租金一般都大幅上涨,部分卖场租金甚至出现翻几倍的现象。除房租和人工外,零售业用电成本依然较高,2012年零售典型企业水电费平均比上年上涨16%。

(3) 企业经营模式转型步伐慢

近年来,无论是传统零售企业,还是快速兴起的网络零售商,它们一定程度上都存在着转型提升步伐缓慢的问题。品牌化、差异化经营不足、经营同质化、价格竞争过于激烈等现象较普遍。2012年电商通过降价促销方式进行的低价竞争达9次之多,不利于市场秩序的规范和行业的良性发展;受专业买手培育、人才资金等条件制约,目前出租柜台、联营扣点依然为百货业的主要经营方式,自营和品牌差异化经营进展缓慢,在企业品牌经营、融合发展、服务提升以及加强供应链管理等方面的步伐亟须加快。

(4) 物流等配套服务有待加强

2012年,随着零售企业向"三、四线城市"扩张步伐的加快以及网络零售市场的高速发展,与之配套的物流配送、网络支付、售后服务等跟进不够的问题进一步显现。

特别是零售业转型发展,需要形成基于网络平台的高效供应链和分销网,需要建立高效的物流中心和配送中心,以现代化的物流配送网络体系作为支撑。而我国大部分零售连锁企业在配送环节仍十分薄弱、信息化程度不高,连锁配送中心难以担当起作为连锁企业商流中心、物流中心和信息中心的重任。此外,金融服务体系不完善以及诚信体系建设滞后等因素导致的中小企业融资难、市场秩序不规范等问题,也给零售行业的发展带来一定影响。

1.4.3 我国零售业的发展趋势

1. 发展环境分析

(1) 经济发展方式转变对零售业发展提出新要求

2012年我国最终消费支出占GDP的比重为49.2%,无论是从经济发展需要来看,还是与世界发达国家平均水平相比较,我国居民消费率都处于较低的水平。2012年我国社会消费品零售总额增长14.3%,表明要实现"十二五"年均增长15%的目标面临着艰巨的任务。要想适应经济发展方式转变和扩大居民消费的需要,必须加快构建与之相适应的现代零售体系,尽快使零售业形成新的发展优势,努力破解居民消费的各种难题,大力提高消费对经济增长的贡献率,真正承担起搞活流通、满足居民消费需求的重任。

(2) 消费结构加快升级对零售业提出新的需求

随着收入分配改革的不断深化,社会保障制度持续完善,城乡居民消费能力大幅度提高,消费结构将从以衣、食为主的生存消费向文化、娱乐和教育等享受型、发展型消费转变,居民消费将更加重视安全、环保,更加追求个性化和多样化。这就要求零售业必须尽快适应日益增长的多元化、多层次消费需求,不断调整和优化业态结构,进一步提高服务质量,努力为居民消费升级提供更加便利、实惠、安全、绿色和高效的消费环境。

（3）新型工业化和新一轮技术革命要求零售业加快现代化步伐

"十二五"时期我国工业化将进入从中期向后期的发展阶段，新型工业化不仅要求以信息化带动工业化发展，也要求以信息化带动国内贸易发展，以现代化大流通带动现代化大生产。这就要求零售业大力提高现代化程度，更加贴近生产需要提供综合性配套服务，建立起更加和谐的产销关系，形成紧密、顺畅的供应链、产业链，推动整个经济运行效率大幅度提升。

以物联网、云计算、供应链管理和冷链物流等为代表的新技术的开发与应用，促进零售业发展的技术支持条件将会进一步改善，技术应用领域会更广阔。这要求广大零售企业努力提高技术应用水平，促进行业发展从传统的劳动密集型向技术密集型转变，从单纯依靠扩大规模向主要依靠科技进步、劳动者素质提高、管理创新转变，由规模扩张型向注重效率的效率型转变。

（4）城镇化加速推进将带动零售业格局调整

当前，我国处于城市化快速推进的重要阶段，城市化将使我国人口和经济活动空间中心进一步向城市转移，城市规模、数量以及城市群发展将对零售业格局产生重要影响。一是随着城市化率的提高，更多的人口和经济社会活动从农村转向城市，城市数量、人口和规模将快速扩张。而城市规模的扩大和人口增加，必然带来消费规模的迅速扩张，促使零售业网络加快跟进，相应作出优化和调整。二是随着以中心城市为核心的城市群的迅速发展，将形成一系列更具影响力和辐射力的全国中心市场以及区域中心市场，这会促使零售业格局发生改变。三是城市化进程带动公路、铁路等基础设施建设步伐，将对零售业的组织体系、辐射半径、空间布局和物流模式带来重大影响。

2. 零售业主要发展趋势

国内贸易发展"十二五"规划提出，2015年社会消费品零售总额将达到32万亿元，年均增长15%。适应宏观环境变化和经济社会发展要求，零售业将在加快创新、扩大消费的同时，更加注重结构优化和质量效益的提升，其将呈现出以下发展趋势。

（1）零售企业转型升级，全渠道经营模式日趋明显

在市场竞争激烈、消费结构升级以及经济发展方式转变加快的环境下，零售企业实现转型升级势在必行。零售业将逐步摆脱求规模、拼价格的同质化、低端竞争，逐步依据顾客消费需求开发自有品牌，拓展国内外名牌产品的经销、代理业务，努力扩大代理规模，依靠精细化管理和科技进步实现可持续发展。

零售企业将进一步发展全渠道经营模式，通过建立多元联动的渠道布局，使消费者能够从实体店、网络平台、移动终端甚至不同的社交平台，获得统一的、一致性的购物体验。零售企业的竞争战略重点不再是追求单一渠道的最优或最强，而是努力实现各个渠道之间的高度协同、相互融合，为消费者提供全方位的最佳购物环境。未来，零售商将兼具网络和实体零售业务，并由实体零售、网络零售阶段跨入全渠道布局，根据各业态特点，打造全渠道差异化、系列服务的零售模式。

（2）实体店与网络零售融合发展，网络零售将显现新变化

伴随电子商务的快速发展，实体零售和网络零售逐步融合发展的趋势将日益明显。实体零售店的优势在于能够最大限度地满足消费者购物体验、享受服务的需求，而网络零售的优势在于能够破除购物空间、时间和环境的限制。下一步，实体零售和网络零售融合发展，实现优势互补，必将成为众多零售企业的战略选择。一方面，传统零售企业将加快拓展网络零售业务，一些企业选择自建网站，一些则采取并购的方式迅速进入和占领网络市场，更多的则是通过有机结合线上线下业务来获取新的竞争优势，"网订店取"、自助取货等线上线下相结合的模式将得到推广，

实体商店的功能作用将得到新的拓展，获得新的发展空间。另一方面，网络零售企业出于品类扩张、宣传展示以及满足消费者体验需求的考虑，也会加快配套服务的跟进，除销售、宣传商品外，将形成网上模拟体验、试用等新的优势，并更加注重物流配送、电子支付等运营支撑，完善配套服务。

（3）更加注重供应链管理，零供关系日趋和谐

未来零售业的竞争将从企业间"点对点"的竞争逐步向供应链间的综合竞争转变，零售企业将不仅注重自身管理，也会更加注重供应链管理，从而实现链条企业效益最大化。零售业将突破行业界限，通过加快电子商务和信息技术的应用步伐，突破零供间单纯的供销关系，更加深入地参与到上游厂商的生产运作之中，与之共同商讨和制订产品计划、供货周期，甚至参与产品研发、质量控制，从而提高经营能力，推动零售业整体效率提升。通过加强供应链管理，实现零售商与生产、消费环节的紧密对接，更高效地收集、整理消费者的意见和需求，并迅速向生产环节传递，零售商和供应商将成为利益共同体，目标和利益一致，零供关系将更加和谐，由零和博弈向互利共存演变。

（4）零售企业跨区并购提速，行业组织化程度进一步提高

零售业企业为进一步扩大经营网络，增强竞争实力，取得区域市场优势地位，跨区并购及强强联合是最为迅速和有效的途径。因此，未来零售业与金融业、制造业企业的结合趋势将更加明显，以资本为纽带的跨区域并购将进入快速发展阶段，通过控股、参股、输出管理团队等多种方式整合商业资源，进行资本化扩张，实现跨区域企业并购。同时，零售业将通过连锁经营、不断增强辐射力，积极向中小城市、农村市场拓展，进一步推动行业组织化程度的提升。大型零售企业销售额在整个行业中的比重会进一步增大，对供应商、生产商的影响力将不断增强，对区域市场、中小零售商的整合能力将进一步强化，满足消费者多种消费需求的能力将不断提升，抵御市场风险的能力将显著提高。

（5）业态不断创新，注重品牌建设

目前我国人口结构中年龄在 18—31 岁的人口超过 2.9 亿人。80 后、90 后的消费者已经成为主力消费人群，消费群体的变化必然带来零售业态的相应变化。消费者将更加注重服务消费，追求购买及使用过程中的服务质量和体验，更为讲求品牌和文化内涵，更加关注食品安全和健康等，消费个性化、便利化、情感化特征将更加明显。消费结构、消费方式等方面的变化必将促进以提高生活品质为主旨的各种新型零售业态应运而生。百货业态中的大众百货、时尚百货、高端百货的区隔将更加明显。百货店将向精品化、专业化方向发展，以精细化的管理、更有魅力的品牌组合和良好的服务，实现差异化、有竞争力的经营，在一线城市将呈现提档升级趋势，在二、三线城市得到进一步扩张、发展。超市业态将会逐渐分化出高端超市、生鲜超市、社区超市等细分业态，同时更加注重食品安全和环境营造，不断加大对生鲜食品销售和管理的投入。便利店业态将力求充分满足顾客随时随地便利购物的需求，更加体现便利化和个性化经营特色，出现专门为不同人群服务的细分业态，在为消费者提供日常生活消费品服务的同时，逐步丰富、拓展配套服务和综合服务功能。

各类零售企业将更加注重品牌建设，通过树立企业自有、定制品牌或销售知名品牌产品来提升经营商品的品牌档次，有效打造企业服务品牌，进一步提升企业盈利水平和经营服务附加值。品牌商品专卖店、专业店将大量增加，企业品牌推广、促进和保护体系将日益健全。

（6）逐步实现集约化、绿色循环发展

实现集约化经营，发展绿色流通，已经成为零售业实现可持续、健康发展的必然取向。推进

零售业节能减排不仅可以直接降低成本，使之成为企业新的利润增长点，而且从长远来看必将有利于转变发展方式，提升企业核心竞争力。可以预期，未来零售企业将会大力开展节能环保标准化建设，开展节能环保技术改造，拓展绿色采购，鼓励消费者购买和使用绿色低碳产品，引导社会节约、理性消费。与生产制造企业、回收拆解企业建立合作关系，逐步建立废弃物逆向回收渠道。通过收旧售新、以旧换新等，逐步形成低碳环保产品销售、二手商品寄售和废弃物逆向回收的良性循环体系。

【本章小结】

本章主要是进行了相关概念的介绍，包括商业起源及概念，零售业及零售业态的概念及零售业态的分类，4 次零售业革命，零售业在国民经济中的作用，零售业在我国的现状、问题及发展趋势等内容，目的是为今后章节的学习奠定基础。

【本章实训】

【实训主题】分析零售业的发展对消费者生活的影响。

【实训过程设计】将学生分成 3—4 人一组，调查自己家乡或学校所在地商业、零售业的发展状况，分析由此给本人和家庭带来的生活和消费的变化。并将分析结果填入表 1-7 中，下次上课时由老师点评。

表 1-7　　　　　　　　　　实训调查结果表

调查地点：

	1980—1990 年	1990—2000 年	2000 年至今
商业、零售业的发展状况			
对调查者本人和家庭带来的生活和消费的变化			

第 2 章　连锁经营的基本原理

【学习目标】

- 掌握连锁经营的内涵
- 掌握直营连锁、特许连锁和自由连锁的特征及优缺点
- 掌握规模效益递增、降低不确定性、企业与市场的替代和经营者激励设计等经济学分析
- 掌握连锁经营的优势及风险
- 具备分析相关案例的能力

【案例导入】

屈臣氏——只开直营店

提到屈臣氏，现在很多消费者都已耳熟能详。1828 年，有一位叫 A.S Waston 的英国人在广州开了家西药房，取名为广东大药房。1841 年药房迁到香港，并用广东方言将公司名译为"屈臣氏大药房"（A.S Wastons&Company）。在 1981 年成为李嘉诚旗下和记黄埔有限公司全资拥有的子公司后，凭借雄厚的经济实力和灵活的经营理念，屈臣氏在亚洲迅速崛起，成为家喻户晓的零售品牌。

自 1989 年 4 月在北京开设第一家店以来，屈臣氏在国内 200 多个城市拥有超过 1 500 家店铺和 3 000 万名会员，是国内目前最大的保健及美容产品零售连锁店。屈臣氏在质量与创新方面建立了相当声誉，并为顾客奉上了令人惊喜不断和物超所值的购物环境，从而赢得了顾客的高度信赖，去过的人真切地享受到它舒适的购物体验，没去过的对它"个人护理专家"的大名也是如雷贯耳。如图 2-1 所示。

图 2-1　屈臣氏门店

屈臣氏个人护理商店是集团首先设立的旗舰零售品牌。凭借其准确的市场定位，其"个人护理专家"的身份深入人心，以致人们一提到屈臣氏便会想到"个人护理专家"。

屈臣氏的个人护理商店以"探索"为主题，提出了"健康、美态、快乐"（Health，Good，Fun）三大理念，协助热爱生活、注重品质的人们塑造自己内在美与外在美的统一。

在国内，屈臣氏是第一家以"个人护理"概念经营的门店，其独特而准确的市场定位，令人耳目一新。商店的目标顾客锁定为18—35岁的女性，她们注重个性，有较强的消费能力，但时间紧张不太爱去大超市购物，追求的是舒适的购物环境。

屈臣氏经营的产品可谓包罗万象，产品来自20多个国家，有化妆品、药物、个人护理用品、时尚饰物、糖果、心意卡及礼品等2.5万种，主要分为两部分：一是屈臣氏自创品牌，有化妆品类和个人护理用品类等；二是其他品牌的护理用品，宝洁的产品就不在少数，美宝莲、雅芳在店内也设有专柜。当然，产品也不仅是为女士提供，各种国外原产的食品也足以让男士食客大快朵颐。

屈臣氏现在拥有一支强大的健康顾问队伍，包括80位全职药剂师和150位"健康活力大使"。他们均受过专业的培训，为顾客免费提供保持健康生活的咨询和建议。

每家屈臣氏个人护理店均清楚地划分为不同的售货区，货品分门别类，摆放整齐，便于顾客挑选；在店内陈列信息快递《护肤易》等各种个人护理资料手册，免费提供各种皮肤护理咨询；药品柜台的"健康知己"资料展架提供各种保健营养配分和疾病预防治疗方法；积极推行计算机化计划，采用先进的零售业管理系统，提高了订货与发货的效率。如此种种，我们可以看到的是，屈臣氏关心的不仅仅是商品的销售，更注重对顾客体贴细致的关怀，充分展现了其"个人护理"的特色服务。

屈臣氏集团在内地拥有三项投资，分别是屈臣氏个人护理商店、百佳超市和屈臣氏蒸馏水。无论是集团旗下的屈臣氏个人护理商店还是百佳超市，全部以直营方式拓展市场，加盟店的管理容易失控，所以屈臣氏不接受个人加盟，只以直营方式进入一个城市。屈臣氏对于地址的选择有很严格的要求，要考虑的因素包括经营场所的面积、人流量等。

【课堂讨论】

屈臣氏只做直营连锁的原因是什么？将讨论结果填入表2-1中。

表2-1　　　　　　　　　　　　　讨论结果

讨论人	观　　点
自己的观点	
同学的观点	
老师的观点	

【本章知识结构图】

本章知识结构图如图 2-2 所示。

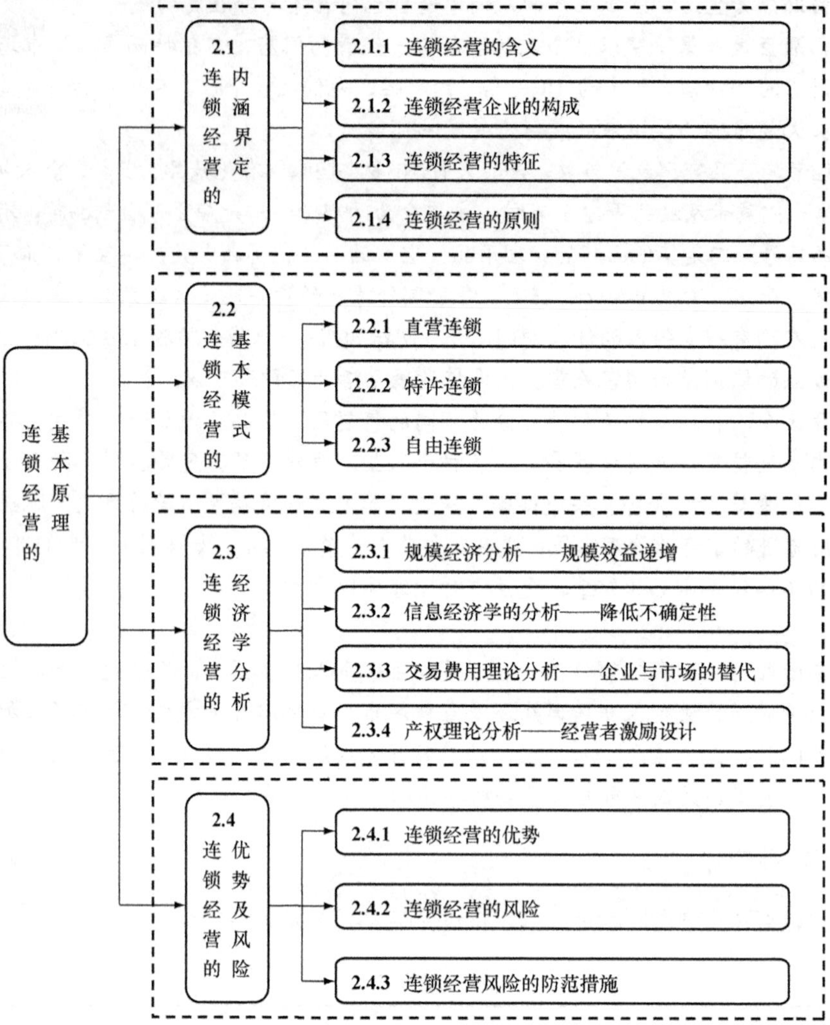

```
连锁经营的基本原理
├── 2.1 连锁经营的内涵界定
│   ├── 2.1.1 连锁经营的含义
│   ├── 2.1.2 连锁经营企业的构成
│   ├── 2.1.3 连锁经营的特征
│   └── 2.1.4 连锁经营的原则
├── 2.2 连锁经营的基本模式
│   ├── 2.2.1 直营连锁
│   ├── 2.2.2 特许连锁
│   └── 2.2.3 自由连锁
├── 2.3 连锁经营的经济学分析
│   ├── 2.3.1 规模经济分析——规模效益递增
│   ├── 2.3.2 信息经济学的分析——降低不确定性
│   ├── 2.3.3 交易费用理论分析——企业与市场的替代
│   └── 2.3.4 产权理论分析——经营者激励设计
└── 2.4 连锁经营的优势及风险
    ├── 2.4.1 连锁经营的优势
    ├── 2.4.2 连锁经营的风险
    └── 2.4.3 连锁经营风险的防范措施
```

图 2-2 知识结构图

2.1 连锁经营的内涵界定

2.1.1 连锁经营的含义

所谓连锁经营，在经济学上还没有确切的概念。我国原国内贸易部于 1997 年制定、公布了《连锁店经营管理规范意见》，其将连锁经营定义如下：连锁店指经营同类商品，使用统一商号的若干门店，在同一总部的管理下，采取统一采购或授予特许权等方式，实现规模效益的经营组织形式。连锁经营是现代工业化大生产原理在流通领域中的灵活运用，是一种现代流通业的组织形式和经营制度。

这一概念比较接近当今国际上连锁经营发展的实际情况。伴随着全球经济一体化的发展，连锁经营方式已被经济发达国家当作向外扩张、发展的战略手段，已渗透到零售、餐饮、服务以外的加工、制造业，有的已由中小企业联合，发展成为大型垄断连锁经营集团，并以其雄厚的实力，不断开拓市场，拓宽业务活动范围，由区域连锁向全国连锁、国际连锁化发展。

2.1.2 连锁经营企业的构成

一般情况下，连锁企业由10个以上的门店组成，统一订货，集中合理优化配送，统一结算，规范化管理，采购与销售职能相分离。

连锁企业由总部、配送中心和门店3部分组成。

1. 总部

总部是连锁企业经营管理的核心，它除了自身具有决策职能、监督职能外，还具备以下职能：网点开发、采购配送、财务管理、质量管理、经营指导、市场调研、商品开发、促销策划、人员招聘、人才培训、教育及物业管理等。

2. 配送中心

配送中心是连锁企业的物流机构，承担着商品的集货、库存保管、包装加工、分拣配货、配送、信息提供等职能。配送中心由分货配货（TC）、流通库存（DC）和生鲜加工（PC）3部分组成。

3. 门店

连锁企业门店是连锁经营的基础，指经营同类商品、使用统一商号的若干门店，按照总部的指示和服务规范要求，采取统一采购或授予特许权方式，实现规模效益的经营组织形式。

2.1.3 连锁经营的特征

顾名思义，连锁经营就是"连起来并且锁定"。连锁经营的实质是把现代化大生产的原理应用到传统商业中，改变传统商业中购销一体、柜台服务、单店核算、主要依赖经营者个人经验和技巧来决定销售的小商业模式，从而实现了在店名、店貌、商品方面的标准化，在商品购销、信息采集、管理规范、广告宣传和员工培训方面的统一化，把复杂的商业活动分解为像工业生产流水线那样相对简单的一个个环节，提高经营效率，实现规模效益。连锁经营的特征主要表现在规模化的经营方式、网络化的组织形式和规范化的管理方式3个方面。

1. 核心内容——规模化的经营方式

连锁企业店面数量多、分布广，具有大批量销售、大批量采购的价格优势，迎合了消费的分散性和就近购物的消费习惯，增强了消费者与连锁企业之间的感情联系，有效地解决了传统经营中追求规模效益与消费分散性之间的矛盾。

（1）采购的规模优势

通过采购权的集中使连锁门店在对外采购时变成集中采购，采购的数量较大，总部可以以较强的议价能力与供应商讨价还价，从而获得低价进货的优势；同时，由于集中采购，较之单店独立采购可以减少采购人员、采购次数，从而降低采购的间接成本。比较典型的规模采购如沃尔玛对可口可乐、宝洁产品的全球采购，这使得沃尔玛这两类商品的采购价格低于竞争对手，从而取得竞争优势。

（2）物流的规模优势

在集中采购的基础上连锁企业统一设置仓库比单店独立存储更节省仓储面积，总部可以根据各店的销售情况，实现合理库存；总部还可以通过集中配送选择最有利的运输路线，充分利用运输交通工具，及时运送，以免门店商品库存过多或出现短缺现象。

（3）促销的规模优势

由于连锁门店遍布一个区域或者全国甚至全球，因此连锁企业总部可以利用电台、电视台、报刊、网络进行强大的宣传攻势，而广告费用则可以分摊到各个门店上，每家门店的平均广告费用并不高，但是对于单个商店来说以一己之力进行广泛宣传是难以做到的。

（4）研发的规模优势

连锁企业开发的软件、硬件技术可以在整个体系内推广，建立自己的专职培训部门，研究、开发和培训的费用均可以由多家门店承担，因而享有研发的规模优势；另外，一家店的成功经验也可以在整个连锁体系内推广，通过复制成功的经验，实现连锁企业的高质量快速扩张。

2. 前提条件——网络化的组织形式

连锁既是一种经营方式，又是一种组织形式。连锁企业通过对上游企业的控制建立供货网络，通过门店扩张控制最终市场，并通过信息网络把两者有机地连接起来。

（1）销售网络化

首先，为实现连锁经营的盈亏平衡，必然要求构成销售网络的连锁门店的数量达到一定的规模，否则，连锁经营就无任何优势可言；其次，连锁企业的形象对吸引消费者具有极为重要的作用，而树立企业形象的基本途径则是通过门店的销售服务，门店越多，形象的影响力就越强；最后，门店数量越多，销售量越大，对上游企业的吸引力也就越大，就越能获得上游企业的支持。

（2）供货网络化

构成供货网络的基本要素是统一采购、集货、加工、补货管理及配送，这些活动不仅仅确保了商品质量和持续不断的商品供应，同时还能创造利润。

首先，集中统一进货能避免或减少分散采购时普遍存在的不经济行为，以降低进货成本。其次，以大规模的销售网络为交易条件，可以获得巨额的"通道利润"，如上架费、广告费、促销费和堆头费等。实行产销一体化或定牌监制，能在维持低销售的前提下实现高毛利与高利润。通过提高供货网络的效率，能减少商品库存，加快商品周转，提高现金流量的利用效率，为连锁企业带来丰厚的利润。

（3）信息网络化

信息网络化是确保销售网络与供货网络协调与平衡的关键。供货网络的一切活动都必须以高效率的销售网络的信息反馈为导向，否则就会降低供货网络的效率，即要以信息流指导商流与物流。

管理大规模的供货网络和销售网络必须采用现代化的信息技术，否则就难以实现高效率的信息反馈。另外，原始的信息必须经过系统分析才能有效地发挥出其应有的作用。

3. 基本保证——规范化的管理方式

（1）简单化（Simplification）

简单化意味着一个从繁到简的过程，彻底排除浪费部分、过分部分、不适部分，去掉不必要的环节，使各个环节包括财务、采购、物流和信息等工作尽量简化，提高工作效率。

（2）专业化（Specialization）

连锁企业的专业化表现在总部和门店的分工上。总部负责企业战略管理、经营技巧、形象设计、门店开发、卖场布局、商品采购与配送、人员培训、营销策划和财务管理等；门店则根据总部的总体部署和统一安排，集中精力做好商品销售工作，负责商品陈列、客户服务等直接面对消费者的经营活动。此外，专业化还表现在各个部门、岗位、员工之间的职责分工上。连锁企业的这种专业化分工配合是极具竞争力的。

（3）标准化（Standardization）

标准化在一定程度上是专业化与简单化的体现，因为连锁经营的特征之一就是可复制性，只有标准化的东西才有可能得到快速复制和推广，连锁企业具有企业识别系统及经营商标、商品和服务、经营管理、经营理念4个方面的统一，在此前提下形成专业管理及集中规划的经营组织网络，利用协同效应的原理，使企业资金周转加快、议价能力加强、物流综合配套，从而取得规模效益，形成较强的市场竞争能力，促进企业的快速发展。

① 企业识别系统及商标统一。企业识别系统及商标是企业的外在形象。企业识别系统，是指连锁企业所暴露给公众的直接印象，包括连锁企业的招牌、标志、商标、标准色、标准字、装潢、外观、卖场布局、商品陈列、包装材料、员工服装和识别卡等，它的作用在于不仅有利于识别，更重要的是有利于得到消费者的认同，使其对企业产生很深的印象。但是，仅外在形象的统一是远远不够的。

② 商品和服务的统一。这是连锁企业经营内容的统一，是满足同一目标顾客的营销方式的统一，具体表现在：连锁企业各门店所经营的商品都是经过总部精心策划和挑选的，是按照消费者需求做出的最佳的商品组合，并不断更新换代，所提供的服务也是统一规划的，无论到任何地方任何一家门店，服务都是统一的、规范的，从而增强了顾客的忠诚度。

③ 经营管理统一。这是企业内部管理模式的统一，是制度层面的统一，具体表现在：经营战略、经营策略上实行集中管理，即由总部统一规划，制定规范化的经营管理标准，并下达给各门店认真执行；各门店必须遵从总部所颁发的规章制度，一切标准化、制度化、系统化；有统一的连锁经营运营手册。

④ 经营理念统一。这是企业全体员工的观念与行为的统一，是文化层面的统一。连锁企业的理念是企业的经营宗旨、经营哲学、价值观念、企业定位和中长期的战略的综合，是其全部经营管理活动的依据。

连锁经营的4个层次的统一是由低向高相互衔接在一起的，如图2-3所示。只有店名和店貌的统一而没有服务和商品的统一，那就只有连锁企业的"形"，而无连锁企业的"神"；如果没有经营管理的统一，那就会虽然门面相同，但各自为政，结果仍是无法做到商品和服务的统一，即使有统一也是短暂的。只有经营理念统一，才会将企业的经营战略完全贯彻下去，形成企业的长期经营特色。

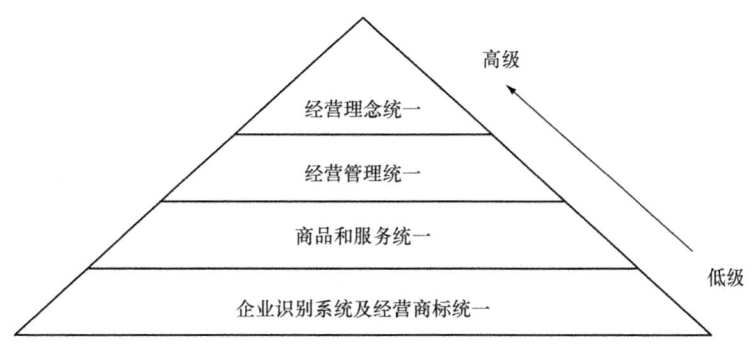

图2-3　连锁经营的4个层次的统一

2.1.4 连锁经营的原则

连锁经营之所以被世界上许多国家采用并快速发展，关键在于连锁这种经营模式具有许多传统企业无法比拟的优点和特点，而要充分发挥这种优点和特点，就必须要坚持连锁经营的原则。

1. 诚信原则

诚信是一切企业经营管理的基石，也是连锁经营的基石。一个企业诚信与否，关系到合作伙伴的风险大小。所以，缺乏诚信的企业在市场经济中是难以立足的。诚信在企业内部，是指企业和员工都要严格遵守用工合同、同心同德，具有良好的企业文化和团队合作精神；诚信在企业外部，则表现为企业领导者严格遵守与相关单位签订的经济合同，如货到付款、款到送货等，执行诚信财务。

2. 效益原则

每个企业都是组成社会的细胞，都应服务于社会。企业服务于社会主要从经济效益、社会效益、环境效益3个方面来体现。

第一，连锁经营的效益原则主要指连锁企业经营的首要目标是获取利润、加快资金周转、减少库存、节约成本、提高效率，从而促进企业的发展；同时，带动相关合作企业互利互惠、共赢发展。

第二，连锁经营的社会效益主要包括3个方面：一是为广大居民和单位提供物美价廉的商品，满足消费者的日常文化和生活需要，方便群众生活；二是发展经济，促进社会的发展，为国家提供税费；三是提供大量就业机会，为政府分忧解忧，维护社会安定。

第三，连锁经营的环境效益是指连锁企业在营运过程中，应尽量减少对环境的污染，使企业周围环境清洁、空气清洁、无噪声、无异味，垃圾清运快捷、电磁辐射小等。

3. 守法原则

作为企业公民，必须遵纪守法。合法经营才是正当经营，合法经营所得才是正当经营所得。连锁企业在经营过程中，不但要遵守经济法，还要遵守民法、劳动法、商法及大量的交易惯例，正确处理国家、企业、员工和消费者的关系。

【课堂讨论】

请比较连锁经营方式与传统商业经营方式的区别。将学生分成3—4人一组进行讨论，时间为30分钟，把结果填入表2-2中，由老师进行点评，时间为15分钟。

表 2-2　　　　　　　　　　　讨论结果表

连锁经营方式	传统商业方式

2.2 连锁经营的基本模式

在 100 多年的发展过程中,连锁经营形成了多种多样的类型和形式,人们一般从经营形式的角度,按照经营权和所有权集中的程度的不同,将连锁经营划分为直营连锁、特许连锁和自由连锁 3 种模式。

2.2.1 直营连锁

1. 直营连锁的概念

直营连锁(Direct Chain),又称正规连锁(Regular Chain)、公司连锁(Corporate Chain),是世界上最早出现的连锁形式,也是连锁经营的基本形态,连锁企业在建立初期一般都采用直营店的形式。

国际连锁店协会(IFA)对直营连锁的定义是:"以单一资本直接经营 11 个商店以上的零售业或饮食业的组织。"

日本通产省对直营连锁的定义是:"处于同一流通阶段,经营同类商品和服务,并由同一经营资本及同一总部集中管理领导,进行共同经营活动,由两个以上单个店铺组成的组织化的零售企业集团。"

美国商务部对直营连锁的描述是:"由总公司管辖下的许多分店组成,它往往具有行业垄断性质,利用资本雄厚的特点大量进货、大量销售,具有很强的竞争力。"

美国哈佛企业管理顾问公司在其出版的《最新企业管理大辞典》中把直营连锁定义为:由两个或两个以上所有权与管理权集中的零售机构所组成的,通常是大规模的零售商。

综上所述,所谓直营连锁,是指连锁门店均由企业总部全资或控股建设,并采用在总部直接领导下统一经营的方式,是大资本通过吞并、兼并或独资、控股等途径,发展壮大自身实力和规模的一种形式。

2. 直营连锁的特点

直营连锁作为大资本运作方式,具有统一资本、集中管理和分散销售的特点,充分发挥了规模效应,其主要特点体现为 4 个方面的统一。

(1) 所有权的集中统一

直营企业由同一资本构成,其各个成员店之间以资本为主要联结纽带,所有门店属于同一个所有者,归一个公司、一个联合组织或一个人,由同一投资主体开办,各分店不具有法人资格。这是直营连锁与特许连锁和自由连锁最大的区别。

(2) 管理权的高度集中统一

直营连锁的所有权、经营权、监督权完全集中在总部,由总部根据统一的事业规划方针,负责连锁企业的人事、财务、投资、分配、采购、促销、物流、商流和信息等方面的统一管理与经营,门店的业务必须按总部的指令行事。因此,直营连锁企业必须顺利地推进合理商务分工体制,即总部必须设置分工明确、专业精细的内部管理机构及各门店的层级管理制度、各类责任制度、工效挂钩的分配制度和规范的门店管理制度,以保证总部与各职能部门和门店的统一运作。

(3) 财务制度的集中统一

各门店是由总部投资建设的,财务上实行统一核算,在经营过程中产生的利润是先全部上交总公司再由总公司统一支配的,各家门店没有对利润的支配权。

（4）人力资源管理的集中统一

各门店各层级员工的招聘标准由总部统一制定，各门店的店长及其他管理人员也由总部委派或批准，他们是连锁企业的雇员而不是所有者。

3. 直营连锁的优点和缺点

（1）直营连锁的优点

可以有效地统一调动财力、物力和人力，统一经营战略，统一开发运作整体性事业；作为同一资本所有者，其雄厚的实力，有利于同金融界、生产部门打交道；在人才培养使用、新技术和新产品的推广应用，以及信息、物流和管理现代化等方面，更容易发挥整体优势；众多分散的分店可深入到消费者腹地扩大销售，占有市场。在大量生产体制和大量消费市场条件下，直营连锁经营系统是连结大量生产、大量消费的新型流通体制。对盈利低的商品，也要通过提高商品的周转率从而确保一定利润的经营体制；依靠功能集中化，可为经营提供重要的经济优势。充分利用自我服务方式提高销售效率，从经营的商品中获取一定的利益，以达到批量销售低价格商品的目的，如利用总部统一、集中大批量进货，容易开发稳定的供货渠道和获得折扣，以达到减少管理费用、降低经营成本、以较低价格出售商品的目的，这是独立零售店所不具备的优势。

（2）直营连锁的缺点

需要庞大的自有资本开店，发展速度和规模受到限制；分店的自主性很小，分店店长不是所有者，利益关系不那么紧密，分店经营的积极性、创造性和主动性会受到一定的限制；大型直营连锁企业管理系统庞大，容易官僚化，管理成本增高。

4. 直营连锁适应的行业

直营连锁主要适用于零售业，特别是大型百货商店和超级市场，如王府井百货、沃尔玛和家乐福等。

直营连锁曾是美国连锁店的基本形态，其典型的有最大的连锁店西尔斯·罗巴克百货公司（Sears & Roebuck Co.）、彭尼公司（J.C.Penny）和凯玛特公司（Kmart）等；在日本有大荣公司（Daiei）、西友公司等。连锁店在建立早期大都采用直营店的方式，在实力日渐雄厚、名声越来越大之后，便开始征求加盟店。这是连锁店发展的规律之一。

卜蜂莲花——生鲜型超市的典范

1921年，泰籍华裔企业家谢易初与兄弟谢少飞一起在泰国曼谷开设了第一家售卖蔬菜种子的商店，这家种子商店也正是正大国际集团事业的开端。公司从农作物种子的销售开始，逐步发展壮大，形成了由种子改良、种植业、饲料业、养殖业、农牧产品加工、食品销售和进出口贸易等组成的完整的现代农牧产业链，成为世界农牧业产业化经营的典范。

正大集团在家族第二代管理者的领导下，不断革新农牧业的经营理念，在发展优势产业和主导产业的同时，还积极涉足电信、房地产、医药、零售、金融、机械和传媒等领域。

正大旗下的易初莲花超市（2007年后改名为卜蜂莲花）的第一家门店于1983年在泰国曼谷正式开业。1997年6月23日，中国第一家卜蜂莲花开业，如图2-4所示。经过16年的发展，卜蜂莲花已经成为了中国最大的外资连锁零售企业之一，目前在中国拥有77家直营门店及7个配送中心，满足了顾客提供一站式购物的需求。

由于有农牧业经营的背景，卜蜂莲花一直致力于成为生鲜加强型超市。生鲜一直是卜蜂莲花经营的鲜明特色。优质、美味的生鲜产品是卜蜂莲花的经营特色之一，也是卜蜂莲花与其他竞争对手拉开差距的主要武器，是卜蜂莲花大卖场的竞争优势所在。

为了保证生鲜食品的质量，卜蜂莲花专门成立了QC质量监控小组，对自供的生鲜类产品进行严格的质量控制，并且尽量与大型厂家进行供应与合作，以绝对保证产品质量安全。

图2-4　卜蜂莲花门店

2.2.2　特许连锁

1. 特许连锁的概念

特许连锁（Franchise Chain，FC）又称合同连锁、加盟连锁，是以契约为基础的连锁方式，是目前发展势头最为迅猛的一种连锁经营模式，也是未来的发展趋势，被称为是21世纪最主要的商业经营模式。

我国2007年2月6日颁布的《商业特许经营管理条例》规定，特许经营是指拥有注册商标、企业标志、专利、专有技术等经营资源的企业（以下称"特许人"），以合同形式将其拥有的经营资源许可其他经营者（以下称"被特许人"）使用，被特许人按照合同约定在统一的经营模式下开展经营，并向特许人支付特许经营费用的经营活动。由于特许企业的存在形式具有连锁经营统一形象、统一管理等基本特征，因此也称之为特许连锁。它与直营连锁最大的区别在于它的所有权是分散的，而经营权是集中的。

特许经营中特许人和被特许人之间并没有隶属关系，双方并非母子公司，也不是合伙人，也不属于代理。确切地说是特许人把自己的商标标志和管理技术等知识产权授权被特许人有偿使用，由此以整体统一的商业形象和管理模式对外营业。而对于所有的被特许人来说，彼此之间是没有直接关系的。

2. 特许连锁的特点

特许经营连锁的核心是特许权的转让，在特许经营中，加盟后通过有偿方式，与特许总部签订由其转让业务模式特许经营权的授权协议。对于被特许人来说，特许经营与独立经营的最大区别就在于存在着一个特许权利"转让人"，即特许人。特许人在卖给被特许人特许经营权之后，并不消失，而是向被特许人提供经营指导，同时被特许人要自己承担商业经营风险。

因此，在特许经营中，特许人拥有分店的全部或部分经营权，但各分店的所有权相对独立。有时被特许人还会通过控股的方式来调整总部与分店的关系。特许经营由3个要素组成：一是特许总部；二是特许分店；三是规定了转让全套经营方式、管理技巧、无形资产在内的协议。

归纳起来，特许经营的特点如下。

① 特许人和被特许人是两个独立的法律实体，特许经营是一种公司间的合作合约关系。

② 特许公司拥有商标、服务标志、独特概念、专利、商业秘密、经营诀窍等有形与无形资产，并将部分产权（如使用权）转让给被特许公司以换取一定的收入。

③ 被特许人要受到特许人的监督、指导和控制，并根据其营业额支付权利的使用费和其他费用。

3. 特许连锁的优点和缺点

（1）特许连锁经营的优点

其主要表现在以下 4 个方面。

① 对特许连锁总部的好处。在资金和人力有限的情况下，不用自己的资本设置商店，也能获得迅速扩大业务领域的机会，提高知名度，加速连锁化事业的发展；在一个新的地区开展业务时，有合伙人为其共同分担商业风险；加盟金和特许权使用费能得到切实保证，有利于稳定地开展事业活动；设立稳定的商品流通渠道，有利于巩固和扩大商品销售网络；根据加盟店的营业状况、总部体制和环境条件的变化调整和招募加盟店，能促使连锁灵活地发展；统一加盟店的店堂风貌、店员服装等，能对消费者和业界形成强大而有魅力的统一形象。

② 对加盟店的好处。没有经营商店经验的一般人也能经营商店；可以减少失败的危险性；用较少的资本就能开展事业活动；能进行知名度高的高效率的经营；能实施影响力大的促销策略；可以稳定地销售物美价廉的商品；能够进行适应市场变化的事业经营；能够专心致力于销售活动；能够接受优秀参谋的指导。

③ 对消费者的好处。总部卓越的经营方法和技术被广泛地应用，提高了为消费者服务的水平；标准化的经营，使消费者无论何时在哪个加盟店都能接受到标准化的均质的商品和服务；加盟店通过有效经营，降低了销售等费用，使消费者能接受到物美价廉的商品和服务。

④ 对国民经济的好处。可扩大参与事业的机会；可促使经济活跃化；可促进中小企业的发展和加强其竞争力；可扩大就业机会。

（2）特许连锁的弊端

① 对总部的不利之处。连续的指导与援助要花费一定的人力和费用；加盟店在特许权上的无所谓态度会削弱特许连锁整体的活力；在加盟店急速增加的情况下，总部的指导力和物流体制等跟不上，会削弱统一性；比自己经营店铺的投资效率高，但要大幅度地增加利润额则有困难。

② 对加盟店的不利之处。会增强依赖性，放松经营和销售的努力；经营标准化束缚了更好方法的开发和采用；总部考虑整体效果而制定并让实行的措施，并不一定适合某些特定的加盟店的实际情况；在发生利益矛盾时，总部会坚持自身利益；其他加盟店失败、脱离连锁集团时，在形象和信用方面会受到不良的连带影响；总部变更方针时，加盟店无权参与；对于合同内容，加盟店没有加入自己的要求和条件的余地；合同解除后，加盟店不能把过去的成果用于自己的商誉；总部脆弱化、大幅度改变销售政策时，加盟店不能够充分地接受到指导和援助；合同解除时，加盟时所支付的保证金不能返还。

③ 对消费者的不利之处。如果总部力量弱，加盟店在交易上处于不利地位，可能在价格的服务方面给消费者带来不利影响；因滥用特许连锁而产生的交易上的不稳定，也会给消费者带来不良影响；对于营业责任是在总部还是在加盟店的判断不清楚时，可能使得消费者的上诉对象模糊化。

4. 特许连锁适用的行业

特许连锁适用于制造业、服务业、餐饮业以及便利店之类的小型零售业等领域。美国胜家（Singer）缝纫机公司 1865 年首创特许经营这一方式；日本"不二家"西点糕饼店于 1963 年开始实行特许加盟。

麦当劳被称为全球餐饮业的巨无霸，其成功的最重要的因素之一是特许经营。麦当劳于 1955 年首创全球连锁经营模式，即特许体系。它是世界上最早、最好和最充分运用特许经营的公司。

公司通过授权加盟，向符合条件的特许经营者收取首期使用费，并按特许经营者每月销售额收取服务费和许可费。

特许经营在我国开展于20世纪90年代，从刚一开始就得到了迅猛的发展，涉及行业从最初的餐饮、洗衣等，发展到今天的零售、快餐、休闲饮品、洗衣、家装、家居用品、儿童教育、美容健身、汽车维修、地产中介、经济酒店、数码产品等60个行业，涌现出福奈特仙、华联、仙踪林、德克士、迪欧咖啡、吉的堡、伊尔萨等一批优秀品牌。采取特许经营模式的企业数量近超过2 100家，特许加盟店近超过12万个，整个市场以每年约49%的速度递增。

小肥羊的特许经营之路

内蒙古小肥羊餐饮连锁有限公司（如图2-5所示）于1999年8月诞生于内蒙古包头市，以经营小肥羊特色火锅及特许经营为主业，兼营小肥羊调味品及专用肉制品的研发、加工及销售业。2008年6月小肥羊在香港上市，是中国首家在香港上市的品牌餐饮企业，被誉为"中华火锅第一股"。截至2010年5月，公司拥有445家连锁店，其中包括166间自营餐厅及279间特许经营餐厅，并在美国、加拿大、日本、中国港澳等地拥有20多间餐厅。目前，小肥羊公司已经发展成

图2-5 小肥羊品牌

为拥有1个调味品基地、2个肉业基地、1个物流配送中心、1个外销机构、国内15大餐饮市场区域、国际3大餐饮市场区域的大型跨国餐饮连锁企业。

从2000年开始，很多商家纷纷开始加盟小肥羊。小肥羊把加盟政策定为"以加盟为主，重点直营"，在全国各地设立了省、市、县级总代理及单独加盟店，使小肥羊在短短的两三年里遍布全国各地，打响了知名度。但同时加盟者素质、服务以及管理质量参差不齐等问题也使公司进一步的发展受到制约。

基于上述情况，从2002年年底开始，公司采取了一系列措施以扭转加盟市场的混乱局面。核心是调整加盟政策为"以直营为主，规范加盟"。

2003—2007年4月，小肥羊加盟市场已经进入"不唯数量重质量"的发展阶段——国内市场，一线城市以直营为主，二、三线城市以加盟为主，且不再设任何形式的总代理；国际市场，在开设直营店并取得充足经验的基础上，适度开设加盟店。

1. 小肥羊的加盟标准（以国内单店加盟为例）

一次性收取加盟费，之后定期按营业额比例收取特许费。具体如表2-3所示。

表2-3　　　　　　　　　小肥羊的加盟标准（以国内单店加盟为例）

要　　求	省级市	地级市	县级市（镇）
店面积	1 000平方米	800平方米	500平方米
合同期限	5年	5年	5年
加盟费	50万元	20万元	10万元
投资费用	约200万元	约80万元	约60万元

续表

要　　求	省级市	地级市	县级市（镇）
前期广告费	15万元	10万元	5万元
每月收取营业额比例	4%	4%	4%
保证金	一年加盟费	一年加盟费	一年加盟费
加盟保证金支付方式	一次性付清	一次性付清	一次性付清

注明：以上加盟等级及条件标准，根据市场经济环境及其他实际情况，公司可适当调整，最终解释及确定权归属于小肥羊公司所有。

其他：

① 若无任何违约状况，保证金将于合同期满履行完毕相关终止手续后无息返还；

② 店面设计、装修应按公司统一标准进行，费用自理；

③ 加盟店自行招聘人员，公司负责免费培训，食宿自理；

④ 公司会为加盟店提供开业前广告宣传建议方案，广告费用自理。

2. 加盟流程

加盟流程如图2-6所示。

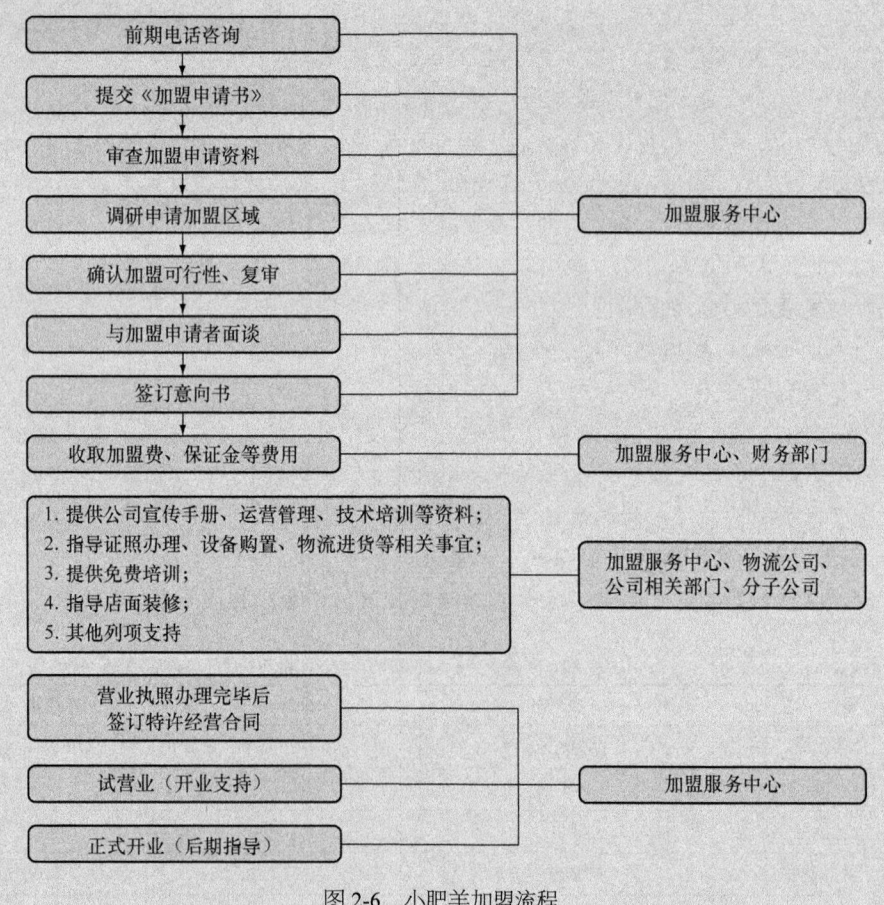

图2-6　小肥羊加盟流程

3. 对加盟商的支持

（1）品牌支持

小肥羊名称、卡通商标标识均在国家工商局注册，并于 2004 年 11 月被国家工商总局认定为中国驰名商标。凡正规加盟店均经公司授权在合同期内享有合法使用小肥羊公司注册商标标识的权利。

（2）技术支持

公司均为每个加盟店免费培训一名兑锅师。炒料是核心技术，由公司加工成品直接供给加盟店。店面装修、厨房布局、组织机构设置、规章制度、操作程序、宣传广告和销售技术等均由公司负责指导实施。

（3）业务指导

公司负责为加盟店管理人员、后厨厨师长、财务人员等相关人员提供免费培训（交通、食宿费用由加盟店自理），并在加盟店开业前 15—30 天派公司前厅、后厨培训经理现场进行全员免费培训并指导开业。

（4）运营支持

公司将向正规加盟店免费提供《公司简介》、《员工守则》、《营运手册》、《操作手册》、《培训手册》、店面装修及视觉识别（VI）标准等宣传、培训和营运资料。

（5）物流配送

专用羊肉及副产品、炒料、专用调味品、餐具和服装等主要原材料由公司供应，统一物流配送（运费由加盟店自理）。

由于加盟店总部无须处理各分店在日常经营中可能出现的各种问题，也无须处理各分店可能出现的人事纠纷问题，因而可以集中精力改善经营管理，做好后勤工作。特许人可以降低经营费用，集中精力提高企业管理水平。

4. 特许经营成功的原因

（1）"三步走"的发展战略

第一阶段：加盟为主，重点直营。

第二阶段：直营为主，规范加盟。

第三阶段：重启加盟，全球扩张。

（2）注重特许人与加盟者素质

不但对其素质、实力和经验有高要求，而且要求其对公司经营理念高度认同。

（3）产品创新

在配方上延续了千百年的蘸着小料涮羊肉的食法，改革为"不蘸小料涮羊肉"的新食法。

（4）产品质量标准化

羊肉和汤底是火锅餐厅最重要的两种原材料。通过控制原材料，小肥羊能对其餐厅中的食品质量有一定的控制力。

（5）服务标准化

小肥羊的服务标准化是依靠《运营手册》、《服务手册》和《操作手册》来规范的。

（6）注重品牌建设

如对加盟市场进行了大规模的治理整顿等。

2.2.3 自由连锁

1. 自由连锁的概念

自由连锁（Voluntary Chain，VC），又称自愿连锁、自由加盟连锁，是指由许多不同资本的零售企业，在保持各自独立的条件下，自愿组成批发企业，以此为主导建立一个总部指挥组织，在总部的指挥和管理下实行共同经营、统一采购、统一配送、统一营销策略，以达到共享规模效益的目的的经营方式。

自愿连锁最早形成的原因，是众多中小企业在与一些规模大、实力强的大型连锁企业竞争时，势单力薄、竞争力不强，占有的市场份额日益缩小。为了摆脱困境，若干零售商共同投资设立机构，负责共同进货，开展共同促销和广告宣传等活动，以降低成本、提高利润率。所以说自由连锁是中小零售商为了对抗大型连锁企业的垄断而自行发起的联合组织。

2. 自由连锁的特点

① 拥有一个或几个核心企业作为自由连锁的主导企业。这些核心企业可以是批发企业，也可以是大型零售企业，发挥着连锁总部的组织作用。

② 各企业的产权、经营权和财权具有独立性，与总部没有所属关系。它们独立核算、自负盈亏、人事安排自主，而且在经营品种、经营方式、经营策略上也有很大的自主权，每年只需按销售额或毛利额的一定比例向总部上交加盟金。

③ 合同是维系自由连锁体系经济关系的纽带，各企业通过合同统一订货和送货、统一使用信息及广告宣传、统一制定销售战略。

3. 自由连锁的优点和缺点

（1）自由连锁的优点

① 由于各连锁分店在经营上必须按总部的规定实施，自身的随意性受到限制，因而有利于发挥组织的力量，共同行动、以创造整体利益。在市场竞争中，由于实施整体行动，企业的竞争力得到大大加强。

山东家家悦、湖南步步高等组成上海家联采购联盟后，家家悦以优惠价格将山东苹果提供给步步高；作为回报，步步高也能为家家悦提供价格低廉的当地水果。由此大大节省了采购成本，为企业降低销售价格、提高竞争力创造了条件，消费者也能从中得到实惠。

② 由于连锁店总部通过众多深入到消费者群体的连锁销售店网络，在掌握准确市场信息的前提下，集中大量进货，不仅降低了进货成本，节省了费用，而且有利于连锁分店经营的商品适销对路，减少积压和损失，同时又能够准确、及时地适应消费者需求及其变化，既提高了顾客的满意度，也提高了企业的信誉和地位。

③ 由于总部负责战略决策和管理，连锁分店减少了用于这方面的人、财、物力支出，故可以集中精力专心销售商品从而获取更多的销售利润。

④ 经营者准确、及时地捕捉顾客需求的变化，采取灵活的经营对策是相当重要的。由于遍布各地的连锁销售分店通过信息网络把各种信息及时、准确地反馈给总部，从而提高了连锁店总部的决策能力和对市场的应变能力，有利于竞争实力的加强。

⑤ 在使中小零售企业受益的同时，自愿连锁也能在维护流通秩序、吸纳就业等方面起到积极作用。中小企业占我国企业数量的99%以上，自愿连锁提高了这些企业的组织性，有利于规范市场秩序，避免无序竞争。中小零售企业对劳动力的吸纳能力也是其他行业难以比拟的，企业有了稳定的发展，就能吸收更多的社会就业。

（2）自由连锁的缺点

① 总部与各成员企业之间的联结纽带不紧密，凝聚力弱。

② 成员企业独立性大，总部集中统一运作的作用受到限制，组织不够稳定，发展规模和地域有局限性。

③ 在管理方式上过于民主，致使决策迟缓，对市场变化难以快速应变、效率低、竞争力受影响。

4. 自由连锁的组织类型

（1）零售业主导型

由几家中小企业联合为龙头，建立自由连锁总部，然后吸收其他中小企业加盟，这种形式在日本比较盛行，如成立于 1973 年的日本全国中小超市联盟 CGC（C-operative Grocer Chain 食品商连锁）集团，是由日本的中小超市共同出资运营自主品牌的股份公司，是日本最大的自由连锁企业，现有 228 家公司 3 738 家店铺加盟，在全国拥有区域总部 8 个，销售总额达 42 699 日元。

（2）批发企业主导型

部分批发商根据流通业的发展变化，倍感仅靠传统的批发职能是没有发展前途的，于是为强化批发对零售业服务的职能，成立自由连锁集团、吸收众多中小零售店（大部分为夫妻店、个体店）加盟，批发商作为自由连锁总部，为各连锁加盟店提供有偿服务，被欧洲国家和美国等发达国家所采取用。

在美国，比较成功的是以批发商为主导型的加州自由连锁食品配送中心，其隶属于 1926 年成立的美国加洲食品有限公司，该中心与 1 000 家单体超级市场形成自由连锁集团，配送中心作为总部对各加盟店提供商品配送以外的经营支持和服务。

我国港台地区的一些传统式"夫妻店"型杂货店，也大多加入这种自由连锁组织的成员店。在我国，中小企业零售商缺乏持久的合作精神，过多地考虑局部利益和近期利益，当局部利益和近期利益受到影响时，往往放弃合作所能带来的长远利益而偏好独立自主经营，因此发展自由连锁有一定难度。然而，在今后市场竞争日益加剧的情况下，批发主导型自由连锁与行业主导型的自由连锁组织将会逐步发展壮大。

 小资料

国际独立零售商联盟

国际独立零售商联盟（Independent Grocers Alliance，IGA）是 1926 年依美国特拉华法律成立的，是目前世界上最大、最早的一家自愿连锁体系。IGA 提供的是 IGA 标准的零售管理、技术、培训和 IGA 自有品牌，并根据不同区域零售商特点来调整零售管理方案，使之适合维护成员特色的要求。目前 IGA 总部在美国芝加哥。

IGA 已经拥有近 4 400 多家门店和 80 个配送中心，年零售总额超过 230 亿美元，分布在美国、澳大利亚、巴西、柬埔寨、加拿大、开曼群岛、中国、印度尼西亚、日本、韩国等 48 个国家和地区。1987 年，现任董事局主席海盖（Haggai）博士接管 IGA，在他的倡导下，IGA 于 1988年成功进军亚洲。

2004 年 IGA 正式进入中国，首批有 5 家会员单位：浙江宁波三江、深圳有荣、湖南步步高、黑龙江大庆庆客隆和武汉中百。网点遍布东北、华中、长江三角洲和珠江三角洲等地区。

IGA 中国总部在武汉，并且设立有国内首家专为零售业培养人才的零售学院。

> SPAR 国际是当今世界最大和最成功的自愿连锁组织和最大的食品分销企业。成立于 1932 年，总部设在荷兰的阿姆斯特丹。在德国、英国、意大利等全世界五大洲 35 个国家拥有超过 15 000 家的门店，年营业额达数百亿欧元。奥地利是 SPAR 开展最为成功的国家之一。
>
> 意大利的 CITYPER 和德国的 EDIKA 也是自由连锁企业的代表。

【课堂讨论】

请比较连锁经营、特许连锁和自由连锁方式的区别。将学生分成 3—4 人一组进行讨论，时间为 30 分钟，把结果填入表 2-4 中，由老师进行点评，时间为 15 分钟。

表 2-4　　　　　　　　　　　　　　　讨论结果表

项　目	直营连锁（RC）	特许连锁（FC）	自由连锁（VC）
总部与加盟店的资本所属			
连锁店是否有独立的企业法人资格			
经营权			
商品来源			
价格管制			
分店建议对总部影响			
总部对加盟店的人事权和直接经营权			
加盟店自主性			
加盟店须向总部上交指导费等费用			
分店间联系			
外观形象			
总部与加盟店的合同约束力			

2.3　连锁经营的经济学分析

连锁经营这种形式一出现，就迅速适应了市场经济条件下大商业、大流通、大市场的本质要求与运行规律，展示出其强大的生命力。连锁经营是核心竞争力在连锁成员间的合作与共生，若干经营同类商品或服务的企业，通过企业形象的标准化、经营活动的专业化、管理活动的规范化以及管理手段的现代化，使复杂的商业活动在职能分工的基础上实现了相对的简单化，把独立的经营活动组成整体的规模经营，形成连锁成员利益关系的良性互动，从而实现规模效益。从经济学角度来分析，连锁经营存在以下制度优势。

2.3.1　规模经济分析——规模效益递增

规模效益是指企业总收益的增加与经营成本增加之间的比例关系，商业经营获得规模效益主要有两种方式：一是单体规模的扩大，如百货公司的大型化、购物中心的巨型化等，这是一种传统的经营方式；二是扩大群体经济规模，即通过广泛布店、组合经营、分散销售来实现规模效益，连锁经营采取的就是这种现代经营方式。

单体规模扩大的经营方式越来越表现出局限性。百货公司单纯追求商店规模的扩大无法摆脱传统经营方式对其规模效益追求的束缚，虽然大百货公司高度集中、综合化经营能够满足消费者集中性、多方面的购物需求，且由于大量的城市流动客源的存在而实现一定的规模效益，但无论其如何发展，其单体规模的扩大都不可避免地面临规模效益递减这一现实，购物中心的巨型化也是有一定限度的，况且其单体规模的扩张同时还受到人口、购买力、交通条件以及企业自身服务水平等多方面因素的制约，这都决定了其经营规模的发展极限。

连锁经营采取群体经济规模扩大的方式，弥补了传统经营单体规模方式的局限。一方面，区域上相对分散的众多连锁店深入消费腹地，适应了现代消费的分散性、区域性和多中心化的特征；另一方面，连锁企业的统一管理将分散性、小规模的商业机构组合成一个庞大的营销系统，形成在集中前提下的分散和在分散基础上的集中的规模经营格局。

连锁经营的规模收益首先得益于成本的降低。连锁店采取统一批量进货、集中配送和库存管理，使得商品进价、运输成本和库存成本降低，统一的广告宣传和企业形象设计使得大笔的广告费用得以节约，连锁经营的标准化经营和专业化分工使得现代科学技术在信息控制、物流管理上的应用成为可能。

所以，在零售业取得巨大成功的沃尔玛、家乐福和麦德龙等商业巨头，无一不采用连锁经营的方式。

2.3.2　信息经济学的分析——降低不确定性

信息经济学认为，在经济生活中，人们的决策总是基于一定量的信息做出的，掌握的信息越多，人们的决策就越准确，经济活动的效益就越大。"充分信息导致最优决策"，但"充分信息"和"最优决策"只是一种理想状态，信息作为一种生产要素，是稀缺的、不充分的，这种稀缺性导致行为和结果的不确定性，为降低这种不确定性，以保证决策的尽可能准确，人们要进行信息搜寻活动，这种搜寻要支付一定的成本，这说明信息是有价的，信息的搜寻活动实际上是信息的生产过程，这种生产过程是否能够进行取决于成本和收益的对比。

连锁经营是一种降低不确定性的组织设计，信息技术的应用使连锁经营成为一种高效率的组织形式。零售企业因其分散经营和个性化服务导致经营活动中存在着若干的不确定性，连锁经营有效降低了这些不确定性，主要体现在连锁经营对顾客需求的把握和其运作程序的控制上。连锁企业作为连接生产企业和顾客的枢纽，连锁店覆盖区域为全国甚至世界市场，这些店铺直接面向顾客，能够及时了解顾客的需求，每天都有大量的、丰富的市场信息源源不断地进入连锁企业总部，总部将顾客的需求信息通过直接订货反馈到生产厂家，使预测性生产得以运行。连锁企业的信息系统始终贯穿于经营管理的全部过程，电子订货系统（EOS）、销售时点系统（POS）等现代技术的应用，使得信息的传输及时准确，为连锁经营总部的决策提供了充足信息，实现了"高效率消费者反应（ECR）"。

2.3.3　交易费用理论分析——企业与市场的替代

科斯在1937年发表的论文《企业的性质》中指出，交易费用的存在是企业产生的根本原因，交易费用就是通过市场机制组织交易所支付的成本，包括搜寻交易信息、谈判及履行合约所需的监督而支付的成本。

连锁经营在规模效益追求上采取群体规模扩大的方式，但从组织角度来看，它仍然是一个大的集团公司。连锁经营通过组织创新，即由总部负责集中进货和配送，由分店负责分散销售，将采购、批发、配送、零售等传统流通体系中这些相互独立的商业职能有机地组合到一个统一的经营体系中，实现了产销一体化和批零一体化，这实际上是企业与市场两种调节方式在流通领域的替代,是企业"混合一体化"的典型。通过连锁经营,零售企业具备了联购批发功能,减少了交易环节和采购费用。通过连锁经营,各个分店的进货就不再是交易行为,而是企业内部的一种协作关系。这种将外部市场交易"内部化"为大企业的组织结构关系大大降低了交易费用,提高了连锁企业的经营效率,增强了连锁经营企业的核心竞争力。

2.3.4　产权理论分析——经营者激励设计

诺思在《经济史中的结构与变迁》中提出,有效率的组织生产需要在制度上做出安排和确立产权,以便对人的经济活动造成一种激励效应,根据交易费用大小的权衡使私人收益接近社会收益。一个完备的产权通常包括使用权、收益权和转让权。

连锁企业是一种高效率运行的组织,这种高效率便来自产权的科学安排对连锁经营主体的激励。连锁经营有3种产权安排形式,不同的产权形式控制企业的方式不同,因而产生的激励效应不同,监督成本也有差异。

直营连锁是对同属于某个资本的多个店铺实行高度统一的经营,总部对各店铺拥有全部所有权和经营权,包括人、财、物及商流、物流、信息流等方面的统一管理权。这种产权制度安排有利于集中力量办事,总部可以统一调动资金、统一人事管理、统一经营战略、统一营销策划,以大规模的资本力同金融界、生产企业打交道,在培养使用人才、新技术产品开发推广、信息和管理现代化等方面,可充分发挥连锁的规模优势,从而激励经营者不断扩大已有的事业。

特许连锁的产权制度优势更加突出,特许连锁的所有权是分散的,属于各加盟店主,而经营权则高度集中于总部,总分店之间没有委托—代理关系,有效地实现了两权的分离。对于特许人的激励在于:在资金和人力有限的情况下,不用自己的资本设置商店,也能获得迅速扩大业务领域的机会,提高知名度,加速连锁化事业的发展;在一个新的地区开发业务时,有合伙人为其共同分担商业风险;加盟金和特许权使用费能切实保证利润来源;统一加盟店的店堂风貌、店员服装等,能在消费者心目中形成强大的特许品牌形象。对于被特许人的激励在于:能用较少的资本开展知名度高的高效率经营活动;能从总部获得完成事业所必需的所有信息、知识和技术,及时得到总部的经营指导;能实施影响力大的促销活动,稳定地销售物美价廉的商品。

自由连锁是在保留单个资本的所有权的基础上实行的联合,各店铺都独立核算,自负盈亏,人事独立,总部对它的管理功能较弱,而侧重于指导和服务功能。自由连锁是不同企业之间的一种互助互利形式,目的在于创造共同的竞争优势,因此,自由连锁本质上是中小企业与大企业抗争的自救手段,其在管理方面更为自主,在组织上较为松散,不需要过多的管理机构与人员,具有较高的内部效率,这使自由连锁店主的经营绩效与个人的努力程度关系更大,从而能充分调动经营者的积极性。

3种连锁形式通过不同的产权制度安排,从不同方面充分发挥各自优点,从而不断激励越来越多的经营者加入到连锁经营中。

2.4　连锁经营的优势及风险

2.4.1　连锁经营的优势

1. 规模扩张优势

连锁企业在规模效益的驱动下不断追求规模扩张,而连锁经营的3种基本模式——直营连锁、特许连锁和自由连锁,极有利于迅速实现资本的大量集聚。一是采取投资自建、兼并、收购和租赁等形式大力发展直营店；二是采取发展加盟店的形式，在无须投资的情况下，在短时间内大幅度增加门店数量；三是通过协商达成合作契约，实行大范围的自愿连锁。

我国最具规模的零售连锁企业品牌之一的华润万家，通过收购，实现了规模的快速扩张。

☆ 2004年，华润收购苏果超市，使其门店数量增加1 200个。

☆ 2005年，华润万家全面收购天津月坛集团旗下28家门店，取得津南区连锁超市业态的优势地位；并于同年收购宁波慈客隆超市，填补了华润万家在宁波地区的市场空白，进一步加强了公司在华东地区的发展。

☆ 2006年，华润万家与宁波富邦集团共同投资成立宁波华润万家有限公司，以战略性合作的方式成立新公司，进入宁波市场。

☆ 2007年，华润集团收购天津家世界超市，填补了华润万家在西北、东北及中原区域的业务空白，进一步加快了华润万家全国布局的发展速度。

☆ 2008年，华润万家完成西安爱家连锁超市有限公司的并购，巩固了华润万家在陕西市场的领先地位，使企业品牌可持续、健康、稳定地发展。

☆ 2012年，华润万家拥有4 423家门店，以941亿元的销售额位居中国连锁百强第四位。

2. 市场拓展优势

连锁经营网点多、分布广，市场占有率高。伴随连锁企业门店数量的不断增加，市场空间范围的不断扩大，其市场份额也相应迅速而大幅度地集中，世界各国的零售巨头，如美国的沃尔玛、法国的家乐福、英国的乐购、日本的伊藤洋华堂和泰国的卜蜂莲花等，无一不是连锁企业。全球零售巨头沃尔玛，自1962年创建以来一直保持了强劲的快速发展势头。1993年以673.4亿美元的销售额超过了1992年排名第一位的西尔斯雄踞美国零售业榜首。1995年沃尔玛实现销售额936亿美元，创造了零售业的世界纪录，从此成为全球零售业的巨无霸。2002年沃尔玛又以年销售2 445亿美元的骄人业绩荣登《财富》世界500强榜首，并连续4年保持了霸主地位。此后又于2007年、2008年、2010年和2011年分别以3 511.39亿美元、3 787.99亿美元、4 082.14亿美元和4 218.49亿美元的营业收入4次荣登榜首。美国连锁百强企业的市场份额占全美年零售总额的三分之一。上海联华超市公司于1999年以73亿元的销售业绩彻底改写了长期以来单体百货店称霸中国零售业的历史。以此为开端，10年来雄踞我国零售业领先地位的均为大型连锁集团。在2008年之前，我国连锁百强企业年销售额增长连续多年大幅度高于全社会消费品零售总额的增长。

3. 成本控制优势

连锁经营将规模化经营与集约化管理有机结合，有利于降低成本，提高经济效益。连锁企业在大规模经营的基础上统筹利用人、财、物、信息及技术等资源，分摊进货、销售、管理和财务成本，大大节约了各项费用。例如，连锁企业集中采购的大订单，可取得价格谈判的主动权，适当压低进价，节约了进货成本；连锁企业统一配送的专业化物流管理，可严格控制库存，减少流动资金占用，还可合理运筹仓储运输设施的利用及配送时间、路线，降低物流成本；连锁企业的新闻媒体广告宣传费用可由十多个、几十个甚至成百上千个连锁店共同分摊，比起由一家单体店承担要经济很多倍；连锁企业在经营理念、市场营销技术、服务技术、商品配置及陈列技术、业务流程及操作技术等方面的研发成果，可由众多门店共享，节约了管理成本；连锁经营的科学管理在促进高质量、高效率的同时，有效地减少了损失浪费。成本降低使企业利润相对提高，并且还可以低成本支持低售价取得竞争优势，扩大销售。通过对同种业态、同类规模的门店进行调查显示，连锁经营的费用成本与传统经营相比较，一般约低10—12个百分点。

4. 品牌成长优势

连锁经营高度集中的经营决策和高度统一的 CIS 企业识别系统运作，有利于内强素质、外塑形象，提升企业品牌价值。连锁经营突出强调"八个统一"的运营模式，使所有门店的商号、门面及店堂设计、商品组合、商品价格、商品陈列、服务设施和服务项目、促销措施、广告宣传、服务规程和业务流程等严格保持一致，形成了统一的经营特色及风格，维护了统一的服务质量和经营管理水平，从而树立起鲜明、独特的企业形象，达到深入人心和深得人心的制胜效果。同时，连锁经营的跨地域扩张也为扩大企业知名度和美誉度创造了有利契机。如美国的沃尔玛、麦当劳、肯德基，法国的家乐福，德国的麦德龙，英国的百安居等零售（快餐）商，因国际化的连锁经营使之成为了几乎"地球人"都熟悉和信赖的知名品牌。另外，连锁经营还十分有利于开发自有品牌（简称 PB，又称为商店品牌，是指零售企业从设计、原料、生产、注册商标到经销全程控制的产品）。连锁企业可利用自身的企业品牌价值和声望优势开发定制产品品牌，并借助于自身跨地域扩张的市场优势迅速扩大销售，以获得较高的利润。目前，世界上声名显赫的大型连锁零售商都热衷于实施自有品牌战略，所开发自有品牌的种类由食品、杂品、日用品、厨房用品和服装扩展到小家电、电脑及配件等。沃尔玛拥有自有品牌 13 类 1 000 余个，且设计新颖、品种丰富多样、包装精美、质量优良、价格低廉，预期销售额将占其营业收入的 20% 左右。世界第二大零售商家乐福拥有近 2 000 个食品和非食品自有品牌，价格比同类商品便宜 20%。百安居拥有 2 000 多个自有品牌，涵盖各类家装、家居用品，并以明显的低价格、高品质竞争优势深受消费者欢迎，销售额比重达到 10%—15%。在日本，连锁经营销售自有品牌的比重占 20%，日本最大的零售商大荣连锁集团自有品牌的数量占卖场内所经营商品种类的 40% 左右。美国第二大超市西尔斯零售公司 90% 的商品是自有品牌。英国玛莎公司销售的商品，无论是服装还是食品，全部使用自己的统一品牌圣米高。在伦敦，一提起玛莎的产品，人们的第一反应就是"品质好"。

5. 科技化和现代化优势

连锁经营就其实质而言，属于先进的经营方式和组织形式，它是流通方式现代化的重要标志之一，体现了现代流通业发展的必然趋势。连锁经营大大提高了流通业的组织化程度和产业集中度，造就出一个又一个在社会经济生活中有着举足轻重影响的商业巨头，有效地改善了传统经营时代流通主体小、散、差，不适应现代化大市场，大流通的落后状态，为政府产业政策的制定及其指导作用的发挥，为市场经济条件下商业企业竞争公平性、有序性的实现创造了基础条件，对于引导和促进流通业健康发展具有重大意义。当前现代批发企业、现代零售企业、现代物流企业、现代服务企业的发展都必须以连锁经营为方向和重点，连锁经营在发达国家已处于明显的主导地位，连锁经营的市场份额已达到 60% 以上。从欧洲连锁店在德国、英国、法国、比利时和荷兰等国家的集中分布可发现，越是先进的国家，连锁经营越是发达。连锁经营的现代化取向还表现为对现代科学技术的迫切需求。就运行条件和运作手段来看，连锁经营必须依赖现代化的管理思想、方法和技术才能得以生存和发展，包括现代经营理念、现代管理原理、现代企业制度、标准化管理方法、计算机技术、网络技术、现代通信技术、现代物流技术和现代营销技术等。否则，根本无法保证机构庞大且门店分散的经营组织的正常运转。信息技术的引入标志着连锁经营进入了高科技时代。率先实施信息化战略的沃尔玛正是借此成全其全球零售业霸主地位的。

6. 商业贡献优势

（1）连锁经营促进了社会再生产的顺利运行

连锁经营集中采购与分散销售相结合的运营模式，有效地化解了生产的集中化、大批量、少品种与消费的分散化、少数量和多品种之间的矛盾，真正起到了衔接生产和消费的作用。

（2）连锁经营促进了流通产业优化

一是连锁经营规模化与集约化相结合的本质特点，有利于协调平衡投入与产出、数量与质量、速度与效率效益之间的关系，有力地推动了流通产业经济增长方式的转变；二是连锁经营所形成的独特而显著的规模效应，大大提升了商品交换的功能和效率，拓宽了商品流通渠道，减少了流通环节，加快了流通速度，扩大了流通规模，节约了全社会的流通成本，提高了流通效能；三是连锁经营所具有的规模扩张和规模效益优势，大大增强了商品流通的组织化程度和产业集中度，从而为政府宏观决策和市场竞争向有序化发展提供了有力支持。

（3）连锁经营促进了生产企业发展

连锁企业商品采购的大订单引导和扶持了一大批生产企业及其商品生产。国内外许多生产企业正是依靠大型连锁企业的大额订单从小做大的，它们一旦失去了订单便将面临倒闭的危险，这有力地证实了买方市场条件下交换决定生产的新观点。

（4）连锁经营促进了消费水平提高

连锁经营的低成本带来的低价格给广大消费者带来了实惠，星罗棋布的连锁网点又为消费者就近购物提供了极大便利，到连锁超市和家电专卖店购买食品、日常生活用品和家电商品已成为消费者的首选和习惯。

（5）连锁经营促进了劳动就业扩大

连锁企业的快速扩张为社会提供了大量工作岗位，其中加盟连锁形式为自主创业提供了更多机会。

（6）连锁经营促进了财政收入增长

大型连锁企业良好的经营业绩使其成为各地的纳税大户，为增加国家和地方的财政收入做出了突出贡献。

2.4.2 连锁经营的风险

在连锁经营以其显著的优越性支撑其强劲的发展势头的同时，其发展也潜伏着各种危机。除面临着经营性组织普遍面临的自然风险、道德风险、决策风险和竞争风险等各种风险之外，从连锁经营的特殊性角度分析其还将面临以下 5 种风险。

1. 扩张过快风险

连锁企业往往通过不断扩张以图获得更大的规模效益。然而，扩张成功与否将受到企业内外各种因素的制约。如果条件不成熟，增加门店就未必能收到理想的效果，有时甚至会将原本优势的企业拖垮。扩张失败的原因呈多样性，主要应从以下三大方面分析。一是企业内部物质资源条件是否具备。有的是因资源配置比例失衡，如门店增多而物流配送能力不匹配。或适合岗位要求的管理和业务人员不足，导致商品供应和服务质量下滑。二是企业经营管理能力是否相适应。有的是因管理手段和管理水平跟不上，在门店增多尤其是跨地域扩张的情况下管理失控，导致工作效率和经济效益下降。三是市场环境是否允许。有的是因市场饱和仍重复建设，如不顾及地区的经济发展水平超前兴建大型购物中心；在近距离重复开设大型综合超市，导致购买力不足或过度竞争使经营难以为继；等等。另外还有一个不可忽视的因素是，连锁企业以兼并、收购的形式扩张时因文化差异难以融合，导致人员思想和经营秩序混乱。其根本问题是对规模的经济性缺乏理性考虑，片面追求数量和速度，忽略了客观条件的适应性。

2. 选址不当风险

连锁企业在实施规模扩张战略中，新门店的选址策略十分关键，正确选址可以说是新店成功经营的首要条件。经常有新门店开张不久即关闭的现象,其主要原因往往与选址失误有直接关系。选址不当的风险性表现为多种情况:有的是盲目进入一个已经饱和或被强大竞争对手控制的市场,由于过度竞争导致盈利微薄甚至亏损;有的是商圈内消费者数量少或消费水平低,因缺少足够的购买力导致销售额不理想;有的是门店所在位置交通不便或交通管制不利(门前街道有栅栏封闭),引起客流不畅而严重影响销售;有的是在异地扩张尤其是在跨国扩张时对选址地区的经济政策、治安状况、市政规划等情况缺乏了解而遭受重大损失。其根本问题是在选址决策前没有进行科学、充分的调查预测,简单草率行事,从而造成无法挽回的重大损失。

3. 人才流失风险

许多连锁企业人员流动比例较大,原因与商服行业人员流动性较大的原因相同。从高层管理人员看,虽然薪酬不菲,但与证券、银行、保险、石油等行业差距悬殊,缺乏留住高级人才的诱惑力;从中层管理人员看,跳槽已成为职务升迁的一个捷径;从一般员工看,商服行业营业时间长、工作繁忙、节假日不能正常休息、收入不高、社会地位低,因而通过频频更换环境来改善工作条件。人员流动性大给连锁企业带来的不利影响比单体店更突出,可导致经营模式及管理制度方面知识产权的流失、技术人才和关键岗位业务人员的匮乏以及技术和供应商或客户的大量流失、新手比重增大、员工队伍素质下降、业务熟练人手缺少影响新店开设、较大的人员培训和培养投入因人员流失而损失,等等。根本问题是企业欠缺科学完善的约束和激励机制,从而难以保证人员队伍的稳定性。

4. 加盟失控风险

发展加盟店是连锁企业实现低成本快速扩张的有效途径,但随之而来的各种问题及状况也使其面临多方面危机。主要表现为:一是加盟店管理水平低、服务质量差严重损害连锁企业的形象和声誉;二是加盟店不严格执行统一管理规则,商品经营失控;三是加盟者道德缺失,恶意侵占供应商货物及货款,甚至卷席而逃,造成极其恶劣的社会影响,等等。根本问题是对加盟者的资格缺乏严格审查,对加盟者的经营行为缺乏严格监控。

5. 监管不力风险

连锁企业机构庞大,门店多且分散,有的遍布世界各地,距离遥远、鞭长莫及,大大增加了管理的难度。因此,连锁经营对应用各种现代化管理方法技术的依赖性较大,对各层次管理人员和业务技术的素质要求较高。然而,达到经营管理的高水平和保证作业过程的万无一失也都存在很大难度。在现实中,许多国内外赫赫有名的大型连锁企业都曾曝出过不良新闻,如商品促销造成顾客拥挤踩踏事故、出售不符合食品质量标准的商品、保安人员殴打顾客、加盟商卷走供应商货款、在退换商品方面刁难顾客、商品促销搞价格欺诈、对供应商极度盘剥、侵犯员工合法权益等,此类现象在连锁企业中比较普遍。根本问题是目前连锁企业的经营管理水平和人员素质与其自身的社会经济地位作用及消费者的要求存在较大差距,有待改善和提高。

2.4.3 连锁经营风险的防范措施

1. 更新经营理念

连锁企业,尤其是大型知名企业,应坚决摒弃"强者为王"、"店大压客"的陈腐观念,正确认识自身在现代社会中所承担和发挥的职能作用,增强责任感和使命感,为促进国民经济健康发展做出积极贡献。树立"双赢"观念,主动搞好与供应商之间平等互利的合作伙伴关系;树立"诚信"观念,自觉维护消费者利益,切实为消费者提供更好的服务、更大的实惠;树立"以人为本"观念,积极创建先进的企业文化,依法保护员工权益,实现企业与员工的共同成长。连锁企业不仅要做大，还要做强，更要在信守商业道德、服务社会方面做好，要坚持与时俱进，始终把握正确的方向，争做行业的表率和楷模。

2. 提高经营者决策水平

连锁企业巨大的经营规模和高度集中的管理要求经营者必须具备较高的决策水平，而决策水平是以素质和能力为基础的，因此，经营者要注重锻炼、培养深刻认识连锁经营的运行规律、正确运用现代经营与管理理论和方法、准确分析预测市场态势和趋势、掌控全局和变革创新的能力，努力增强决策的科学性和可行性，避免盲目性和主观性。

3. 增强员工队伍素质

针对连锁企业用工需求量大，需要不断地大批补充新员工的特点，连锁企业要设立专门的培训机构，有计划地组织新老员工不断学习强化现代经营思想、专业理论和操作技术、企业管理制度和作业规程等方面的知识和技能，不断增强员工队伍的整体素质，为提高企业服务质量和经营管理水平提供思想和业务技术保证。

4. 强化科学管理

大力推行各种现代化管理思想、方法和技术，并注重总结、积累经验，使之不断走向成熟和深化。针对连锁经营运行过程中出现的各种风险因素，通过健全完善相应的管理制度，从根本上对其加以扼制和规范，坚持依靠科学化来推进和扩大连锁化。

【本章小结】

本章主要介绍了连锁经营的内涵，直营连锁、特许连锁和自由连锁的特征及优缺点，运用效益递增、降低不确定性、企业与市场的替代和经营者激励设计等经济学理论分析了连锁经营的制度优势，连锁经营的优势、风险及防范措施。

【本章实训】

【实训主题】调查国外10家著名连锁企业最近1年的销售额和门店数。

【实训过程设计】将学生分成两人一组，借助互联网调查国外10家著名连锁企业的经营模式以及其最近1年的销售额和门店数等资料。将分析结果填入表2-5中，下次上课时由老师点评。

表2-5　　　　　　　　　　实训调查结果表

序号	企业名称/国别	连锁经营模式/零售业态	近1年销售额/门店数	企业发展简介
1				
2				
3				
4				
5				
6				
7				
8				
9				
10				

第 3 章 连锁经营的主要业态

【学习目标】

- 掌握餐饮业、服务业连锁经营的定义、特征及类别
- 掌握百货商场、超级市场、专营店和便利店等几种主要零售连锁经营业态的定义、特征及类别
- 掌握百货商店的业态细分
- 具备分析相关案例的能力

【案例导入】

我国连锁经营的主要业态及特点

连锁经营作为一种先进的经营方式,自 1990 年年底由广东省东莞糖酒公司创办的美佳连锁超级市场开始,在 20 多年的发展历史中其已成为我国现代商业的发展新模式,并以前所未有的速度影响着中国第三产业的发展,特别是零售、餐饮和服务 3 个行业。其中,零售行业是连锁经营运用最早也是最为成熟的行业,餐饮业特许经营的发展也不可小视,服务业的连锁经营作为连锁经营最新的拓展领域,已成为连锁经营发展的领跑者,行业发展势头十分强劲。

商品零售业态形式已被广泛关注和研究。2004 年,国家质检总局和国家标准委公布了 17 种商品零售业态,主要包括便利店、百货店、专业店、折扣店、购物广场和邮购等。

根据服务零售连锁经营业态形成因素分析并结合我国目前服务零售连锁经营现状、经营行为和营销手段,服务零售连锁经营业态可以分为 6 种主要类型,包括专业服务连锁门店、租赁连锁店、咨询连锁机构、培训连锁机构、家居连锁服务公司、体验式服务机构。每种业态在目标顾客、服务产品结构、服务方式等方面均有其自身特点。

我国餐饮业分类主要是基于传统的饮食行业分类方法。如按消费内容大致分为中餐、西餐、日本料理、快餐店及异国风味餐厅;按消费方式分为豪华餐厅、家庭式餐厅和自助餐厅等;按服务方式,则有餐桌服务、柜台服务等;按经营方向分为餐馆、小吃店和饮料店。根据餐饮零售连

锁经营业态形成因素和不同的经营行为和营销手段，结合我国目前餐饮零售连锁经营现状，从内容上讲餐饮零售连锁业主要有熟食外卖、面食面点、中式快餐、火锅和中式正餐5大类，这5大类基本涵盖了我国餐饮连锁经营所有的业态组成，每种业态在目标顾客、商品结构和服务方式等方面均有其自身特点。

到2012年年底，连锁经营协会零售会员的销售额占社会消费品零售总额的12.5%，吸纳就业500万人。在国家经济增长转型期过程中，以连锁零售业为代表的消费在"三驾马车"中占有越来越重要的分量。连锁零售企业不仅拉动着消费，而且也是"社区商业"、"万村千乡"和"家电下乡"等拉动内需工程的重要承担者，是生活必需品应急供应的主要通道。连锁零售企业保障了生活必需品的市场供应，维护了市场的平稳运行。目前，连锁经营业的发展热点主要如下。向多业态延伸，以生鲜为突破口提升核心竞争力，加强物流建设，提高上游能力，零售技术得到广泛重视和应用，人才激励制度得到空前关注，网络零售业务迅速发展。大型超市是各个连锁经营业态中发展速度较快的一类。从区域看，一、二线城市大型超市迅速趋于饱和，正向三、四线城市延伸，其中外资在这一领域有突出优势。而随着连锁经营的扩大，连锁经营发展趋势将呈现以下特点：传统百货店的市场将进一步被连锁企业蚕食和瓜分，大型连锁企业快速发展，企业平均经营规模同比有大幅度提高；跨区域拓展，全国性的连锁集团正在孕育中，地区性特征越来越淡化，大连锁企业之间的控股、渗透及合并与收购将愈演愈烈；连锁企业销售总额占社会消费品零售总额的比重将进一步提高，特许经营向更多行业渗透，服务业成为发展重点，海外品牌的加快进入将进一步带动中国特许市场的繁荣，潜在加盟商数量巨大，为特许企业扩张打下坚实基础。

【课堂讨论】

请举例说明我国3种主要连锁经营业态的特点，并将讨论结果填入表3-1中。

表3-1　　　　　　　　　　　　　　讨论结果

讨论人	观　点
自己的观点	
同学的观点	
老师的观点	

【本章知识结构图】

本章知识结构图如图 3-1 所示。

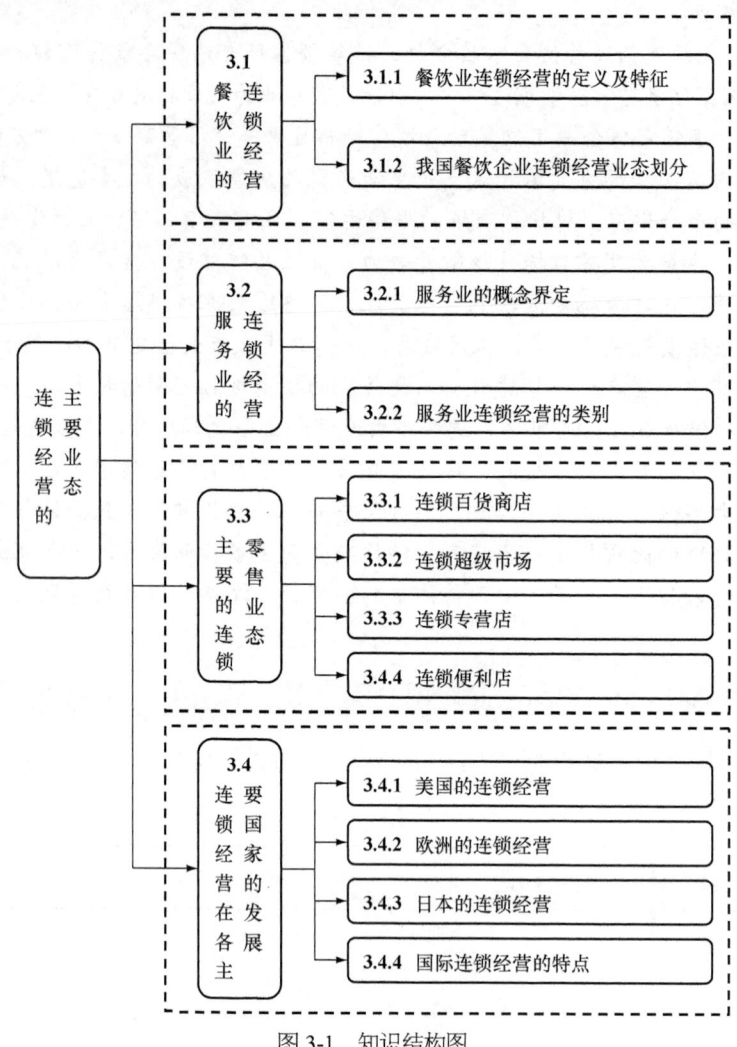

图 3-1 知识结构图

3.1 餐饮业的连锁经营

3.1.1 餐饮业连锁经营的定义及特征

1. 餐饮业连锁经营的定义

根据"关于规范餐饮连锁企业价格管理的通知"中的定义，餐饮连锁经营的定义是，经营同类品牌品种、使用统一名称、标识的若干同业店铺。餐饮连锁是以统一采购、加工、配餐、配送为核心，以资本与产权为纽带或授权与特许经营等方式联结起来，实现产品服务标准化、生产加工工厂化、管理规范化、共享品牌与规模效益的一种现代化经营方式和组织形式。

2. 餐饮连锁经营的基本特征

（1）统一的企业形象识别系统

餐饮连锁经营统一的企业形象系统主要包括：统一的店铺装潢设计；统一的店号和商标及服务标记；统一的餐饮产品类别、规格和包装；统一的服务程序、标准；统一的店堂布局和陈列；统一的广告促销及营业设施设备等。

（2）较统一的产品

餐饮连锁经营就其经营内容而言都是整齐统一的，都是向分散的消费者提供统一的餐饮产品，这种餐饮产品是连锁总部在充分调研、调整之后而以标准的统一为特色的。

（3）产品的大众化及独特性

从实际情况来看，较为成功的餐饮连锁经营，大多是经营兼顾大众化和独特性的餐饮产品的。若提供的不是大众化产品，那么餐厅便失去了连锁的可行性。连锁范围越大，表明其所提供的产品被市场的接受面越广。

（4）统一的管理模式

餐饮连锁经营的好坏与否，关键就在于各连锁店的管理水平能否保持在一个比较一致的高水平，这就要求它们采取统一的管理模式。在实际运作中，为了确保管理水平的一致性，连锁公司总部除了对分店提供一系列完善的经营指导与服务手册作为营运的标准外，还会派出优秀的督导人员对各分店的具体工作进行监督与指导。

3.1.2 我国餐饮企业连锁经营业态划分

在餐饮业中可以根据不同的标准进行类型划分。按消费内容大致可分为中餐、西餐、日本料理、快餐店及异国风味餐厅等；按消费方式来区分，可分为豪华餐厅、主题餐厅、家庭式餐厅、自助式餐厅等；按经营方式区分，则可分为独资经营、合伙经营和连锁经营等；按服务方式来区分，则有餐桌服务方式的餐厅（如中餐厅、西餐厅和咖啡厅等）、柜台服务方式的餐厅（如快餐厅、PUB（酒吧）等）和自助餐厅；按经营方向区分，一般可以分为餐馆、小吃店和饮料店。

随着餐饮业的发展，其所属细分行业和业态也发生了许多变化。业内通常约定俗成的分类如表 3-2 所示。

表 3-2　　　　　　　　　　　　我国餐饮业态分类

餐饮业分类		餐饮业细分行业的外延
正餐业	中式正餐业	包括传统菜系和创新菜系的家常菜餐厅、高档餐厅和特色风味餐厅、酒楼、饭店和宾馆的餐厅
	西式正餐业	西餐厅
	其他	包括韩式烤肉等各国风味特色餐厅
快餐业	中式快餐业	包括以传统中餐品种改造的、有标准化、简单化和工业化特征的快餐厅，提供单一食品的小吃店、提供送餐服务的餐厅、早餐供应点、团膳企业
	西式快餐业	欧美速食和外卖餐饮品种和消费方式的餐厅
	其他	包括面食和其他类型快餐
火锅业		包括重庆火锅、北方涮肉、内蒙古涮羊肉、鱼头火锅、菌类火锅和台湾涮锅等
休闲饮品业		包括咖啡厅、酒吧、冷饮店和茶楼等

西式正餐虽然属于我国餐饮业态分类中的一种，但是由于口味及饮食习惯的差异，其在我国的发展并不明显，也没有呈现出连锁发展之势，因此不在本节进行研究。本节研究的对象是隶属于餐饮业并从事连锁经营的业态，从内容上讲主要有熟食外卖、面食面点、中式快餐、火锅和中式正餐5大类，这5大类基本涵盖了我国餐饮连锁经营所有的业态组成。

1. **熟食外卖连锁经营业态分析**

随着我国经济的持续发展及人们生活节奏的不断加快，熟食产品以其食用方便、快捷的特点越来越成为居民家庭日常食品的重要组成部分。熟食可以说是一种老幼皆宜的产品，而且没有明显的季节需求差异，消费频次高，市场容量巨大。

（1）熟食产品的最大利益点是食用方便

消费者购买熟食产品最重要的原因就是食用方便和省时。由计划经济过渡到现在的市场经济，人们的生活节奏变得越来越快，这在大、中城市表现得尤为明显。消费者想吃自己爱吃的东西，又苦于没有时间去做，而熟食产品具备食用方便、省时的特点，且口味不错，所以自然成为消费者的理想选择。据统计，熟食产品每500克价格定位在5—10元最符合消费者的价格承受能力。

（2）产品制作过程复杂

熟食店提供的产品多为熏酱制品，尤以荤食为主，这类食品在烹制上要求工艺复杂并且调味品较多，在加工条件上一般家庭也不具备相关设备，并且大部分熟食制品加工时间长，所以大部分的家庭都有外购的传统，这就构成了我国熟食外卖市场庞大的消费群体。

（3）连锁分店成本运作小

一家熟食外卖店不需要过大的经营面积，十几平方米的营业场所或在商场内有几节柜台就完全可以营业，开店成本完全可以控制在几万元之内。

（4）员工人数少，操作简单，技能程度不高

熟食外卖连锁店人工需要少，一般是4—5人，管理简单。同时员工操作技能上主要是切配及销售，要求不高且易于招聘、培训和控制。表3-3所示为哈尔滨一手店的店面营业面积及人员配备情况。

表3-3　　　　　　　　哈尔滨一手店食品有限公司营业面积及人员配备情况

类别	门店（平均）	柜台（平均）
经营面积	10—15平方米	7—8平方米
员工人数	6—8人，平均文化程度为高中程度	4—6人，平均文化程度为高中程度

尽管熟食外卖业态随着我国餐饮业的发展近几年也呈现出快速发展的势头，但与发展迅速的火锅及其他餐饮业态相比，其仍存在着规模小、标准化程度低、管理经验和人才匮乏等问题，特别是一些知名的熟食外卖企业，如哈尔滨的一手店、秋林红肠等，其连锁店大都只限于本市或本省内发展，特别是我国北方和南方饮食习惯的差异以及交通运输的不便，使得北方的熟食外卖店在南方开店数量少，南方的也极少涉足北方，所以至今也没有形成全国性的熟食外卖连锁企业。

2. **面点面食业态的连锁经营**

（1）面点业的连锁经营

在我国产品种类繁多、投资少、见效快，产品适应现代人讲时髦、讲卫生、快节奏的需要，所以目前经营西式糕点与面包的面点连锁企业越来越多，行业增幅较大。面点业连锁经营的特点如下。

① 原材料采购及存储实行统一化。制作一个糕点或面包需要有面粉、砂糖、鸡蛋、牛油、酵母、盐、改良剂和水等原材料。原材料采购简单、存放容易,并有较长的保质期。这样连锁企业就可以设立统一的采购中心及存储中心,在经营方式上就具备了连锁经营的基础条件。

② 经营上实行"前店后厂"方式。我国大部分的面点连锁企业在经营上都实行"前店后厂"方式。"前店后厂"可以使产品在生产出以后直接销售给顾客,不仅保证了产品质量及口味,并且可以使整个制作过程尽收眼底,让顾客透明放心。

③ 产品标准化程度高。由于糕点及面包的制作涉及的材料混合比例、温度、水分和烘烤时间等都可以通过标准化来进行控制,这样就保证了产品质量的一致性,产品标准化可控制程度高,加上统一性的店面及装修风格,企业发展连锁就具备了基本条件。

④ 采用自选式销售,员工培训简单。大部分的面点连锁店,其店内装修为开放式格局,顾客自由选择产品,服务人员只是侧重于产品介绍。店内的培训多在服务礼节及产品熟知度上,所以员工易于招聘及管理,同时人员配备数量要求不高。

(2)面食业的连锁经营

面食是中华民族优秀饮食文化的重要组成部分,炸酱面、刀削面、拉面和烩面等面食类食品一直是我国大部分地区,特别是北方地区居民日常饮食中的一部分。随着人们生活节奏的不断加快,人们的饮食生活也被深深地打上了时代的烙印,快捷、美味、价廉的面食快餐店越来越受到人们的欢迎,传统面食业也借助连锁经营方式迎来了新的发展生机。面食业连锁经营的特征如下。

① 传统面食拥有庞大的消费群体。在我国有近60%的地区是以面食为主要消费对象的,以人口计算有近10亿人喜欢吃面食;同时随着城市、城镇及农村人口的大面积流动,在我国任何地方都有很多的面食消费者,有牢固的客源基础,可见面食在中国拥有庞大的消费群体;再加上其消费又不高,所以被列入"中国三大快餐产业"之一。

② 传统面食流传至今,虽然有些面食品种比如刀削面等还必须手工操作,但是其制作工艺已形成了严格的规定,具有了详细的技术参数。比如和面时春夏用凉水、秋冬用25℃的温水等。在操作时,从上往下、由左至右,以每分钟108刀的速度削面,面长15厘米,宽不过1厘米。这些技术要素经过多年积累,已形成严格的操作标准,具备了发展连锁经营的基础。

③ 面食制作环节少,操作简单,可机械化程度高。比如传统的牛肉面,其和面过程及面条生成过程已全部实现机械化,人工操作只在于汤汁及牛肉分量的把握上,而口味并没有因为机械化而发生改变。

④ 我国的面食虽然品种繁多,但大部分都是针对汤汁及调味料而改变的,面食的主体制作还是一样的,既可机械生产也可人工拉成,在标准上并无大的差异,这样就使连锁经营复制难度降低。

⑤ 由于面食的生产涉及地域及口味的差异,一些产品是必须经过培训及多年练习才能做出其独特的风味及口味的,比如刀削面。而对于大部分的面食制品来说,比如牛肉面、炸酱面、打卤面等,只需要进行短期培训,再加上机械化生产,就可以生产出口味一致的产品。

3. 火锅业态的连锁经营

火锅历来就因其别具一格的特色而受到人们群众的欢迎,其发展在我国相传已有数千年历史了。火锅可以说是最具中国特色的消费形式,并且近些年来,随着我国餐饮业的持续快速发展,火锅的式样和内容不断创新,火锅消费市场日益兴旺,火锅业逐渐成为了我国餐饮业的主要力量。火锅业连锁经营的特点如下。

（1）火锅能够实现快速连锁扩张

火锅之所以能够实现快速连锁扩张，主要是和其业态本身有很大关系，因为我国绝大多数餐饮业都有一个很大的弱点，那就是不易标准化及产业化，过分依赖厨师个人技艺，调味料及火候极难统一，口味无法达到一致，所以很难形成规模化生产。而火锅作为饮食中的特殊业态，其恰恰可以弥补这些不足，在操作上不依赖厨师的手艺，标准化只在于火锅底料的组成及口味把握上。并且随着社会的发展，火锅企业已经逐渐摒弃了作坊式的生产方式，依靠现代的科学技术及经营理念，开始进入规模化生产及连锁扩张的发展轨道。

（2）火锅的烹饪方法单一

这是其独特的地方，也是其实现连锁扩张的首要条件。食品不是先加工好再销售给顾客，而是客人在进食过程中直接参与了食品的成熟过程。在后堂厨房所进行的只是原材料的粗加工和底料的调制工作。这样一来，生产人工的需要，尤其是技术性人工的需要大大降低，并使管理工作变得相当简单，也降低了连锁店的经营难度。

（3）火锅所卖的核心产品是味道，也就是锅底所用的汤料

火锅企业可以对所需汤料进行集中生产、统一配送，这样既保证了口味统一，也保证了产品质量，同时也使连锁分店对于味道的复制易于进行。目前，我国许多火锅连锁企业的汤料已由手工生产改为工业化生产，使同一火锅味道无论天南地北都保持一致，这也是我国火锅连锁业发展迅速的主要原因之一。

（4）所需管理人员及服务人员较少

因无须对菜品进行加工，管理者只需进行大厅服务管理，这样便使管理人员及服务人员的数量大大减少。并且由于火锅可以采用开架自助的方法，使点单上菜的服务环节也省去了，生产成本大大低于其他餐饮业态。成本的降低直接导致了价格优势，使火锅成为大众都消费得起的餐饮业态，而竞争力的提升了使其连锁分店的营业风险大大降低。

4. 中式快餐业态的连锁经营

中式快餐的经营形式可分为现代快餐经营和传统快餐经营两种。现代快餐是相对于传统快餐而言的。传统快餐店大部分属于个人所有或由小单位经营，只要有较低的资金投入，雇用家庭成员，经过简单的法律申请程序即可开业，依赖劳动密集，现场制作和现场展示，使用简单的技术，很少使用市场营销技术。这些店一般包括小吃快餐店、移动外卖和大排档等。现代快餐经营形式等同于快餐连锁经营，它们被设计成供餐系统，在这个系统内，有经过科学设计和合理布局的产品生产线，有严格规定的工作程序和规范。这个系统将生产出一致的、标准化的产品。菜单是简单的，产品是有限的，这样可以限制顾客的选择余地，尽可能使食品和饮料的准备工作变得简单、快速和有效率。现代快餐一般提供包括店内就餐、外卖、车内就餐和家庭送餐服务等业务类型在内的组合业务。这些新式的快餐经营具有很高的技术含量，通常要求有很大的资本投入。

5. 中式正餐业态的连锁经营

按《国民经济行业分类注释》：正餐是指提供各种中西式炒菜和主食，并由服务员送餐上桌的餐饮服务。

中式正餐服务功能齐全，所有食品现场制作、品种丰富，讲究色、香、味以及环境的融合，我国比较出名的湘菜、粤菜、川菜、东北菜等都以连锁经营的形式在国内发展，目标顾客主要是当地市民，如商务应宴请、家人朋友团聚等。餐厅面积在100—500平方米，价格定位以中、高档为主。自全聚德于20世纪90年代初开中式正餐连锁经营之先河。20多年来，我国产生了一大批优秀的中式正餐连锁品牌，如陶然居、俏江南和菜根香等。

> **阅读与思考**
>
> **全聚德——如何制定中式餐饮标准**
>
> 全聚德（如图 3-2 所示），中华著名老字号，由杨全仁创建于 1864 年（清朝同治三年），秉承"全而无缺，聚而不散，仁德至上"的企业精神，历经几代的创业拼搏获得了长足发展，在中国餐饮业 500 强中，全聚德排名中式正餐之首。有到北京"不到万里长城非好汉，不吃全聚德烤鸭真遗憾"的说法。全聚德年营业额有 7 亿多元，每年销售烤鸭 300 余万只，接待宾客 500 多万人次，资产总量达到 6 亿元，无形资产有 84.58 亿多元。1999 年 1 月，"全聚德"被国家工商总局认定为"驰名商标"，是服务业唯一获此殊荣的企业，其现在在全国 20 余个省市拥有 50 多家连锁店。
>
>
>
> 图 3-2　全聚德
>
> 全聚德烤鸭历史悠久，蜚声中外的全聚德烤鸭采用挂炉、明火烧果木的方法烤制而成。烤鸭成熟时间为 45 分钟左右。其成品特点是：刚烤出的鸭子皮质酥脆，肉质鲜嫩，飘逸着果木的清香。鸭体形态丰盈饱满，全身呈均匀的枣红色，油光润泽、赏心悦目。配以荷叶饼、葱、酱食之，腴美醇厚，回味不尽。
>
> 全聚德共有 400 多个品种的菜肴，与"麦当劳"和"肯德基"相比，它显得太复杂了。但是既然消费者能在不同的"麦当劳"吃到相同味道的汉堡包，就必须要能在不同的全聚德里吃到同一味道的烤鸭。这既是市场的要求，也是实行特许经营的关键步骤。于是集团投巨资建成全聚德食品厂，也就是自己的"中心加工厨房"，对鸭坯、饼、酱实行统一加工、统一配方、统一销售及统一配送。经过 8 个多月的定标工作，全聚德终于推出了除烤鸭外的 22 种"标志性菜品"，要求所有特许店必须经营。为贯彻制作标准，集团组织了严格的培训工作，不合格者，先下灶，再下岗，以确保全聚德的菜品品质能够统一。除了"标志性菜品"外，各加盟店可以八仙过海，各显神通，比如四川全聚德可以经营川菜、广东全聚德可以经营海鲜，让消费者既有目标性，又有选择性，将全聚德的共性与各加盟店的个性有机地结合起来。
>
> 为表彰其 10 余年来推动我国连锁经营发展所做出的杰出贡献，全聚德被中国连锁经营协会颁发给"中国特许经营奖"。
>
> 请思考：中式餐饮实行连锁经营的难点在哪里？

3.2　服务业的连锁经营

3.2.1　服务业的概念界定

根据服务经营业态形成因素，并结合我国目前服务业经营现状、经营行为和营销手段，服务业连锁经营业态可以分为 6 种主要类型，包括专业服务、租赁服务、咨询机构、培训机构、家居服务和体验服务。

3.2.2 服务业连锁经营的类别

1. 专业服务

专业服务是以连锁门店销售服务的业态，其主要提供生活服务产品，产品单一，如美容美发店、汽车美容店、洗衣店、冲印店和家电维修中心等，目标顾客以当地居民为主，店面营业面积在 10—200 平方米，选址在学校、工业区和居民区附近。在我国，这种连锁业态发展较早，是目前规模最大、服务人群最广、发展速度最快的服务零售业态。消费者必须到门店接受服务，并且服务产品质量在最后时刻才能得以体现，这是区别于其他业态的重要特征。

2. 租赁服务

租赁服务也是以连锁门店销售服务的业态，产品为各种租赁服务。区别于专业服务门店的是，这种服务本身无形，但需要有形产品作为载体，如汽车租赁、音像制品租赁、图书租赁等，消费过程本身不在门店内实现，需要消费者在门店外体验，店面营业面积一般在 30—100 平方米，选址在学校附近、工业区、居民区内等。我国 20 世纪 90 年代初开始出现这种业态，但目前发展较慢，原因是这种业态产品附加值较低，规模效应不明显，市场需求不稳定。

3. 咨询机构

咨询机构是以连锁门店或公司性质销售服务的业态，产品为各种咨询服务，如房地产中介、婚姻中介、职业介绍、法律咨询、个人理财等，传递和接受服务过程在门店内完成，服务产品以提供信息、经验、知识为主。服务质量很难在传递过程中体会，需要服务结束后一段时间才能得以完全体现。店面营业面积在 30—100 平方米，选址在商业区、工业区和居民区附近等。我国 20 世纪 90 年代初开始出现这种业态，发展速度较快，特别是房产中介机构，其近 10 年来发展迅猛，几乎每个成熟的居民小区都有它的身影。比较知名的有上海信义、广州满堂红、深圳世华和北京我爱我家等。

4. 培训机构

培训机构是以公司性质为主、门店销售为辅的业态。产品为各种培训服务，如语言培训机构、美术培训机构以及各种以盈利为目的的职业技能培训机构等。传递和接受服务过程在服务机构内完成，服务产品以经验和知识为主。店面营业面积在 50—500 平方米，选址在商业办公区、居民区等。我国近几年来培训机构特别是教育培训机构数量增长很快，知名品牌的门店增长率超过 20%，主要集中在以北京、上海、广州为核心的华北、华东、华南地区，3 个区域的培训教育机构门店数占全国总数的 75%左右。比较知名的有新东方、新华电脑学校、龙文教育和东方爱婴等。

5. 家居服务

家居服务是以公司性质为主，门店销售为辅的业态。产品为各种家居服务，服务形式主要为上门服务，如搬家公司、房屋装修机构、快递服务公司、家政服务公司等。服务产品主要为劳动，服务产品质量在服务过程中就能得到体现。门店营业面积根据企业规模大小而定，差别较大，选址在商业办公区、居民区等，门店经营形式较少，主要通过户外广告和口碑进行推广。这种服务业态形成于 20 世纪 90 年代初，除全国连锁的品牌（如圆通快递、蚂蚁搬家）外，我国各大城市均有当地知名的家居服务连锁企业，如上海的华为家政、湖南的点石家装等。

6. 体验服务

体验式服务机构是以门店经营为主的业态，产品主要为各种旅游娱乐和个人服务项目，服务形式强调消费者的过程体验，因此服务质量在传递过程中将得以充分体现，如旅行社、电影院、健身中心等，服务产品设计、传递相对复杂。门店经营面积规模大小相差较大，少则几十平方米，多则上千平方米。选址主要在商业重地、重要旅游景点和娱乐场所附近。由于我国经济的发展，居民收入水平的提高，这一服务业态发展迅速。

新东方——中国人的留学摇篮

我国的教育培训业是从公办高校的剩余教育资源转化延伸出来的。经过20多年的发展，目前，我国已经形成了多种办学主体的市场格局，主要包括各级各类学校办的培训班、行业企业的培训中心、行业协会的培训中心、各种学会团体办的培训班、社会力量联合办学、培训公司和个人等。全国的培训机构已超过10万家，其中涉足职业教育的机构达5万多家，工程建设业及财务金融业培训的机构总数各已达1万多家，这些职业培训机构生存状态较其他行业企业好，营收稳定，但大多小而散，多以区域发展为主，形成连锁规模发展的机构相对较少，这其中以新东方教育科技集团（简称新东方，New Oriental）最为知名。

新东方由1993年11月16日成立的北京新东方学校发展壮大而来，集团以培训为核心，拥有亲子中心、泡泡少儿教育、优能中学教育、基础英语培训、大学英语及考研培训、出国考试培训、多语种培训等多个培训体系，同时在基础教育、职业教育、教育研发、出国咨询、文化产业等方面取得了骄人的成绩。作为中国著名私立教育机构，新东方教育科技集团于2006年在美国纽约证券交易所上市，是中国大陆第一家在美国上市的教育机构。截至2012年12月31日，新东方已经在全国49个城市设立了54所学校、7家产业机构、47家书店以及500家学习中心，累计培训学员1 600万人次。

各地新东方短期培训学校提供的培训项目包括：TOEFL、GRE、GMAT、TSE、LSAT、IELTS、BEC、托业、四级、六级、考研英语、职称英语、公共英语等级考试（PETS）、英语高教自考培训、美国口语、《新概念英语》、英语语法、听力提高、语音速成、《英语900句》、听说速成、高级口译、写作提高、中学英语、少儿英语和多语种培训等。

各地新东方学校采用统一的品牌、统一的师资调配、统一的基础教材、统一的授课质量、统一的投诉系统、统一的教学服务和统一的教学管理制度，从而确保了各地新东方学校能够为所有学员提供最高水准的教学和服务，是中国教育培训第一品牌。

请思考：新东方成功的原因是什么？

3.3 主要的连锁零售业态

在第1章中我们介绍了零售业的17种业态，其中12种有店铺业态，5种无店铺业态，其中百货商店、超级市场、专营店和便利店是连锁经营发展最快和最为成熟的业态，以下将就以上4种连锁经营业态进行详细介绍。

3.3.1 连锁百货商店

1. 百货商店的定义

在中华人民共和国标准《零售业态分类》（GB/T 18106—2004）中，对百货商店的定义如下：百货商店（Department Store）是指在一个大建筑物内，根据不同商品部门设销售区，开展进货、管理、运营，满足顾客对时尚商品多样化选择需求的零售业态。

该标准对百货商店的要求如下所示。

① 选址在城市繁华区、交通要道；

② 商店规模大，营业面积在 5 000 平方米以上；

③ 商品结构以经营男装、女装、儿童服装、服饰、衣料和家庭用品为主，种类齐全、少批量、高毛利；

④ 商店设施豪华，店堂典雅、明快；

⑤ 采取柜台销售与自选（开架）销售相结合的方式；

⑥ 采取定价销售，可以退货；

⑦ 服务功能齐全。

2. 百货商店概述

我们在第 1 章中介绍过，百货商店是零售业第一次重大变革的标志。在一个多世纪的商业发展中，百货商店一直作为一种大量销售商品的典型业态处于统治地位。近年来，百货商店在各国都有不同程度的衰落，因而，大多数商家通过采用连锁经营来稳固其市场地位。国际知名的百货商场有美国的西尔斯百货公司（Sears）、英国玛莎百货（Marks & Spencer）、法国的巴黎春天百货公司（Printemps）、意大利的拉仙特百货（La Rinascente）等。

在中国，百货商店是城镇零售商业的一种重要形式。虽然百货商店在 1900 年即在我国出现，但百货商店在我国获得长足的发展是在新中国成立以后。建国前夕，国家利用解放前的商业建筑兴办了哈尔滨第一百货商店（1947 年）、天津百货大楼（1949 年）等一批国营百货商店。中华人民共和国自己投资创建的第一座百货商店是 1955 年 9 月开业的北京市百货大楼。百货商店的经营范围广泛，商品种类多样，花色品种齐全，兼备专业商店和综合商店的优势，便于顾客广泛挑选，能够满足消费者多方面的购物要求，拥有一定的现代化的管理手段和服务设施，服务质量较高。商店内按商品的类别设置商品部或商品柜实行专业化经营。随着社会经济的不断发展，百货商店的经营方向和经营内容也在不断地发生变化，呈现出两个新的发展趋势：一是经营内容多样化，除销售商品外，还附设咖啡厅、小吃部、餐饮部、娱乐厅、舞厅、展览厅、停车场、休息室、电话间等多种服务设施；二是经营方式灵活化，除零售外，还兼营批发，并设立各种廉价柜、折扣柜，以满足顾客的多层次需求，提高商店的竞争能力。

目前，我国规模较大的百货商场有上海第一百货商店、广州时代广场、王府井百货、重庆百货大楼、深圳天虹商场、大连大商百货和杭州银泰百货等。

3. 百货商店的业态特征

（1）百货商店需求的高消费

百货商店主要目标顾客是有一定经济基础、消费能力较高的人群，主要可分为 3 大类，一是中、高档消费者，二是追求时尚的年轻人，三是外地游客。

① 中、高档消费者。百货商店由于投资大，经营费用高，购物环境好，因此其商品的毛利率不得不定得很高。商品价格明显高出其他商店，这就决定了百货商店目标顾客的定位不是所有消

费者，而是那些讲究生活品味、追求生活时尚、消费行为成熟、对品牌有一定要求的具有一定收入水平的中、高档消费者，因为消费需求的实现很大程度上取决于消费者的可支配的个人收入水平，而低水平的消费者对价格较高的百货商店的商品是不愿问津的。

② 追求时尚的年轻人。百货商店的商品不仅注重品质、讲究信誉，而且推崇时尚，引导消费潮流，并以此作为促销的有力手段。而年轻人是社会消费新潮流的主导力量，他们是百货商店的主要目标顾客。如上海徐家汇的太平洋百货就是时尚和流行的窗口，它紧紧抓住追求时尚的年轻顾客，商店的商品结构主要是吸引以女青年为主的年轻人。

③ 外地游客。由于百货商店大都选址在城市商业区和交通要道，不但本地客流量大，而且也是外地游客购物的主要场所。尤其是重要的商业城市，如北京、上海、广州和深圳，每年外来旅游、探亲人员的购买量占整个百货商店零售总额的比重相当大。

（2）百货商店营销的高档性

百货商店营销的高档性主要表现在以下几个方面。

① 优美的购物环境。百货商店往往坐落于城市的繁华地段，建筑富丽堂皇，很多都是都市的标志性建筑，能提供宽敞、亮丽、温馨、舒适的购物环境。百货商店重氛围、讲情调，能给顾客带来精神享受，其营业面积有一定的规模性，一般在5 000平方米以上，能实现一定的产品线宽度与深度的组合，有较强的满足力和和挑选性。

② 良好的企业形象。百货商店是十分注重自身形象和声誉的，这是由其引领时尚、体现品位的内在特点所决定的。其企业形象强调文化内涵，注重品牌和声誉，传达温馨与欢乐，创造时尚与经典。例如，百货商店在内部布局设计时，一般会留出一定的休闲空间，一方面便于顾客休息，另一方面有利于营造商店的人文氛围。同时，在经营中非常注重文化营销和公共关系营销，不定时举办与核心能力相符的主题活动和顾客联谊活动，以增加其商品销售的附加值，培养顾客的忠诚度。因而在业态竞争中，百货商店能以其优良的企业形象引领消费时尚、带动消费潮流、创造消费热点。

③ 完善的服务体系。百货商店的销售方式通常是柜台服务与开架服务相结合，但百货商店的开架服务与超市等业态的顾客自我服务、强调物化服务是不同的。百货商店的服务主要是全面、细致和以人为本的完善服务，包含售前服务、售中服务和售后服务3个方面。

（3）百货商店商品的综合性

与专业店和专卖店相比，百货商店的优势是专业店加专卖店，在一个建筑物中集中若干专业店和专卖店，以提供足够的挑选性和满足力。百货商店经营的商品不仅数量多，而且范围很广，一般以经营服装、服饰、衣料、家庭用品为主。

百货商店内通常设有许多不同的商品部，专门经营不同种类的商品。大型百货商店一般有100—150个商品部。由于经营规模大，百货商店通常实施部门化、职能化、专业化的管理。总之，百货商店注重销售挑选性强的商品、技术性高的商品、品牌商品、时尚商品和新产品等，因为这些商品的利润率高、差别性强，而且附加值高。

4. 百货商店的业态细分

经过160多年的发展，百货商店这一传统业态在发展过程中不断地调整，细分出一些子业态。

（1）摩尔业态

摩尔业态（Shopping Mall）是百货商店业态发展巨型化的结果，也称超级购物中心，指规模巨大，集购物、休闲、娱乐、饮食等于一体，包括百货店、大卖场以及众多专业连锁零售店在内的超级商业中心。

摩尔面积在10万平方米以上，由专业购物中心管理集团开发经营，业态业种的复合度极度齐全（全业态、全业种/行业经营，表现出高度专业化与高度综合化并存的成熟性结构特征）、行业多、店铺多、功能多。商品组合的宽度极宽、深度极深（商品高、中、低档必须齐备，以保证商品品种齐全。商品组合的宽度极宽，由多家不同定位的大型百货公司、超市大卖场实现。商品组合的深度极深，由无数各类品牌专卖店、专业的不同行业主题大卖场实现）。定位于家庭（全家/全客层），以家庭式消费为主导方向，通过设置大面积百货和超市大卖场及大量不同行业的各类专卖店、家居家电类、儿童及青年游乐设施、文化广场、餐饮以覆盖老、中、青、幼4代各个层次不同类型的顾客；再针对各类消费者之需求辅以各类专业店；此外，还设置各类特色店以吸引国内、国际游客。它是能满足全客层的一站式购物消费和一站式享受（文化、娱乐、休闲、餐饮、展览、服务和旅游观光）的特大型综合购物娱乐中心。

国际上摩尔的发展经历了3个阶段。

① 定型阶段。20世纪30年代至50年代，初级摩尔产生于美国，以几家商店为基础，设有购物设施和停车场，修整了道路，成为现代摩尔的雏形。

② 繁荣阶段。20世纪50年代至70年代，第二次世界大战后，经济复苏带来购物中心的飞速发展和趋于成熟，其数量和设施都得到空前发展。在1950—1960年的11年间，美国有近4 000家购物中心成立，之后以每年大约1 000家的速度发展，购物中心进入繁荣阶段。

③ 稳定阶段。20世纪70年代至今，商圈有效半径超过200千米，成为人们购物、休闲的重要场所和商家理想的经营场所。

（2）奥特莱斯业态

奥特莱斯（Outlets）最早诞生于美国，迄今已有100多年的历史。其雏形是最早的"厂家直销店"（Factory Outlets Store），即有的工厂为了处理商品库存，将一些库存余量商品和残损商品发给雇员，并打开仓库就地销售。厂家直销店通常设在生产地附近，甚至就在生产地内，其优惠的价格吸引了众多的消费者。后来这类厂家直销店逐渐汇集，慢慢形成类似Shopping Mall的大型奥特莱斯购物中心，并逐渐发展成为一种独立的零售业态，经营品牌的下架商品、过季商品和断码商品，从高档专卖店或商场下架以后转到奥特莱斯销售，所以价格折扣通常很高。

奥特莱斯业态从1970年左右开始大规模发展，至20世纪90年代发展到高峰期。1995年，全美奥特莱斯折扣商店销售收入为1 380亿美元，占全美百货业销售的57%。进入21世纪，美国已有325个以上的大型奥特莱斯中心。

在日本，奥特莱斯在经济不景气的状况下更是逆势上扬，显示出强劲的爆发力；在欧洲及东南亚，这种业态均已出现高速发展的态势。

奥特莱斯吸引顾客有5件法宝。

① 超乎想象的低价。奥特莱斯的商品物美价廉一般在6折以下，甚至低至1—3折。除了商品本身的因素外，这主要是通过在地价较低的城市外环选址，采用简捷的设备和简单的销售方式等降低成本来实现的。

② 颇具吸引力的品牌组合。"名牌+实惠"是奥特莱斯的核心理念。品牌纯正、质量上乘，奥特莱斯的商品都是国际国内著名品牌的下架、过季与断码商品，甚至有品牌厂商采用过去的面料和款式专门为奥特莱斯生产商品。

③ 选址更为重要。奥特莱斯的选址基本遵循着比较统一的规律，以欧洲为例，它的选址有以下一些条件：选在郊外的省际交通交会点处，一般都是多条高速公路的交叉点上，有利于最大限度地吸引客流；距离大都市中心的距离为45—90分钟车程，满足各种交通工具通行；最好是自然

风景比较优美的地段，有利于顾客放松心情；最好也是旅游线路的必经之地。

④ 良好的购物环境。购物环境舒适、主题多元化，集游、购、娱为一体，迎合多种爱好和多年龄层次的消费者偏好，与大型摩尔相似。这样在满足消费这多方面需求和爱好的同时，也有助于延长消费者在店内的停留时间。

⑤ 管理分工明确。管理分工比较明确，商店外全部由开发商管理，商店内全部由经营者管理，每个商店全部自主经营。物业管理实行统一管理，包括维修、保洁、保安、停车场的管理、公共设施的维护、公用商业用具管理等。

3.3.2 连锁超级市场

1. 超级市场的定义与设立条件

超级市场一词来源于英文 Supermarket，常简称超市。美国 1955 年出版《超级市场》一书，把超级市场定义为"采取自助服务方式，有足够的停车场地，完全由所有者自己经营或委托他人经营，销售食品或其他商品的零售店。它的设立应该具备以下条件：

① 开架售货，自助服务，集中结算；
② 营业时间一般在 11 小时以上；
③ 以食品和日常用品为主要经营品种；
④ 商品大量销售；
⑤ 以低费用、高周转为经营特色；
⑥ 以廉价销售为经营方针。

在中国，超级市场被引入始于 1978 年，当时称作自选商场。1983 年 1 月 3 日，中国第一家超级市场在北京市海淀区开业，那时购买者几乎都是外国人，30 多年后的今天，去超市购物已经成为人们生活中不可缺少的部分。

2. 超级市场的业态特征

(1) 超市需求的多样性

超级市场的基本特征是满足消费者日常生活所需（以食品和日用品为主），提供给消费者"一次性购足"的商品。其服务对象主要有：

① 双职工小家庭；
② 对商品知识或料理方法不太了解的消费者；
③ 追求新鲜、卫生、品质，且对价格不很敏感的消费者；
④ 收入水平或教育水平较高，比较喜欢尝试新、奇、特商品或追求时髦的消费者；
⑤ 单身在外或旅游的消费者；
⑥ 礼品购买者。

(2) 超市经营的规模化

超市的发展离不开连锁经营，但超市的规模经营不仅仅体现在门店的数量上，还表现在其经营内容、价格政策、批零功能的双向发挥以及劳动力和营业空间的有效利用诸方面，具体体现如下。

① 经营品种的规模化。超市的经营范围以食品为主，兼营其他日用消费品。发展国家的超市已发展到经营几十万种商品，几乎与大型百货商店经营种类没有两样，甚至超过了百货商店。这表明超市作为一种零售业态，在经营范围上几乎涵盖了整个零售业经营的种类。

② 超市门店的规模化。超市薄利多销的价格特征，决定了其要采用多门店的连锁经营方式，而

连锁经营总部统一管理、统一采购、统一配送，大大提高了商品的销售率和商品的库存周转率。多门店的连锁销售网络，在量上有了一个较高的市场占有率，在质上满足了消费者购物便利性的需要。

③ 超市配送中心的规模化。超市以连锁的模式发展到一定规模时，借助于掌管最终流通渠道的优势，以众多连锁门店作为市场销售依托，开发自有品牌商品，直接加工、生产和销售商品，使超市同时取得生产和商业双重利润；同时，超市利用其增强的配送功能，使其经营的商品不仅在自己的销售网络里出售，而且通过配销将销售力放大到系统之外。

（3）超市经营的顾客利益化

超市自我服务和集中结算的销售方式，是零售业传统销售方式的一次革命。超市营销特征具体体现在以下方面。

① 购物的便利性。超市通常强调靠近住宅、购物方便，其经营的商品是消费者日常所需的主副食品、日用百货和杂货等，品种齐全、能满足消费者一次购足的要求。

② 购物的廉价性。以较低的零售价出售商品，超市属于低毛利业态，但这并不影响其总体效益，因为低价销售能带来薄利多销的效应。

③ 购物的舒适性。自助式销售方式，卫生整洁的卖场环境，合理的专场商品配置与陈列，专场气氛的营造等为消费者创造了良好的购物环境。

④ 购物时间的节约性。实行一次性集中结算，能节省消费者购物时间，使购物变得快捷。

（4）超市市场地位的独立性

超市作为一种零售业态，由于其多门店的连锁化经营，以及运用现代化流通技术和管理手段，其市场地位显示出明显的独立性特征。这种独立的市场地位，改变了流通业对制造业的依附，而变成流通业对生产制造业的主动式市场引导，对消费不仅仅是适应消费，而是不断地创造消费。

3. 超级市场的业态细分

超级市场已经成为现代商业社会的第一主流业态，随着市场需求的不断变化、市场竞争的日益激烈，超市的业态出现了分化，目前主要有4种。

（1）传统食品超市

超级市场是从传统食品超级市场开始的并在实现消费者一次性购足商品的需求上迈开了第一步。传统食品超级市场的营业面积一般为300—500平方米，其经营的商品种类一般是食品和日用品。其中食品占全部商品的70%左右，但食品中生鲜食品的构成不足30%。它的功能集中了食品商店、杂货商店、小百货商店、粮店、南北货商店等传统商店各自的单一功能，并使之综合化。传统食品超级市场的主要目标顾客是家庭主妇，它是传统小商店的取代者，也是超级市场最初的原始模式。20世纪80年代末90年代初，中国最早发展起来的500平方米左右的超级市场，都属于传统食品超级市场。由于传统食品超级市场仅仅是对传统小商店的替代，其商品经营的综合度不高，无法真正满足一次性购足所需商品是它的最大缺陷，而这种缺陷集中地反映在无法综合地经营生鲜食品上。当新的业态模式如标准食品超级市场和大型综合超级市场纷纷进入市场时，传统食品超级市场就面临着巨大竞争压力而处于劣势。此时，传统食品超级市场具有的唯一优势是距离居民区近，具有购物上的便利性。然而，当便利店的规模发展起来以后，这种便利优势也就让位于便利店了。从世界范围来看，传统食品超级市场的市场空间缩小是最快的，因此，这种超市不可能成为超级市场的主力业态标准超市。

（2）标准食品超级市场

标准食品超级市场也称生鲜食品超级市场，其经营面积一般在1 000平方米左右。与传统食品超级市场不同的是，它以经营生鲜食品为主，其营业面积的50%—70%以上要用来销售生鲜食品，可以说标准食品超级市场实际是在传统食品超级市场的基础上强化了生鲜食品的经营。因此，它对传统商店是一个内容和形式上较为完整的现代化替代，为超级市场保证消费者基本生活用品的一次性购足创造了最初的、较为完整的条件。从目前中国的情况来看，由于受消费习惯、收入水平、保鲜技术、冷冻技术、农产品加工技术等因素的制约，我国标准食品超市的发展相对缓慢。特别是在我国传统食品超市发展的初期，外资超市就以大型综合超市业态在中国发展，我国超市业态几乎错过了标准超市这一业态。但随着国内消费意识的改变和农产品深加工以及流通技术的改进，近年来，标准食品超市在国内总部发展起来，但短期内仍无法实现对传统农贸市场的取代。

（3）大型综合超市

大型综合超级市场是标准食品超级市场与折扣店的结合体，衣、食等用品齐全，可以全方位地满足消费者基本生活需要的一次性购足。其营业面积可以分为两类：大型综合超级市场，营业面积为2 500—6 000平方米；超大型综合超级市场，营业面积为6 000—10 000平方米或以上，并且还有与营业面积相适应的停车场，一般比例为1：1。大型综合超级市场有两个最基本的特点：第一，经营内容的大众化和综合化，适应了消费者购买方式的变革——一次性购足；第二，经营方式的灵活性和经营内容的组合性，它可以根据营业区域的大小、消费者需求的特点而自由选择门店规模的大小，组合不同的经营内容，实行不同的营业形式。低成本、低毛利、大流量，是大型综合超级市场的经营特色。它不经营品牌商品和贵重商品，一般经营的都是大众日常的消费品，毛利由市场决定，所以价格不会高。在这种情况下，大型综合超级市场要想取得盈利，就只能采用低成本的方式经营。例如，员工数量比百货商店少，服务项目也不比百货商店多，不设导购员，没有送货上门服务等。例如，家乐福在中国一直致力于推广"大型综合超级市场"的概念，即"一次购足、超低售价、免费停车、自助服务和新生鲜优质"，其卖场面积约为10 000平方米，配备员工500—600人，人均日购买次数为1.5万人次，经营18万种商品。

目前，中国的大型超市具有以下几种不同的营业模式，如表3-4所示。

表3-4　　　　　　　　　　　　　中国大型超市的不同营业模式

模　　式	代表企业	营业形式
日本式	华糖洋华堂、佳世客	生鲜超市+百货商店，主题是百货，并采取自动服务和自选商品相结合的销售方式
美国式	沃尔玛购物广场、卜蜂莲花	生鲜超市+综合化百货商店，主题是超市，采用自助服务方式
欧洲式	家乐福	生鲜超市+折扣店(非食品的廉价商品)的结合
中国式	上海农工商超市	欧洲模式+批发商业模式（当场开单，当场配、提货）

（4）仓储式商场

仓储式商场是一种带有批发性质的批售式商店，又称仓库商店、货仓式商场、超级购物中心等，是一种集商品销售与商品储存于一个空间的零售形式。这种商场规模大、投入少、价格低，大多利用闲置的仓库、厂房运行。场内极少豪华装饰，一切以简洁自然为特色。商品采取开架式陈列，由顾客自选购物，商品品种多，场内工作人员少，应用现代电脑技术进行管理，即通过商品上的条形码实行快捷收款结算和对商品进、销、存采取科学合理的控制，既方便了人们购物，又极大提高了商场的销售管理水平。

仓储式商场一般具有以下特点：营业面积大，一般为10 000平方米以上，选址于城乡结合部、交通要道，并且设有与商场面积相当的停车场；一般采用会员制，目标顾客以中小零售商、餐饮店、集团购买和有交通工具的消费者为主；商品主要以食品（有一部分生鲜商品）、家庭用品、体育用品、服装面料、文具、家用电器、汽车用品、室内用品等为主，自有品牌占相当部分，商品在4 000种左右，实行低价、批量销售；采取仓库式陈列，C and C（Cash and Carry，现购自运）的销售方式。

仓储式商场在1968年起源于荷兰，最具代表性的是SHV集团的"万客隆"（Makro）。"万客隆"货仓式批发零售自选商场大多建于城市郊区的城乡结合部，营业面积达2万平方米，并附设大型停车场。商场只做简易装修，开架售货，以经营实用性商品为主。

80多年来，超级市场从传统食品超市、标准食品超市一直到大型综合超市，走的是一条规模不断扩大、功能不断齐全、技术不断创新的发展道路，而在我国，短短10多年时间，就出现了超级市场的所有业态。因此，我国的超级市场是短期内从前超级市场时代（以中、小型超市发展为主的时代），进入了后超级时代（以大型综合超市发展为主的时代），在我国的有些地区甚至跨过了前超级市场时代，直接进入了后超级市场时代。

加拿大的超市文化

因为加拿大人较为喜欢在连锁商店购物，所以大部分的超级市场都是由大集团连锁经营的，加拿大的超级市场大致上分为3类：货仓式超级市场、地区性超级市场及少数民族超级市场。

1. 货仓式超级市场

这种货仓式超级市场通常占地数约10 000平方米，用接近批发的价钱售卖各特大家庭装的食物，家庭用品、衣服、家具甚至电器用品。这类超市在一个城市里通常只会有2—3间分店，而且位于离市中心较远而没有公共交通公具的地区。因加拿大天气寒冷，很多家庭都习惯每星期甚至每月驾驶车辆到这些货仓式超级市场购买大量食品及日用品。

2. 地区性超级市场

这些地区性超级市场规模较小，但分店遍布每一个社区，有些地区甚至会有3—4间属于不同集团的地区性超级市场。因为货仓式超级市场只会售卖家庭装的东西，一些小家庭通常会到这些地区性超级市场购买分量较少的食物及用品。而且这类超市分店较多地点方便，加上一些新鲜食品如肉类、水果等存放期较短，所以很多人都会每隔数天就到这类超级市场购买新鲜食物。但因为地区性超级市场规模较小，所以产品的售卖价钱会较高。

3. 少数民族超级市场

这是一种是售卖非主流食品的超级市场，通常都是家庭式经营的。因为加拿大是一个多元文化社会，所以这类售卖民族食品的超级市场拥有很大的生存空间。这类型的超级市场规模通常比地区性超级市场小，而且只会售卖某一种民族的食品及少量主流社会的西方食物。因为大部分少数民族超级市场都是家庭式经营的，所以全市甚至全国只会有一家商店。

【课堂讨论】

请比较百货商店与超级市场的区别。将学生分成3—4人一组进行讨论，时间为30分钟，把结果填入表3-5中，由老师进行点评，时间为15分钟。

表 3-5　　　　　　　　　　　　　　讨论结果表

业态	选址	商圈与目标客户	商品类别与价格	销售方式
百货商店				
超级市场				

3.3.3　连锁专营店

专营店是零售业中最早出现的差别化、个性化业态形式，反映了现代零售业的特色。专营店具有提供给消费者挑选性强的个性化和特质化商品的特点。目前许多百货商店正在逐步演变成品牌专卖的综合店，专营店获得了更大的市场空间。

1. 专营店的概念

专营店（Specialty Store）是专营性质的零售业态，指占地约 75 平方米以下，主要集中经营有限量的几种互补商品并提供高水准的服务的零售商。通常，专营店可分为专业店和专卖店两种。

（1）专业店

专业店（Specialty Store）是指以经营某一大类商品为主的，并且配备了具有丰富专业知识的、提供适当的售后服务的销售人员，满足消费者对某大类商品的选择需求的零售业态。专业店是百货商店的分化形式，专门经营从百货商店中分化出来的一类或几类相关联商品的商店。一般选址多样化，多数店设在繁华商业区、商店街或百货店、购物中心内；营业面积根据主营商品特点而定；体现出专业性、深度性、品种丰富、选择余地大的特点，主营商品占经营商品的 90%；经营的商品、品牌具有自己的特色；采取定价销售和开架面售相结合的方式；从业人员需具备丰富的专业知识。

例如，经营单一商品的专业店，如鞋店、服饰店、玩具店、药店和眼镜店等；经营若干相互关联商品的专业店，如文具店、电器店、工艺品店和珠宝店等。

（2）专卖店

专卖店（Exclusive Shop）是指专门经营或授权经营制造商品牌和中间商品牌，适应消费者对品牌选择需求的零售业态。专卖店是以专业店为基础发展起来的，以品牌来划分，具有排他性，只经营同一品牌的不同类商品。专卖店一般选址于繁华商业区、商店街或百货店、购物中心内；营业面积根据经营商品的特点而定；以著名品牌、大众品牌为主；销售体现量小、质优、高毛利的特点；采取定价销售和开架面售相结合的方式；注重品牌名声，从业人员必须具备丰富的专业知识，并提供专业知识性服务。

例如，海尔电器专卖店、李宁牌体育用品专卖店、格力空调专卖店和忘不了牌服装专卖店等。

2. 专营店的业态特征

专营店的特点在于"专"，体现为某一方面的特点集中，具体特征体现在以下两个方面。

（1）专营店需求的针对性

专营店是专门销售某一类或某一种商品的商店，更能符合消费者挑选性、专门性和特殊性的需求,这类消费者一般是中、高端消费者,他们的品牌意识比较强,对商品的专业性也要求较高,所以与销售相同类别商品的其他商店相比,专营店会因其商品的品牌优势而获得更好的销售量。例如,耐克牌体育用品专卖店,就是满足消费水平较高的体育爱好者对品牌体育用品的专门需求的。

（2）专营店营销的特色性

专营店在营销上具有的特色是吸引消费者的关键所在,具体有以下几点。

① 规模小,投资回收期短。专营店的单体规模一般不大,所以投资不大,往往可在较短时间内就能收回投资,因而不会导致长期负债经营,经营风险不高。

② 商品专一,质量有保证。这是专营店最基本的特征。专营店经营的是某一类商品,这一类商品品种齐全、款式多样、花色齐全,甚至可以提供特殊规格的商品。同时,专营店的商品质量能够得到保证,因为专业性生产可以生产出高质量的产品,保证品牌的信誉度。

③ 周到、灵活的服务。因为专营店的服务对象往往是比较固定的,一般都掌握了一定的专门知识,极个别的甚至达到了"发烧"的地步（如一些音响"发烧"友）,因此眼光都比较挑剔,这就要求专营店的营业员和导购员具备相当丰富的专业知识,能用令人信服的理由来引导消费者购买相应的商品;另外,还要能够帮助消费者进行消费设计,根据他们的特点,设计生活、引导消费,提供个性化和专项服务。

④ 引导消费,创造需求。相比于其他零售业态,专营店更能在广大的消费者中细分出自己的目标顾客。这些目标顾客的购物目的比较明确,对专营商品有较强的消费偏好,与专营店的关系也较为密切,因此专营店对他们的消费习惯比较了解,能够设计出新颖、独特的商品,从而引导消费,创造需求。

3.3.4 连锁便利店

1. 便利店的概念

便利店（Convenience Store）是指位于居民区附近,采用超级市场的销售方式和管理技术,以经营即时性商品为主,以满足便利性需求为第一宗旨,采取自选式购物方式的小型零售店。它是一种用以满足顾客应急性、便利性需求的零售业态。

2. 便利店的产生与发展

作为一种零售业态,该业态最早起源于美国,继而衍生出两个分支,即传统型便利店与加油站型便利店。前者在日本、中国台湾等亚洲国家和地区得以发展成熟,后者则在欧美地区较为盛行。

1927年美国得克萨斯州的桑德兰公司（Southland Ice Company）首创便利店原型,1946年创造了世界上第一家真正意义上的便利店,并将店铺命名为"7-Eleven"（意思是营业时间从早上7:00到晚上11:00）。

便利店是从超市中分化出来的一种零售业态。一方面,超市的发展有其自身难以克服的障碍,即"购物的不便利";另一方面,超市的发展为便利店提供了先进的销售方式和经营管理技术。

传统型便利店通常位于居民住宅区、学校以及客流量大的繁华地区,营业面积50—150平方米不等,营业时间为15—24小时,经营服务辐射半径500米左右,经营品种多为食品、饮料,以即时消费、小容量、应急性为主,80%的顾客是目的性购买。加油站型便利店通常指以加油站为主体开设的便利店（如BP、ESSO）,在地域广阔且汽车普及的欧美地区发展较为迅猛,显示出了强大的生命力。

1973年,日本伊藤洋华堂与桑德兰公司签订地区性特许协议并在东京丰洲推出1号店,此后传统型便利店作为一种独特的商业零售业态,在日本得到了飞速发展,其特点也被发挥到极致;

1975年，日本罗森（Lawson）东京店开业，1996罗森进入中国上海开店。1991年，桑斯兰德公司被"7-11"日本公司收购。1999年4月28日，桑德兰公司正式改为"7-11INC"。1978年中国台湾统一超商成立，1979年与桑斯兰德公司签约合作，1980年中国台湾第一家7-11长安门店开业，现在已超过3 000家。目前在北京开设的7-11公司的大股东是日本的伊藤洋华堂，广东的大股东是香港牛奶公司。1992年由香港牛奶公司开办的7-11首先进入深圳，1996年进入广州，2003年进入北京。目前7-11已遍及全球20余个国家和地区，店铺数超过2万家，其中，约65%的店铺在亚洲，主要分布在人口密集、经济发达的东亚地区，尤其是日本、中国台湾、泰国、中国香港、菲律宾、韩国等国家或地区。

便利店的发展与人均GDP水平具有很强的关联性，一般的发展规律如下。

① 人均GDP达到3 000美元时起步发展，消费者也开始接受便利店的概念。

② 人均GDP达到5 000美元时进入成长期，便利店的形态与顾客的需求开始结合，特别强调时间上的便利性。

③ 人均GDP达到1万美元时进入竞争期，同业竞争加剧，品牌开始整合，经营面强调产品组合的便利性。

④ 人均GDP达到2万美元时进入成熟期，品牌进一步集中，出现主导品牌寡头垄断的市场格局，经营面更强调品质，商品更新更快，服务向多元化方向发展。

3. 便利店的业态特征

便利店是以满足顾客便利性需求为主要目的零售业态，有以下几个特征。

（1）大小结合

以大集团为发展背景与以小商户为经营实体相结合是发展便利店的基本模式。国际著名的便利店系统，无论是加盟主还是地区的主导加盟者，几乎都是以大集团为背景的。日本的伊藤洋华堂公司发展7-11，大荣发展Iawson，西武发展Family Mart，中国台湾的统一企业发展统一超商下的7-11。在上海，光明乳业发展可的便利，正广和发展85818，烟草集团发展捷强便利，粮食局发展良友便利，联华超市发展联华便利，农工商超市发展好德便利，有房地产背景的家得利超市发展21便利，这基本上都是按公司成立的先后来排列的。但是，光靠大集团的支持还是不够的，店铺多而且小，只有总部的一个积极性，不仅投资庞大，管理难度也很大，经营会缺乏活力。便利店的发展是大公司的统一运作与小商户的经营资源和经营活力相结合的产物，即要连锁经营与特许加盟相结合，大小结合才是便利店的基本组织模式。

（2）注重服务

服务是便利店的利润之源。从表面上看，便利店是一种零售业态，售卖的主要是商品。但实际上，便利店销售的是一种服务，是提供便利的服务和提供信息的服务。随着消费水平的提高，对时间价值的重视，消费者对服务的需求也会越来越强烈，同时便利店经营规模的扩大也为提供多种服务项目提供了有利条件，服务项目便会从收费、洗印等代理服务发展到提供信息、趣味、时尚、金融、广告等增值服务，于是，服务的附加价值也就能显著提高，便利店的利润模式便会在服务模式的发展过程中产生根本性的变化。便利服务与增值服务是未来便利店的利润之源。但在我国便利店发展初期，在某些城市或企业，开办便利店甚至被当作分流与安置闲杂人员，推销自产产品，方便居民日常生活的一种途径和方式。所以，它从一开始就误入歧途，走了一条弯路。

（3）技术领先

便利店是一种高科技的产业，只有技术领先才能经营领先。便利店的永续发展除与品牌、展店等先天条件有关外,主要取决于商品系统、信息系统与门市服务。而决定这些方面的经营技术又是多方面的,包括店铺评估、商品配置与空间定位、商品更新与退调、物流配送、信息采集与挖掘、分层培训、沟通与督导、单据处理与财务核算、商品盘点、营销活动策划等。目前,在培育经营技术方面,国内企业也存在急于求成的问题。配送中心似乎是造得越大越有气派就越好,受到某些领导的肯定就能得到政府的支持,而实际上并没有达到预期的效率。信息系统的开发也基本如此,似乎是越先进就越好,想一步到位,想少走弯路。其出发点是好的,但结果往往不好。因为信息系统是对成熟的业务体系与业务流程的固化,体系不顺、流程不畅、观念不变、方式不改,最好的系统也没有用武之地。便利店信息系统的发展在国外经历了一个渐进的过程,不可能一步到位,更不能急于求成。想通过购买一套软件来解决发展初期及持续发展时期的管理问题的想法是不现实的。以日本7-11为例,便利店的信息系统已经发展了5代。20世纪70年代后半期设置门店订货终端,即EOS,这是第一代系统,其重点是门店业务的效率化。20世纪80年代前半期,引入POS和连接总部、门店、供应商的综合网络,这是第二代系统,重点是通过网络化实现信息的共享。20世纪80年代中期引入图表信息分析系统,并可查询商品库存,这是第三代信息系统。20世纪90年代前半期,引进了GOT,这是一种图示化的订货系统,同时,总部也更新了信息分析系统,并开始使用ISDN通信方式,这是第四代信息系统。第三代与第四代的基本特征是单品管理的深化。20世纪90年代后半期,门店、订货及信息分析系统等进一步更新,并且开始应用了卫星及多媒体技术,从而实现了便利店单品管理的进一步深化。

千惠便利店——千种商品,万般实惠

图 3-3

湖南千惠商贸连锁有限公司自1997年9月成立以来,一直专注于为城市居民提供日常生活需求的便利店经营模式,是长沙市第一家实行24小时营业的便利店经营公司(如图3-3所示)。公司始终坚持"让顾客满意、助员工成长、与合作者共赢"的企业宗旨,是长沙市商务局批准的重点商贸连锁企业。公司目前已在长沙、株洲设立300余家门店,遍布于繁华商业区、写字楼、医院、校区及居民社区。

公司在实行连锁、便利、专卖店商圈布点开发过程中,形成了独特的"千惠"品牌。在经营中,严把质量关,"宁要二分誉,不要八分利",永远不进假货、劣质货,力求做到"千种商品,万般实惠"、"千秋伟业,惠在民生"。

公司现有员工1 000多人,经营面积30 000多平方米,商品3 000多种,包括预包装食品、乳制品、书报刊、食盐、卷烟、雪茄、百货、办公用品、体育用品、日化产品、计生用品、五金、家电、建材、针棉制品和农副产品等,年销售额近5亿元,是湖南省零售业规模最大的连锁便利店专营公司。同时,公司在长沙市郊建立了近8 000平方米的标准化物流配送中心。该物流中心标准化、信息化作业水平高,在流转过程中严格按照类别采购、分拣、包装、配送到各个网点,在实行公司自营门店配送的同时实行社会化配送,形成市内仅次于邮电系统的一张物流网络,是长沙市商品集散网络的门户之一。

公司采取直营连锁经营的模式,各门店是在总公司直接管理下的分支机构,所有门店的营业证照都由公司统一申请办理。公司运营管理严格按照连锁经营企业的 4 个统一原则经营：企业识别系统及商标统一；商品和服务的统一；经营管理统一；经营理念统一。通过统一的形象和运营模式、科学有效的管理制度、采用集团采购的价格优势、标准的核算方法，快速便捷的收银，为消费者提供优质的服务。

公司门店为广大消费者提供一站式服务，消费者可以在各门店缴纳水、电、煤气等相关费用，同时门店还提供票据代理和快递代理，为消费者日常生活提供了极大便利。除此以外，公司门店提供的速食产品（如月饼、蛋糕、面包、关东煮、凉面和捞面等），都严格按照国家食品生产销售流程的要求进行生产，深受消费者的喜爱。

请思考：千惠便利店的经营管理有何特点？

3.4 连锁经营在各主要国家的发展

3.4.1 美国的连锁经营

美国是连锁经营的鼻祖，直到现在，美国连锁经营的发展始终当着世界连锁"领头羊"的角色。迄今为止，美国仍是世界上连锁业最发达的连锁业大国。由于连锁经营的发展不受国家和地区的限制，不受民族和文化传统的限制，不受行业的限制，不受零售业态的限制，所以其一经出现便很快传遍世界，在一切具备条件的地方和领域都出现了连锁经营。纵观美国连锁经营的发展史，可将其分为 4 个阶段。

1. 连锁的创立阶段

19 世纪中到 20 世纪 50 年代是美国连锁经营发展的创始时期，这一阶段连锁业经历了产生、成长和回落 3 个时期。

1859 年，世界上第一家连锁店出现后，随着其经营体制的不断健全，连锁经营的组织形式为大西洋和太平洋茶叶公司赢得了对单体店的竞争优势。1865 年，该公司已经拥有 25 家门店，到 1880 年发展到 100 家，1900 年猛增至 200 家，年销售额达 500 万美元，经营品种已从专营茶叶扩大到咖啡、可可茶、糖和各种浓缩果汁等。由于该公司采取连锁经营的方式，以同一资本开办门店，故这种形式后来被称为直营连锁。1865 年，美国胜家缝纫机公司在全美各地设置了有销售权的特约经销店。公司凭借其产品的特许经营权，把各地的一批商店组织起来，实行连锁经营，这是世界上第一家特许连锁经营店。1887 年，美国 130 多家独立的食品零售商，自愿联合，共同投资开办了一个共同进货的食品批发公司，参与商实行联购分销，这成为了世界上第一家自由连锁店。到 1900 年，美国连锁企业已经发展到了 58 家，完成了美国传统连锁经营的建立阶段。

第一次世界大战后，美国的连锁经营进入了成长期，连锁经营的销售额占整个零售业销售额的比重从 1919 年的 4%上升到 1929 年的 25%，到 1930 年，美国已有 11%的零售机构采取了连锁经营的组织形式，连锁经营的食品零售额已占到零售总额的 32%。

1930—1950 年的 21 年间，美国的连锁经营进入了一个回落期，其主要原因是：第一，受 20 世纪 30 年代世界经济大萧条和第二次世界大战的影响；第二，在这段时期，连锁经营以"商标商品连锁"为主要形式，连锁店借用总公司的商品和商标名称进行经营，而在经营管理制度上没有统一；第三，在对这类商店进行整顿的过程中，连锁店的数量呈现出削减的趋势。

2. 黄金发展阶段

20世纪50年代至80年代美国连锁经营获得了高速发展，该时期被称为黄金发展阶段。其主要原因如下。第一，高速公路网的建成。第二次世界大战后，美国国内高速网的建成，使货运方式逐步由铁路运输转向了汽车运输，到1967年，美国载重汽车有12%（约200万辆）集中在零售业。70年代以后，集装箱汽车已成为美国主要的运载力量，这为美国连锁经营网点的跨区域布局创造了条件。第二，计算机技术的普及。计算机技术，特别是计算机的网络系统在连锁经营企业中的广泛运用，为连锁经营管理高效性和信息传递的及时性提供了保证。第三，各种业态的兴起。30年代超级市场出现以后，自我服务的销售方式很快被引入到连锁店，形成并扩展为遍布全美各地区、各行业的连锁超级市场、连锁大型综合超市、连锁仓储式商场、连锁折扣店等。连锁经营与各种业态的融合，促使美国连锁经营迅猛发展。在这段时间，自由连锁、特许连锁也有了一定的发展，连锁经营逐步步入成熟、规范的轨道。

3. 创新发展阶段

20世纪80年代以后，连锁经营进入了一个全面开拓和渗透时期，其特点是经营业态多元化，连锁经营不再局限于零售业、餐饮业等少数传统行业，开始向非食品零售业、酒店业、不动产业、租赁业、健身美容业和商业服务业等领域渗透，不但开拓了连锁业的领域，而且服务业的潜能得到了巨大发挥，特别是针对消费者和企业的各项需求应运而生的商业服务业成为连锁业发展的生力军。

4. 国际化发展阶段

近10多年来，伴随着科学技术的迅速发展，特别是通信技术的突飞猛进，国与国之间的经济往来日益密切，在全球一体化的浪潮中，连锁加盟也进入了一个国际化时代。在这一时期，美国连锁业凭借其雄厚的资金、先进的管理、成熟的技术进步，雄心勃勃地开拓海外市场。美国连锁业的国际化，不仅推动了商业经营的技术进步，而且在全世界范围内传播着一种全新的消费文化，这种文化包括消费时尚（连锁店创造的是一种遍布全世界的消费时尚）、平等人格（连锁店提供的是同等服务、同种商品，消费者付出的是同样价格）、现代节奏（快速服务、快速消费）、简洁明快（连锁店的外观设计、内部装潢布局等，既能不断推陈出新又能保持赏心悦目的风格），从而推动了世界文明的发展。

3.4.2 欧洲的连锁经营

欧洲连锁业的起步略晚于美国，由于欧洲的市场经济在发展模式、发展进程等方面与美国相比有较为显著的差异，因此，连锁经营在欧洲的发展有着浓厚的欧洲经济、文化色彩。

1. 英国

第二次世界大战后，英国的连锁业发展迅速，特别是20世纪70年代至80年代以来，多种连锁系统发展很快，整个零售商业结构是以连锁店为主。马克思·思班塞公司（Marks & Spencer，也称玛莎公司或马狮公司），曾是英国最大的百货连锁商店，创建于1894年，它不但在英国被誉为现代管理的典范，在国际零售业中也有很高的地位。它以出售独家商标——"圣米高"商标服务为特色，其服装店占整个英国服装销售额的62%，形成了巨大的垄断销售网。英国著名的连锁企业还有桑斯伯斯公司（J·Sainsbury）、翠丰公司（Kingfisher）、隋福威公司（Safeway）。

2. 法国

法国是欧洲连锁业的龙头。法国连锁业从结构上看有两大特色：一是中小型连锁店居多；二是大型连锁店在总营业额中占有较大比重。从行业上看，零售连锁业在法国连锁业中占主导地位。成立于1959年的家乐福公司（Carrefour，法语"十字路口"的意思）是仅次于美国沃尔玛的世界第二大商业零售集团，1963年家乐福首创了一种全新的业态——大卖场（Hypermarket），并以连锁的形式快速在法国国内繁衍，开创了新的零售理念。1969年，家乐福在比利时开设了一家大卖场，迈出了全球化的第一步，目前已在欧洲、亚洲和美洲的33个国家和地区开设了11 000余家大卖场、超级市场、折扣店、便利店、仓储式商店与电子商务，其海外销售额已占公司总销售额一半以上，国际化率排名世界第一。

法国著名的连锁企业还有英特玛诗（Inter-marche）、欧尚（Auchan）、勒克莱尔（Eleclerc）、卡西诺（Ca-sino），这些企业的排名均在全球零售业前30名。

3. 德国

20世纪80年代以来，连锁经营已成为德国普遍的商业企业组织形式，经营规模也越来越大。麦德龙（Metro）是德国最大的商业集团，其经营业态有现购自运、百货店、大卖场、DIY、超级商店等，2011财政年度销售额为929.05亿美元，排名全球第4位。阿尔迪南北商业集团联盟（Aldi）是德国最大的以经营食品为主的连锁折扣店，因薄利多销的经营理念而驰名世界，该公司的售价一般比超市低30%。2011年财政年度销售额为733.75亿美元，全球排名第8位。近年来，德国的连锁经营加快了发展速度。2001年世界零售百强企业排名中，德国仅有一家企业进入前10名，到2011年，德国已有3家连锁企业进入前10名，5家企业进入前20名。

4. 荷兰

阿霍德（Ahold）是荷兰最大的连锁企业，创建于1887年，主营食品饮料和药品批发，兼营食品生产。主要业态有现购自运、便利店、折扣店、药店、专业店和大型综合超市等。2011年其零售额为421.63亿美元，在全球零售业中排名第26位。

3.4.3 日本的连锁经营

欧美以外的国家中，连锁经营发展最好的当属日本。20世纪60年代连锁经营的组织形式从西方传入日本，1963年，日本第一家连锁店——"不二家"西式糕点咖啡连锁店创立。虽然日本连锁业创立的历史很短，但发展的速度却很快，到1992年，日本已有连锁公司688家，店铺130 144个，年营业额达到10.16万亿日元。从行业分布来看，日本连锁业主要分布为零售业、餐饮业和服务业，其中，零售业的营业额占到了全部连锁企业总额的61.7%。2005年，日本的伊藤洋华堂，以308亿美元的零售额位居全球零售业第20位，佳世客、大荣分别排名第22位和第42位。日本的连锁经营虽然自欧美国家引入，但在发展过程中通过融入本国的消费特性和民族特色，形成了自己的发展特点，主要表现如下。

1. 自由连锁与特许连锁相结合

日本最初引入的连锁经营方式是自由连锁，但在发展过程中，传统的自由连锁受到大企业普遍希望加强经营上的统一的影响，便开始吸收特许连锁的某些方式。一些特许店的投资者希望摆脱限制扩大经营上的自由度，发展个性化经营，于是特许连锁经营开始吸收自由连锁经营的某些做法，从而使日本的连锁经营出现了自由连锁与特许连锁交融的趋势。

2. 特许连锁向区域性的小规模连锁店群发展

日本的特许连锁公司在扩大规模、发展特许连锁店时，不再以单个店铺或拥有不动产的个人作为发展对象，而是更多地考虑对方的资金、经营能力以及在区域的影响力，把地区内一些规模较小的连锁店转变为特许店，成为了特许公司扩大市场占有率的有效途径。以这种方式发展连锁经营，使日本的连锁经营形成了"特许连锁中有正规连锁，正规连锁中有特许连锁"的格局。

3. 区域性连锁店的发展

与欧美大型连锁企业以建立全国性乃至全球性的连锁体系为目标不同，日本的连锁企业则致力于发展区域性的连锁商店，把市场定位于某一个或某几个特定的区域。一方面，区域性的连锁经营较容易做到集中化、统一化和标准化，降低管理成本；另一方面，区域性的连锁经营可以用较小的单体规模来发展，深入到居民住宅区，与社区建立起情感的纽带。

3.4.4 国际连锁经营的特点

经过百余年的发展，连锁经营已成为世界经济发展的重要组成部分，其发展必然受世界各国的经济发展水平的制约。从全球范围看，当今世界连锁经营的发展状况主要表现出以下 5 个特点。

1. 国际化扩张势头加剧

自 20 世纪 80 年代以来，随着科技的发展、信息的迅捷传递，国家间及企业间的经济往来日益密切，连锁加盟在经济全球化的潮流中进入了一个全球化时代。美国等发达国家的连锁企业凭借其雄厚的资金、成熟的技术，野心勃勃地抢占海外市场。据美国商务部的统计资料，目前美国有海外加盟店的连锁企业近 400 家，加盟店总数高达 30 000 多家。与 1971 年相比，美国向海外市场拓展的企业增加了 1.5 倍，而加盟店数更是增加了 10 倍。目前，发达国家的连锁巨头都将海外扩张的重点放到了发展中国家。近几年，沃尔玛、家乐福和麦德龙等零售连锁巨头都加大了在我国的扩张速度。

2. 网络时代特征日益明显

21 世纪被称做信息和网络时代，21 世纪的连锁经营具有网络时代的特征。网络与连锁经营的结合是连锁企业的发展方向，具体来讲主要体现在以下 3 个方面。

① 连锁经营可以使企业借助虚拟的网络市场，以电子商务的形式扩展自己的地盘，赢得更大的市场空间，以占有尽可能多的市场份额。

② 连锁企业众多店铺形成了一个巨大的网络体系，从而能够集中力量，利用零售网络的规模优势，降低运营成本，在市场中具有竞争优势。

③ 网络经济的发展对企业的规范化和标准化管理有着更高的要求，连锁经营正好符合这一发展趋势。

3. 行业分布广泛

连锁经营最初出现在零售业、餐饮业，随着这一经营形态逐渐为人们所认识，理论家和实践者都不断对其进行研究和探索，把其运作模式全部或部分运用到其他行业。现在连锁经营在世界各地已发展到房地产业、教育业、洗染业、汽车销售业、加油站、修理业、服装加工业、旅游业、金融业（保险、银行）和咨询业等近 60 个行业。

4. 业态不断调整

许多大型跨国连锁企业迫于形势的压力，在扩张过程中不断调整业态。例如，沃尔玛在中国正在尝试开设小卖场。

5. 跨国连锁经营遭遇本土化问题

跨国连锁巨头的本土化问题往往表现为：①完全照搬原来的模式，本地消费者不一定接受；

②产品组合、市场定位不准,不得不退出市场;③由于汇率的变动,导致销售额产生较大的变化;④由于扩张速度过快,导致官司和有损企业形象的事件不断出现。沃尔玛在德国、韩国的撤退就说明了其本土化政策的失败。

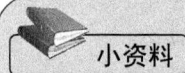

德国的"廉价店"——阿尔迪超市

在德国,有一家被称为"廉价店"的超市,它开的店非常小,大概500—700平方米,最大也不会超过1 500平方米,单品数量也非常限,约500—700个单品,但90%的德国人都会光顾它,而且无论是穷人还是富人,都会发自肺腑地说:"感谢上帝创造了它。"这家超市的老板——阿尔布莱希特兄弟却几乎无人知晓。留心的人只是在每年的《福布斯》全球富豪排行榜上看到他们的名字。

德国市场调查公司GFK曾经做过一项调查表明,四分之三接受调查者认为,它是廉价超市连锁店的领军企业,是德国最值得信任的食品商店,它是德国第三大最受欢迎的品牌,仅次于大名鼎鼎的西门子和宝马,超过了奔驰。这就是阿尔迪(ALDI)——德国最大的食品连锁超市(如图3-4所示)。

1946年,一个矿工的两个儿子——阿尔布莱希特兄弟(台奥和卡尔)——从盟军战俘营释放后回到德国,接管了母亲在埃森市郊矿区开办的一家以卖奶酪为主食品零售店。

战后的德国满目疮痍,人们囊中羞涩,只求有最基本的生活必需品来满足温饱。阿尔布雷希特兄弟为了招揽顾客,把商品卖

图3-4 阿尔迪超市

得尽可能便宜。卡尔后来说,他们做生意的原则只有一个,那就是"低价"。这一低价原则大受顾客赏识,慢慢地,阿尔布雷希特兄弟开起越来越多的分店。到20世纪50年代末,他们的连锁超市已经达到300多家,年营业额超过1亿马克。1962年,他们把在多特蒙德开的一家超市命名为"阿尔迪(Aldi)",取"阿尔布莱希特(Albrecht)"和"折扣(Discount)"这两个词头两个字母的组合,意为由阿尔布莱希特家族经营的廉价折扣商店。现在,这家当年的小食品店已经成了位居世界前列的折扣连锁商店。

至今,阿尔迪仍属于阿尔布莱希特家族的台奥和卡尔兄弟二人所有,他们分别经营阿尔迪在北德地区的北店和南德地区的南店。多年来,北店逐步扩展到丹麦、法国、荷兰、比利时和卢森堡,南店则进入了英国、爱尔兰、奥地利、澳大利亚和美国。截至2011年年底,阿尔迪的销售额超过733亿美元,拥有店铺超过8 000家。

 【本章小结】

本章主要介绍了餐饮业连锁经营熟食外卖、面食面点、中式快餐、火锅、中式正餐5大业态的定义及特征;服务业连锁经营专业服务、租赁服务、咨询机构、培训机构、家居服务和体验服务6大业态的定义及特征;百货商场、超级市场、专营店和便利店等几种主要零售连锁经营业态的概念和特征,以及百货商场的业态细分。

【本章实训】

【实训主题】调查连锁餐饮业、连锁服务业、连锁零售业的现状。

【实训过程设计】将学生分成 3—4 人一组,调查自己家乡或学校所在地连锁餐饮业、连锁服务业、连锁零售业的发展状况,将调查结果填入表 3-6 中,下次上课时由老师点评。

表 3-6　　　　　　　　　　　　　实训结果表

调查地点:

	名称/门店数量/覆盖范围	经营特点
连锁餐饮业的状况		
连锁服务业的状况		
连锁零售业的状况		

第 4 章　连锁企业的组织管理

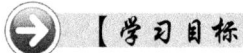

- 熟悉连锁企业组织结构的类型
- 熟悉连锁企业人员的招聘原则、途径和方法
- 掌握连锁企业的培训体系
- 熟悉连锁企业的绩效考核体系、薪酬福利体系和晋升机制
- 熟悉连锁企业门店店长的素质能力模型、岗位职责和工作重点

沃尔玛的人才观

沃尔玛的"零售帝国"是谁缔造的？不是光芒四射的"明星员工"，也不是聪明的高学历人才，而是一群勤奋好学、踏实肯干的普通员工，是他们缔造了世界的"零售霸主"和"商业奇迹"。

在沃尔玛，管理人员中 60% 的人都是从小时工做起的，其中很多员工没有接受过大学教育。当然，这并不是说沃尔玛不重视员工的素质，相反，公司总是鼓励员工积极进取，并尽力为每一位希望提高自己的员工提供培训机会。

沃尔玛认为，一个人缺乏工作经验及相关知识并不是很严重的问题，只要他肯学习并全力以赴，就能够以勤补拙。挑选合格的人，并把他放到适当的位置上，然后鼓励他运用自己的智慧创造性地做好自己的工作，是沃尔玛管理者的主要任务。对普通员工的重视，使得沃尔玛成为管理界公认的最具文化特色的企业之一。

高薪"挖墙脚"是很多企业获取优秀人才的方式之一。但是沃尔玛很少这么做。沃尔玛认为，人才的成长需要长期的培养，争抢"明星"，不如培养"明星"。沃尔玛把过去的"获得、留住、成长"用人原则，变成了现在的"留住、成长、获得"用人原则。这绝非简单的文字游戏，它体现了沃尔玛的核心人才观：重视从原有普通员工中培养、选拔优秀人才，而外部招聘仅是一种有益补充。沃尔玛非常关心新员工的成长，在新员工进入公司的前 90 天里，公司一般都会专门指派老员工对他们进行指导，并分 30 天、60 天、90 天 3 个阶段给他们打分。对具有领导潜质的新员工，沃尔玛会送其到总公司接受培训；然后，这些未来的经理会轮流到各分公司工作，面对更多的挑战，从而在实践中得到锻炼。

普通员工并非平庸之辈，关键要看企业如何培育，使其把潜力都发挥出来。沃尔玛认为，充分挖掘基层员工的智慧，企业的整体绩效才会大幅度提升。

【课堂讨论】

根据案例描述，以团队为单位讨论沃尔玛人才观的核心内容是什么？对你有什么启示？将讨论结果填入表 4-1 中。

表 4-1　　　　　　　　　　　　　　讨论结果

讨论人	要　点
团队的观点	
自己的观点	
老师的观点	

【本章知识结构图】

本章知识结构图如图 4-1 所示。

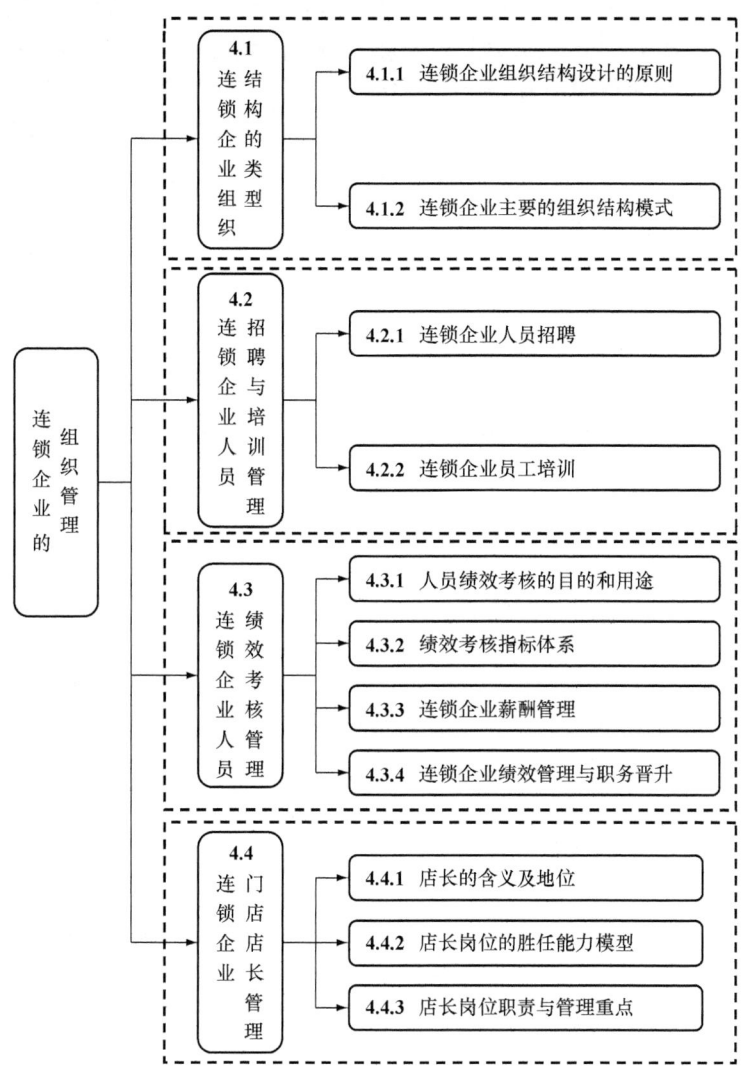

图 4-1　知识结构图

4.1　连锁企业组织结构的类型

4.1.1　连锁企业组织结构设计的原则

连锁经营作为被众多行业采用的一种有效的商业模式，连锁企业的经营活动十分复杂，每天都要进行销售业务、商品采购、进销存等一系列活动。连锁企业为了推动企业正常、稳定地运转和保障企业各项管理职能的充分发挥，实现其经营目标和绩效，必须根据企业的实际运作需要，设置管理职能机构和业务经营机构,这些职能机构和业务经营机构共同组成了连锁企业组织的有机整体。

1. 概念界定

(1) 组织结构

组织结构是指对于工作任务如何进行分工、分组和协调合作。组织结构是表明组织各部分排列顺序、空间位置、聚散状态、联系方式以及各要素之间相互关系的一种模式,是整个管理系统的"框架"。组织结构是组织的全体成员为实现组织目标,在管理工作中进行分工协作,在职务范围、责任、权利方面所形成的结构体系。组织结构是组织在职、责、权方面的动态结构体系,其本质是为实现组织战略目标而采取的一种分工协作体系,组织结构必须随着组织的重大战略调整而调整。

(2) 连锁企业组织结构的概念

连锁企业组织结构是指连锁企业全体员工为实现企业目标而进行的分工协作,在职务范围、责任、权利方面所形成的结构体系。

(3) 连锁企业组织结构的基本构成

总部——领导层和决策层,属于决策后勤作业单位。通过总部的标准化、专业化、集中化管理使门店的作业简单化、高效化;门店——连锁经营的基础,承担具体的销售功能;配送中心——物流机构,是连锁经营成功的保证。

2. 连锁企业组织结构设计的原则

连锁企业组织结构由于业态、门店规模、经营模式不同而各有差异,但各类连锁企业在进行组织结构设置时都会遵循一般原则,这些原则可以概括为以下几个方面。

(1) 任务目标

连锁企业组织结构要围绕实现企业目标而合理、科学地配置和组合起来,企业组织结构的内在组合方式及配置形式都必须有利于充分实现企业绩效目标为衡量标准。每个机构和这个机构的每一部分,都与特定的任务、目标有关,否则就没有存在的意义。任务、目标就是机构或机构的每一部分、每一成员要干的企业活动所必需的事情,机构设计以事为中心。因事设机构、设职务、配人员,人与事要高度配合,不能以人为中心、因人设职和因职找事。

(2) 专业分工

为提高效率必须分工。把实现任务目标所需要的全部活动划分成各种基本作业,把各种基本作业,按其职能要求,分配给这方面的专业人员。要合理划分专业,注重使用专家。

(3) 分级管理与统一指挥原则

分级管理是指机构分设的自上而下或自下而上的管理阶梯。在总量一定的情况下,管理层次和管理幅度呈反向变化。管理幅度越小,管理层次越多;相反,管理幅度越大,管理层次越少。一般来说,在企业最高领导人和最基层的职工之间,如果层次过多,往往会使信息失真、歪曲或者过时,因此许多企业主张组织中的层次应尽可能地少。统一指挥是指下级结构只能接受一个上级机构的命令和指挥,一个机构不能受到多头指挥。上下级之间的上报下达,都要按层次进行,一般情况下,不得越级。执行者负执行之责,指挥者要负指挥之责,在指挥和命令上,严格实行"一元化"的联系。分级管理、统一指挥是建立连锁企业内部管理体制的基本原则。随着社会化大生产方式在连锁企业的运用,企业规模越大,部门划分越来越细,管理层次就越来越多,分级管理与统一指挥就越来越重要。

(4) 权责对等原则

权利是在规定的职位上行使的权利。领导人员率领隶属人员去完成某项工作,必须拥有包括指挥、命令等在内的各种权利。

责任是在接受职位、职务后必须履行的义务。在任何工作中，权与责都必须大致相等。更移责任时，必须同时更移与责任相应的权利；更移权利时必须同时更移与权利相应的责任。如果要求一个经理履行某些责任，那就要授给他以充分的权利使他履行责任。如果这些权利是授给他的，但该经理不能承担相等的责任，那么就收回这些权利，或者将派给他的职务作某些更动，或者对这位经理作适应的调动。

（5）才职相称

管理人员的才智、能力与担任的职务相适应。设计了各种职位、职务之后，就要安排相应的人员担任工作，或通过培训，使其胜任工作。每种职位、职务都有其所要求的能力水平。

对每个职工也可以通过考察经历、进行测验以及面谈等，来了解他的知识、经验、才能和兴趣，再进行评审比较，使企业能做到将现有或可能有的职工的才能和各种职务的要求相适应，使才智相称。

如果遇到缺乏某种工作所需要的职工，而一时又找不到合适的人选时，也可以考虑把工作重新修改、设计、安排，直到可以找到适当的人员来充任为止。设置的机构应尽可能使才智相称，人尽其才，才得其用，用得其所。理想的组织机构设计，必须具有修改和调整的可能性，成立的组织机构必须具有灵活性。

（6）效果和效率原则

效果是指组织机构的活动要有成效、有效果。组织机构不但要能保证企业生产经营活动的进行，同时要使活动有成果。要确立组织目标，集中主要力量于主要目标，不断解决问题，争取更大的效果。效率是指组织机构在单位时间内取得成果的速度，反映在单位时间内取得成果的过程中，各种物质资源的利用程度，工人的劳动效率，工作人员的工作效率，各部门、各层次的工作效率，整个组织机构的工作效率等各方面，都反映出组织机构的效率。效率不高，反应迟缓，说明整个机构或机构的某些方面已经不适应客观要求。

（7）弹性原则

弹性是指企业的各部门、各环节及每个工作人员都能自主履行职责，能够根据环境的变化而自动调整履行职责的方式方法，并自觉完成所承担的任务。一般来说，连锁企业的组织结构必须相对稳定，稳定的组织结构能让组织运作更有效率。但在连锁企业发展的同时，经营的外部环境也在发生变化，组织计划也要相应地调整和变化。连锁企业组织结构保持一定的弹性是组织系统能够在变化的环境系统中生存和发展的重要条件。

阅读与思考

家乐福集权要"沃尔玛化"

1992年法国人施荣乐（J.L.Chereau）掌管家乐福中国区时，曾大力推行"店长集权制"——店长可以全权负责自己门店的选址、采购、配送、物品摆放等，以最大限度地发挥灵活性的模式，这让家乐福一方面在短时间内能迅速扩张，另一方面各个门店的利润率又得到了保障。但是，随着门店超过90家后，门店各行其是，不但没有规模效应，供应链控制难度太大，无法降低管理成本，反过来还拖累了其扩张速度和利润率。这让享受高速增长的家乐福难以接受。

2007年1月，47岁的法国人罗国伟（EricLegros）接替退休的施荣乐出任中国区CEO，随即开始了大规模的调整。一上任，罗就将"中国区总部—4个大区—7个区域—门店"调整为"中国区总部—4个大区—15个区域—门店"的四级管理架构，并且着手将门店权力收归CCU（城市采购中心）。

这意味着，在新结构下，曾被视为家乐福在华成功的主要利器"店长集权制"将彻底退出历史舞台——原来属于店长和手下处长、课长的采购、促销、调价权力被上收到CCU；一些冗余职位正在被砍掉，目的是节省成本；同时"驱赶"待在办公室的营运管理人员到店面去……

"家乐福的这次改革如果失败，那么他们的中国店长可能将会是世界上最倒霉的一群家伙，既失去了权力又背负着业绩压力。"

请思考：分析家乐福的管理模式，谈谈连锁企业将如何找到集权与分权间的平衡。

4.1.2 连锁企业主要的组织结构模式

连锁企业确定了其经营宗旨和战略目标之后，接着就要为实现战略目标设计相匹配的组织结构。根据连锁企业经营活动的复杂性和企业的规模，连锁企业组织结构的基本形式主要有3种类型。

1. 直线制

直线制是连锁企业最早期的也是最简单的组织结构形式，是指连锁企业各级行政单位从上到下实行垂直领导，下属部门只接受一个上级的指令，各级主管负责人对所属单位的一切问题负责的组织结构模式。它的特点是企业各级行政单位从上到下执行垂直领导，其结构如图4-2所示。

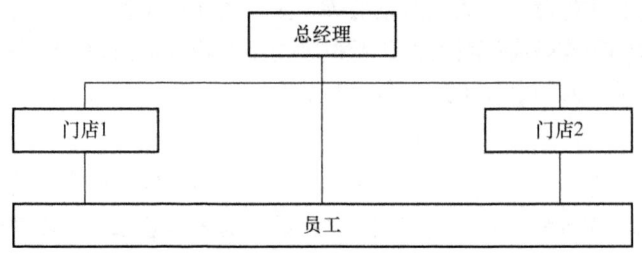

图4-2 连锁企业直线制组织结构

直线制组织结构的优点是结构比较简单，责任分明，命令统一。主要缺点是它要求行政负责人通晓多种知识和技能，亲自处理各种业务。这种形式比较适用于连锁企业的创业阶段或企业规模门店较小时。

2. 直线职能制

随着连锁企业规模的不断扩大，门店数量越来越多，经营管理的实务也将越来越复杂。经营者由于知识、能力和体力等的限制无法独立完成所有的管理职能，势必会增加管理部门来协助经营者进行管理，直线职能制的组织结构形式就应运而生了。直线职能制也叫经营区域制，或直接参谋制，其结构如图4-3所示。

直线职能制的优点是既保证了企业管理体系的集中统一，又可以在各级行政负责人的领导下充分发挥各专业管理结构的作用。其缺点是职能部门之间的协作和配合性较差，职能部门的许多工作要直接向上级领导报告、请示才能处理，这一方面加重了上层领导的工作负担，另一方面也造成了办事效率低的弊端。这种形式比较适用于区域型和扩张时期的连锁企业。

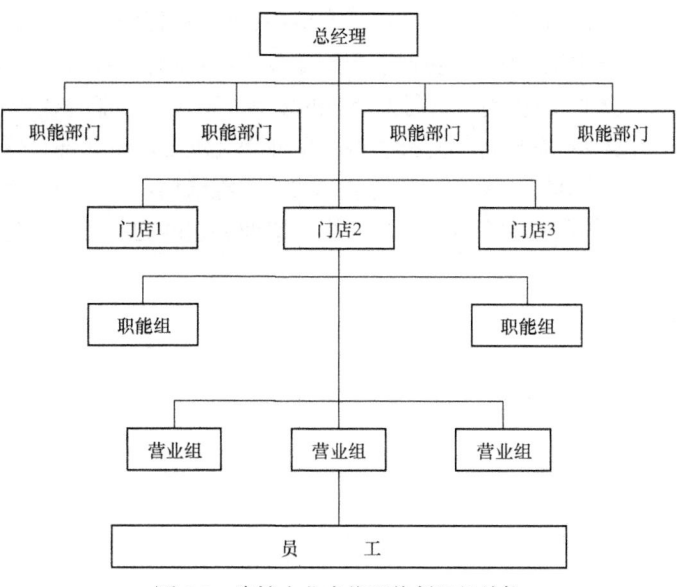

图 4-3　连锁企业直线职能制组织结构

3. 事业部制

事业部制最早是由美国通用汽车公司总裁斯隆于 1924 年提出的，它是一种高度集权下的分权管理体制。当连锁企业的规模扩张到一定程度后，连锁企业管理的范围和幅度就越来越大，内容就越来越复杂，许多运作已经很难完全由总部进行直接控制，为了适应企业扩张的需要，许多大型连锁企业都采用事业部制的组织结构，其结构如图 4-4 所示。

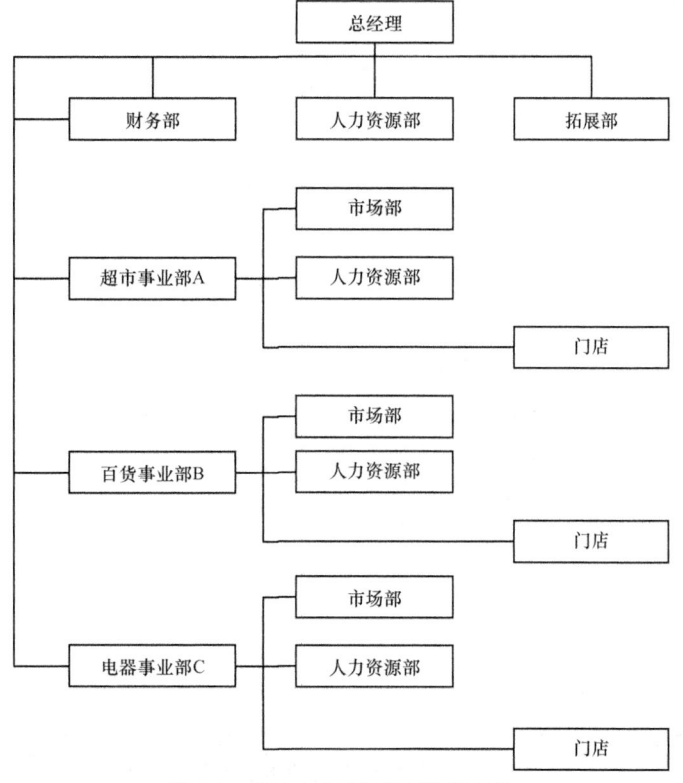

图 4-4　连锁企业事业部制组织结构

事业部制的好处是：总公司领导可以摆脱日常事务，集中精力考虑全局问题；事业部实行独立核算，更能发挥经营管理的积极性，更便于组织专业化经营和实现企业的内部协作，各事业部之间有比较，有竞争，这种比较和竞争有利于企业的发展；事业部内部的经营活动之间容易协调，不像在直线职能制下需要高层管理部门那样过问；事业部经理要从事业部总体来考虑问题，这有利于培养和训练管理人才。其缺点是：公司与事业部的职能结构重叠，造成管理人员浪费；事业部实行独立核算，各事业部只考虑自身的利益，影响事业部之间的协作，一些业务联系与沟通往往也被经济管理所替代。

> **小资料**
>
> ### 不同业态的连锁企业组织结构
>
> 不同业态的连锁企业组织结构示例分别如图 4-5、图 4-6 和图 4-7 所示。
>
>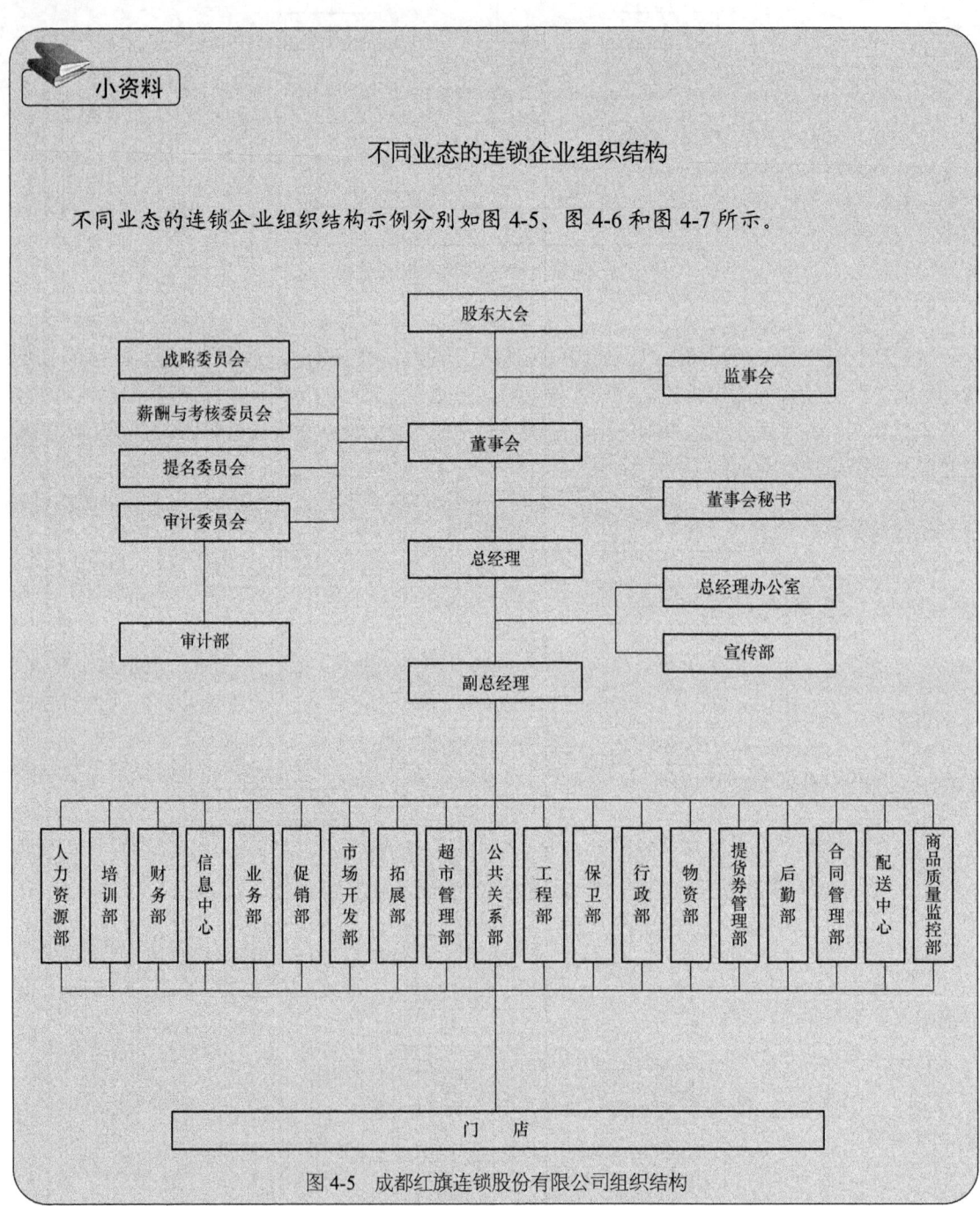
>
> 图 4-5　成都红旗连锁股份有限公司组织结构

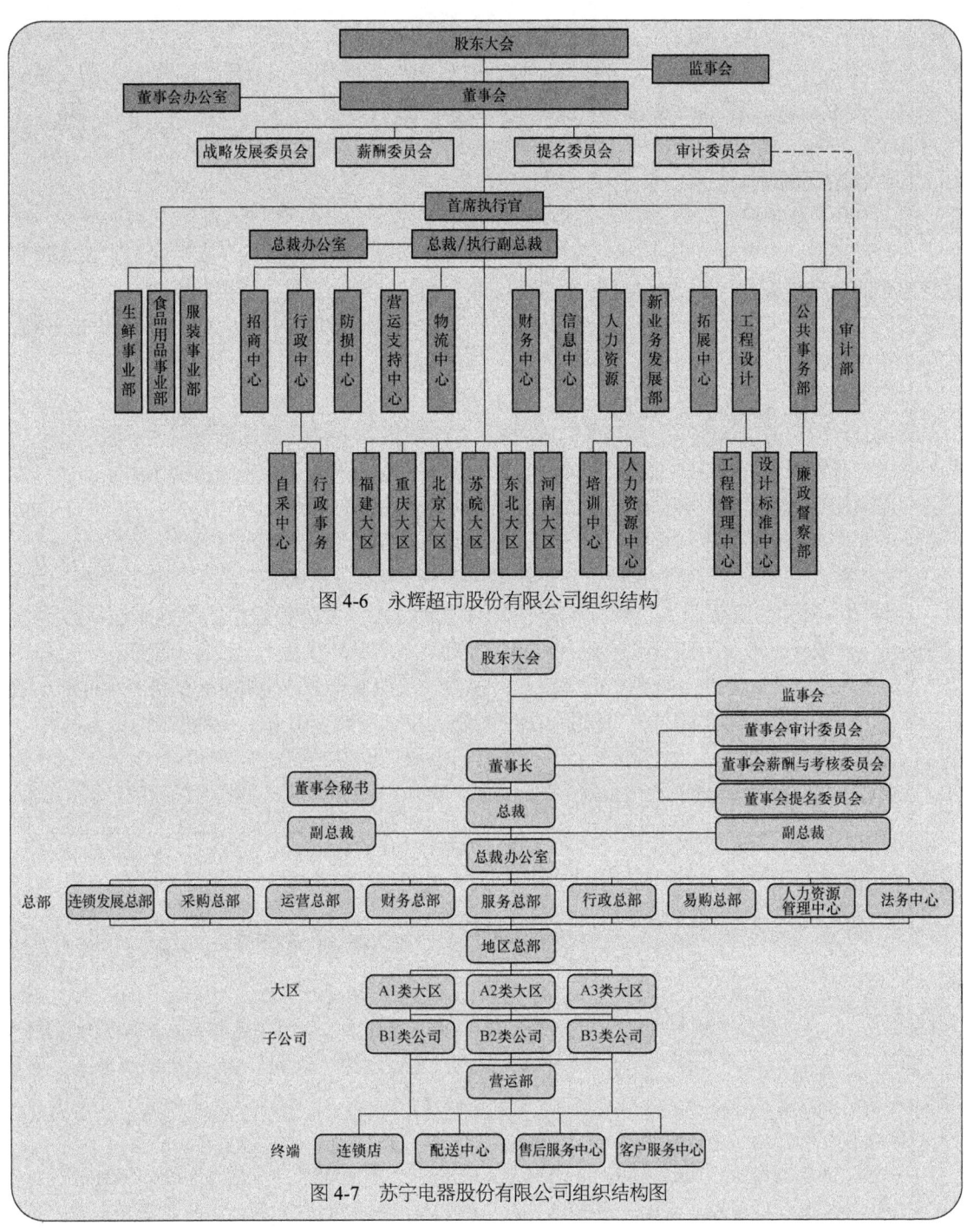

图 4-6 永辉超市股份有限公司组织结构

图 4-7 苏宁电器股份有限公司组织结构图

4.2 连锁企业人员招聘与培训管理

4.2.1 连锁企业人员招聘

员工的招聘工作是人力资源管理中最基础的工作。对企业来说，有了战略发展目标后，就需要组成一个人力资源管理系统,在适当的组织机构与指挥协调机构的领导下,使用原材料、机器、资金等来生产产品,或进行经营,或提供服务。在人力资源管理中,人力资源的使用与配置是企业成功的关键,而人力资源的使用和配置包括人力资源的"进"、"用"、"出"等几个环节,在这几个环节中,人力资源的"进"及人员招聘又是关键中的关键。

1. 人员招聘原则

（1）宁缺勿滥原则

从长远来看,一个岗位宁可暂时空缺,也不要让不合适的人占据。为了避免岗位空缺的时间过长给企业带来损失,这就要求人力资源部门在制订招聘计划时要有一个提前量。企业是一个创造效益的单位,人员臃肿、人浮于事会大大降低企业的效率,所以在可招可不招人员时尽量不招,在可少招可多招人员时尽量少招,以保持员工工作的饱满度。

（2）公开公平竞争原则

通过公开的招聘渠道能吸引足够多的应聘者,能够使招聘者有广阔的选拔余地;通过公平竞争能使人才脱颖而出,能够吸引真正的人才,进而能够对企业内部员工起到激励作用。公开与公平竞争原则能够帮助形成一种积极竞争的企业文化,使企业更有凝聚力。

（3）真实原则

即向应聘者陈述真实的工作岗位,包括职位优势和不足,让应聘者比较充分地了解该工作岗位。这种做法被称为真实职位预期。在一些发达国家,人力资源管理中已经越来越推崇通过（Realistic Job Review）,使应聘者形成一种更加接近真实情况的预期。这种真实预期在一定程度上有助于减少员工的流失率,降低缺勤率以及其他由于预期不能满足而引发的消极劳动行动。因此真实原则有助于降低雇员的流失率和提高雇员的满意度,以减少因人才流失造成的更大损失。

（4）能岗匹配原则

明确各个职位的要求和条件,根据每个人的专长、能力、志向和条件等做到才以致用、各尽其才。

阅读与思考

"态度"比"技能"更重要——沃尔玛招聘揭秘

在沃尔玛,有句话是所有人的共识,那就是,"沃尔玛不需要'Hand',要'Head'"。简而言之,就是沃尔玛青睐有头脑、有想法的员工,而不是人手。沃尔玛还有句话,叫做"Hiring for attitude, training for skills",即"聘之以态度,授之以技能"。沃尔玛相信态度最重要,而技能是可以通过培训来解决的。将"态度"作为招聘的首要标准,沃尔玛不是作秀,而是演绎出科学的用人理念。

一个人缺乏工作经验及相关知识并没有多大关系,只要他肯学习并全力以赴,绝对能够以勤补拙。而挑选合格的人,放到适当的位置上工作,然后鼓励他们运用自己的智慧和创造性做好他们的工作,正是沃尔玛管理者的主要任务。

沃尔玛的员工经过6个月的训练以后,如果表现良好,只要能够管理好员工、具有良好的商品销售的潜力,沃尔玛的创始人山姆·沃尔顿就会给他机会,先做助理经理,或去协助开设新店,如果干得不错的话,他就会有机会单独管理一个分店。这些人如果是在别的公司,没有10年以上的工作经验,是别想被提升为经理的。山姆·沃尔顿相信,只要努力工作、精力充沛、追求成功,就能成为一个好的经理。而且,他更乐于雇用那些有家室和有强烈宗教信仰的人,他认为他们更稳定、更努力。这种用人方式使沃尔玛避免了产生其他零售业那样由于大量使用兼职工、非熟练工以压低成本，员工流失率居高不下的问题。

沃尔玛的选才标准有4条。

热情。对零售行业有兴趣，乐于与人打交道。

顾客服务意识。沃尔玛的员工不光是在面对来店里购物的顾客时要始终抱有服务意识，面对身边的同事、下属，也都需要有很好的服务意识。

有想法，爱创新。"逆流而上、另辟蹊径、不墨守成规"是山姆·沃尔顿10条基本原则之一。沃尔玛是家迅速发展的公司，这就要求员工有上进心，有创新意识，只有这样才能跟上公司的发展步伐。

敬业，勤奋，耐心。这些工作态度是零售人必不可少的。有句话说"Retail is detail"，所谓"零售就是细节"，这是个非常细节化的行业，要求每位员工在琐碎和细微的工作中充分体现自己的主人翁精神和高度的工作热情。工作中有很多看似细枝末节但却又十分重要的环节，做好这些事靠的并非是技能的高低，而是做事的态度。

上述4条同时决定了一个员工与沃尔玛间的融合度，之所以要招募有头脑的员工，是希望员工对公司有强烈的归属感，认同公司的价值观，能够融入公司的文化，这样才能够与公司一起发展。

态度决定一切。只有态度端正了，工作效率才会转化为工作的效益——正确地做正确的事。过去，企业招聘和评价员工首先看重的是能力：英语水平怎么样，会不会计算机应用，有没有相关的资格证书等。当企业奉行人才攫取战略的时候，看重的是人的能力。随着企业的发展与竞争的加剧，重能力轻态度的弊端逐渐暴露出来。一个人能不能干是一回事，肯不肯干、怎么干是另一回事。我国企业应该向沃尔玛及其他的500强企业学习，在选贤聘能时将员工的"态度"放在首位，科学地加以考察与运用。

请思考：沃尔玛的人才招聘文化有何启示？

2. 招聘的主要形式及途径

确定职位空缺包括确定职位空缺的数量和质量两个方面。只有明确获知企业中的空缺职位以及职位的具体要求后，才能够开始进行招聘。职位空缺的确定，要以人力资源规划和工作分析为基础，之后再选择招聘渠道。

（1）外部招聘

外部招聘就是组织根据制定的标准和程序，从组织外部选拔符合空缺职位要求的员工。外部招聘具有以下优势：较广泛的人才来源；避免近亲繁殖，可以给组织带来新思想，防止僵化；避免组织内部那些没有提升到的人的积极性受挫，避免组织内部成员间的不团结；可以节省对主管人员的培训费用。不足之处在于：如果组织内有胜任的人未被选用，而从外部招聘，这会使他感到不公平，容易产生与应聘者不合作的态度；应聘者对组织需要有一个了解的过程；容易被应聘者的表面现象（如学历、资历等）所蒙蔽，而无法清楚了解其真实能力。

（2）内部招聘

内部招聘是指组织内部成员的能力和素质得到充分确认之后，被委以比原来责任更大、职位更高的职务，以填补组织中由于发展或其他原因而空缺了的管理职务。企业内部的员工本身就是非常重要的候选人来源，对他们进行内部晋升和岗位轮换可以补充职位的空缺，增强公司提供长期工作保障的形象。内部招聘具有以下优势：企业内部的员工具有丰富的社会关系，尤其是在同行业的人才当中，员工可以借助自己的人际关系推荐人才；内部员工了解自己的公司，能够更好地理解职位的要求，同时对企业文化也更加认同；内部招聘方法最经济实惠；内部招聘的成功率较高，且工作的稳定性更高。不足之处在于：内部招聘在一定程度上容易造成内部部门之间的矛盾；内部招聘容易创造不公平的因素；有时会造成员工的不满意和工作积极性下降；出现近亲繁殖的弊端；被晋升到新的职位的员工未必适应工作。

3. 招聘的程序和方法

招聘是进行人才调剂的有效手段，也是连锁企业发展过程中获得人才支撑的重要途径。连锁企业人员招聘应按照下述程序和方法进行。

（1）制订并落实招聘计划

当组织中出现需要填补的工作职位时，有必要根据职位的类型、数量、时间等要求确定招聘计划，同时成立相应的选聘工作委员会或小组。选聘工作机构可以是组织中现有的人事部门，也可以是代表所有者利益的董事会，或是由各方利益代表组成的临时性机构。选聘工作机构要以相应的方式，通过适当的媒介，公布待聘职务的数量、类型以及对候选人的具体要求等信息，向组织内外公开"招聘"，鼓励那些符合条件的候选人积极应聘。

（2）制订具体工作计划

招聘计划经批准后，招聘的具体工作就要开始启动。为保证招聘工作的顺利进行，招聘部门应事先拟订出一个工作计划，主要包括：组织招聘工作小组并确定人选，制定招聘章程、招聘考核方案，预算招聘所需的费用并确定资金来源，确定工作进度等。

（3）确定招聘工具

连锁企业常用的招聘工具如下。

① 媒体广告。以报纸、杂志、电视和广播广告等为主，涵盖层面较广，适合连锁企业总部或者各门店联合招聘资源共享，费用支出较大，单店招聘一般以报纸刊登效果为佳。

② 店头POP海报。利用门店入口、张贴栏或者橱窗张贴招聘广告，直接并且见效快。适合单店招聘。

③ 夹报传单。采取夹报或者商场柜台放置招聘传单的方式，可以针对特定区域或人员招聘，适合单店或者在共同区域内的连锁企业使用。

（4）确定招聘方式

连锁企业常用的招聘方式如下。

① 店内招聘。通过店头POP海报、夹报传单或者直接游说门店内适合的顾客成为招聘对象，此方式所招聘的对象一般以门店兼职人员和门店基层工作人员为主。

② 校园招聘会。每年学生毕业期间，选择全国或者地区相关院校进行校园宣讲和招聘活动。

③ 刊登广告。透过各种媒体刊登企业招聘广告，这种方式花费较多时间且较为被动。

④ 人才市场。招聘人员直接进入人才市场，发布招聘信息并组织招聘，这种方式见效快，但一般适合招聘基层员工。

⑤ 校企合作。与相关院校进行人才对接和培养，采用订单培养、实习培养等方式对人才进行储备，这种方式可以获得稳定的人才储备和来源。

⑥ 其他方式。如通过人才中介公司（猎头公司），招聘主管及以上的中高层管理类人才。

（5）对应聘者进行初选

当应聘者数量很多时，选聘小组需要对每一位应聘者进行初步筛选。内部候选人的初选可以根据以往的人事考评记录来进行；对外部应聘者，则需要通过简短的初步面谈，尽可能多地了解每个申请人的工作及其他情况，观察他们的兴趣、观点、见解和独创性等，及时排除那些明显不符合基本要求的人。

（6）对初选合格者进行知识与能力的考核

在初选的基础上，需要对余下的应聘者进行材料审查和背景调查，并在确认之后进行细致的测试与评估，其内容如下。

① 智力与知识测试。该测试是通过考试的方法测评候选人的基本素质，它包括智力测试和知识测试两种基本形式。智力测试的目的是通过候选人对某些问题的回答，测试他的思维能力、记忆能力、应变能力和观察分析复杂事物的能力等。知识测试是要了解候选人是否具备待聘职务所要求的基本技术知识和管理知识，缺乏这些基本知识，候选人将无法进行正常工作。

② 竞聘演讲与答辩。这是对知识与智力测试的一种补充。测试可能不足以完全反映一个人的素质全貌，不能完全表明一个人运用知识和智力的综合能力。发表竞聘演讲，介绍自己任职后的计划和远景，并就选聘工作人员或与会人员的提问进行答辩，可以为候选人提供充分展示才华、自我表现的机会。

③ 案例分析与候选人实际能力考核。在竞聘演说与答辩以后，还需要对每个候选人的实际操作能力进行分析。测试和评估候选人分析问题和解决问题的能力，可借助"情景模拟"或称"案例分析"的方法。这种方法是将候选人置于一个模拟的工作情景中，运用各种评价技术来观测考察他的工作能力和应变能力，以此判断他是否符合某项工作的要求。

（7）选定录用员工

在上述各项工作完成的基础上，需要利用加权的方法，算出每个候选人知识、智力和能力的综合得分，并根据待聘职务的类型和具体要求决定取舍。对于决定录用的人员，应考虑由主管再一次进行亲自面试，并根据工作的实际与聘用者再作一次双向选择，最后决定选用与否。

（8）评价和反馈招聘效果

最后要对整个选聘工作的程序进行全面的检查和评价，并且对录用的员工进行追踪分析，通过对他们的评价检查原有招聘工作的成效，总结招聘过程中的成功与果实，及时反馈到招聘部门，以便改进和修正。

中国连锁经营协会校企合作工作介绍

为了更好地助推连锁相关专业院校培养企业实际所需的各类人才，特别是加速培养、塑造连锁企业急需的各类高级管理人才，逐步突破连锁企业用工难瓶颈。2011年协会正式成立"连锁业校企合作小组"，依托开设连锁经营管理相关专业的200余所院校，会员企业尝试性地开展校企合作工作。经两年多的不断探索和实践，特别是广大参与者的不懈努力，现已取得初步成效，开创了校企合作的良好局面。主要工作归纳如下。

1. 开展调研，为培养连锁行业人才提供理论支撑和数据参考

协会于2011—2013年期间，分别与国内主要高职院校合作，面向零售会员企业和已开设连锁管理专业的院校及毕业生开展调研，重点围绕零售企业对人才需求的岗位特点、基本技能与综合能力的要求等方面展开，并最终形成《中国连锁行业发展情况报告》、《连锁业专科人才需求特点调研报告》、《连锁经营管理专业毕业生就业情况调研报告》、《连锁业本科人才需求特点调研报告》等调研成果，较全面地反映了当前零售业人才供需特点、人才成长路径等问题，为企业招聘、院校培养人才和毕业生求职提供了支持和保障。

2. 制定标准，规范连锁业人才培养基础教材

2011年，协会分别针对百货、购物中心、超市和专业零售店4个业态中校企合作的36个重点岗位制定出相应岗位标准及人才成长路径，就岗位名称、岗位描述、岗位职责和岗位任职资格等做了详细的规范，为致力于在零售业发展的学生提供了清晰的岗位描述和职业发展方向。

3. 协会架桥，积极搭建校企合作平台

2012年8月—2013年8月，协会分别在中国连锁企业人力资源高峰论坛上开设校企合作专场论坛，会上，与会院校代表与企业代表充分高效沟通，并同众多企业达成合作意向。同时，协会还多次举办区域性校企合作论坛，举办连锁业校企合作对接活动，通过区域座谈交流，更具针对性地为区域间的校企合作搭建了平台。2013年7月，为了促进企业和院校间更广泛地合作，协会正式成立"连锁业人才供需呼叫中心"。

4. 师资培训，携手建设"双师型"队伍

2012年8月—2013年8月期间，协会组织了3期院校品类管理教师培训班，共73所院校的145名教师参加培训。培训均采用理论授课与卖场参观相结合的方式进行，一定程度上弥补了院校对"双师型"师资队伍建设的需求。

5. 发挥优势，推进行业职业资格认证工作

针对国内连锁经营管理专业学生无对口的职业资格认证的现状，2012年10月协会将"CCFA注册品类管理师（助理级）资格证书"向院校学生正式开放。为保证考试质量，协会邀请各地的零售会员企业做为考试的监考单位，全程跟踪考试过程，也向企业及时传递了院校培养品类管理人才的讯息。

总之，在各方专家、老师和热心人士的共同关心和不懈努力下，协会开展的校企合作工作已经初具规模，空间广阔，前景可期。让我们继续发扬团结合作、不断进取的作风，脚踏实地地落实各项工作，为连锁行业稳定、健康的发展，为院校、为企业的蒸蒸日上贡献我们的力量。

4.2.2 连锁企业员工培训

员工培训是指组织着手进行的以促进组织成员学习的过程。它是组织员工学习的过程。其目的是通过培训使员工学到新的知识和技能，不断地开发其智力，发挥其潜能。连锁企业根据自身的经营特点，充分运用各类培训资源，培养和培育连锁经营管理类人才，有效提高员工整体素质并依靠员工素质提高来提升门店绩效。

1. 连锁企业员工培训的特点

（1）系统内克隆

在一个连锁企业内，各分店遵循统一的标准，如服务标准、外观装饰、商品质量和价格等，每家分店就如同从同一个模型中复制出来的。连锁企业在扩张发展时，培训人才的一条关键途径就是将新员工送到各家分店顶岗见习或者将老店中有能力的员工派到新店担任重要的角色，以指导和训练新员工。通过这样的方式，连锁企业可以在企业系统内成功克隆出它的各级员工。

（2）波动的周期性

连锁企业的经营过程中面对客户的需求具有很强的周期性，并形成一定规律。因此，对于连锁企业来说，如何合理地在各个时间段根据客流量的大小来安排工作人员，是一个重要的问题。人才培训中，连锁企业可以利用客流量少的时候，轮流组织部分员工和钟点工进行在职培训。一来可以充分利用空余时间，二来可以合理安排工作人数。这是连锁企业与其他企业相比的独特之处。利用这一点，连锁企业可以解决在职培训组织难、时间紧的问题。

（3）培训层次的差异性

连锁企业对不同职位的人才要求是有差异的。因此，企业在对员工进行培训时，要针对不同层次的员工，采取不同的培训方式和内容，这就是培训层次的差异性。这一点要求培训要有针对性和实用性，要学以致用、为用而学，反映在具体培训工作中就是培训方式的多样性和灵活性、培训内容的丰富性和实用性。

（4）人才培训是企业的战略性投资

培训是关系到企业今后发展和在市场竞争中能否取得胜利的一个重要因素。它不仅仅是为了培养和训练企业眼前岗位上的空缺员工或眼前发展新店所需要的各种人员，更重要的是服从于企业的长远战略，并与企业各领导阶层的培养机制结合起来。满足这一要求，关键在于做好人才预测和培训计划，其中包括对企业员工进行继续培训的工作。要考虑其最终效益，这是人才培训成功与否的重要标志。

2. 连锁企业培训的层次及内容

（1）培训的层次

根据不同的层次员工在组织中扮演的不同角色及承担的不同岗位职责，其培训需求、培训目的和培训内容呈现出巨大差异。培训应该具有训练、教育、发展3个层次，以满足不同的需求。

① 训练。具有现学现用的特点，培训内容以工作本身为主，大多数偏技术性的工作，培训对象多为基层员工，如理货员操作等。

② 教育。是现在学，将来用，以个人及公司均衡发展为出发点，属于知识及观念的吸收，对象以中、高层管理人员居多，如战略规划、销售管理和品类管理等。

③ 发展。是现在学，将来可能用，是以个人发展为出发点，带有提升企业形象的意味，属于个人全方位的培育以及潜能的涵养与开发，对象通常限定为高层管理者及特定关键人员，如艺术欣赏课程等。

（2）培训的内容

连锁企业的培训基本上分为岗前培训、在职培训、脱产培训和自我教育4种。实际培训中4种方法又分别用于不同的人员培训，各有各的优点和特点。更多时候，对于同一培训内容要同时采用几种方法，或交替使用，通过几种培训方法的叠加效应和综合作用使员工的素质得到全面提高。

① 职前培训。职前培训主要是针对新员工进行的。职前培训的内容包括两部分。一部分是基础教育，另一部分是行为培训。基础教育进行的主要内容包括：了解企业历史、规章制度、企业文化、新知识、新技能和新观念等。以此培训员工对企业的归属感，帮助员工适应新的环境，尽快地融入企业文化。

② 在职培训。在职培训往往由上司寻找出每个人需要加以培训的部分，有计划地进行指导。在职培训主要包括两方面的培训内容：一是职务转换；二是随着时代的进步、环境的变化需要灌输新知识、新技术、新观念给员工。具体采用的培训办法根据培训需要的不同而各有侧重。职务转换包括两个方面，一是员工在各个岗位每隔一段时间的调动，通过职务转换，管理层可以发现下属最为适合的发展方向，以便做到人尽其才；另一种职务转换是员工晋级前的培训。晋级是企业人事管理的必然过程。一个员工晋升到未曾担任过的新职务时，总是需要一个适应与学习的过程，因此人事部门必须对其进行培训。这类培训可在工作中进行，也可在空余时间进行，还可以根据晋级员工的具体情况采取脱产培训的方法。

③ 脱产培训。脱产培训是指企业的员工暂时离开现职脱产到学校或有关培训机构以及别的企业参加为期较长的培训。脱产培训的主要对象是管理人员。进行脱产培训的一个重要途径是把受

训人员送到高等学校内学习一段时间,因为对于管理层来说,重要的是理论方面的提高,而不是实际操作的培训。

④ 自我教育。自我教育也称为自我启发式培训,指企业鼓励员工利用日常的空余时间各自学习。鼓励企业员工求上进的积极性,不施加个人压力,帮助员工顺利成长,这是员工教育组织者的成功经验。实行自我教育的最大特点就是在不知不觉中已经在做训练员工的工作了。这正是自我教育在员工训练中的价值所在。实行员工自我教育可以有效地把企业宗旨、经营目标、企业制度等在内的企业精神灌输给企业员工,并使之深深扎根于员工的脑海之中。

小资料

某连锁企业的内训课程体系如表 4-2 所示。

表 4-2 某连锁企业的内训课程体系

类别	序号	课程名称	授课人	课时(H)
新员工	1	公司简介		2
	2	人事管理制度		2
	3	零售业发展趋势及零售术语		2
	4	安全知识		2
	5	职业道德		2
专员、课长	1	有效沟通		2
	2	时间管理		2
	3	阳光心态		2
	4	企业文化		2
	5	管理干部 10 大准则		2
主管	1	人力资源管理基础		2
	2	有效激励与授权		2
	3	团队建设		2
	4	项目管理		4
	5	执行力		2
	6	压力管理		2
总监、店长	1	人力资源管理(选、用、育、留)		4
	2	如何经营团队		4
	3	非财务人员的财务管理		4
	4	创新管理		4
	5	卓越领导力		4

4.3 连锁企业人员绩效考核管理

绩效考核是连锁企业人力资源管理的重要环节,是实现组织目标的重要手段,也是发现、选拔优秀人才和开发人才的重要手段。而以考核为基础的晋升与奖励制度,可以激励员工充分发挥自己的专长和才智,形成良好的组织氛围,最终有利于提高工作效率和企业整体经济效益。

4.3.1 人员绩效考核的目的和用途

1. 绩效考评的目的

考评的最终目的是改善员工的工作表现,以达到企业的经营目标,并提高员工的满意程度和未来的成就感。美国组织行为学家约翰·伊凡斯维其认为,绩效考评可以达到以下 8 个方面的目的。

① 为员工的晋升、降职、调职和离职提供依据。
② 组织对员工的绩效考评的反馈。
③ 对员工和团队对组织的贡献进行评估。
④ 为员工的薪酬决策提供依据。
⑤ 对招聘选择和工作分配的决策进行评估。
⑥ 了解员工和团队的培训和教育的需要。
⑦ 对培训和员工职业生涯规划效果的评估。
⑧ 对工作计划、预算评估和人力资源规划提供信息。

2. 绩效考评的用途

绩效考评最显而易见的用途是为员工的工资调整、职务变更提供了依据。但它的用途不仅仅是这些,通过绩效考评还可以让员工明白企业对自己的评价,自己的优势优势、不足和努力方向,这对员工改进自己的工作有很大好处。另外,绩效考评还可以在管理者和员工之间建立起一个正式的沟通的桥梁,促进管理者和员工的理解和协作。

具体而言,绩效考评主要有以下几方面的用途。

(1) 为员工的薪酬调整、奖金发放提供依据

绩效考评会为每位员工得出一个评价考评,这个考评结论不论是描述性的还是量化的,都可以为员工的薪酬调整、奖金发放提供重要的依据。这个考评结论对员工本人是公开的,并且要获得员工的认同。所以,以它作为依据是非常有说服力的。

(2) 为员工的职务调整提供依据

员工的职务调整包括员工的晋升、降职、调岗,甚至辞退。绩效考评的结果会客观地对员工是否适合该岗位做出明确的评判。基于这种评判而进行的职务调整,往往会让员工本人和其他员工接受和认同。

(3) 为上级和员工之间提供一个正式沟通的机会

考评沟通是绩效考评的一种重要环节,它是指管理者(考评人)和员工(被考评人)面对面地对考评结果进行讨论,并指出优点、缺点和需改进的地方。考评沟通为管理者和员工之间创造了一个正式的沟通机会。利用这个沟通机会,管理者可以及时了解员工的实际工作状况及深层次的原因,员工也可以了解到管理者的管理思路和计划。考评沟通促进了管理者与员工的相互了解和信任,提高了管理的穿透力和工作效率。

(4) 让员工清楚企业对自己的真实评价

虽然管理者和员工可能会经常见面,并且可能经常谈论一些工作上的计划和任务,但是员工还是很难清楚地明白企业对他自己的评价。绩效考评是一种正规的、周期性地对员工进行评价的系统,由于评价结果是向员工公开的,员工就有机会正面地清楚企业对他的评价,这样可以防止员工不正确地估计自己在组织中的位置和作用,从而减少一些不必要的抱怨。

(5) 让员工清楚企业对他的期望

每位员工都希望自己在工作中有所发展,企业的职业生涯规划就是为了满足员工的自我发展

的需要的。但是,仅仅有目标,而没有进行引导,也往往会让员工不知所措。绩效考评就是这样一个导航器,它可以让员工清楚自己需要改进的地方,指明了员工前进的方向,为员工的自我发展铺平了道路。

(6)有利于企业及时准确地获得员工的工作信息,为改进企业政策提供依据

通过绩效考评,企业管理者和人力资源部门可以及时准确地获得员工的工作信息。通过对这些信息进行整理和分析,可以对企业的招聘制度、选择方式、激励政策及培训制度等一系列管理政策的效果进行评估,及时发现政策中的不足和问题,从而为改进企业政策提供有效的依据。

4.3.2 绩效考核指标体系

1. 连锁企业绩效考核指标

规模以上连锁企业由于部门和职位较多,各个职位对人员的要求不同,因此在进行考核的时候不能一概而论,而要针对不同的员工采取不同的考核指标。通常针对不同员工的绩效考核指标如图4-8所示。

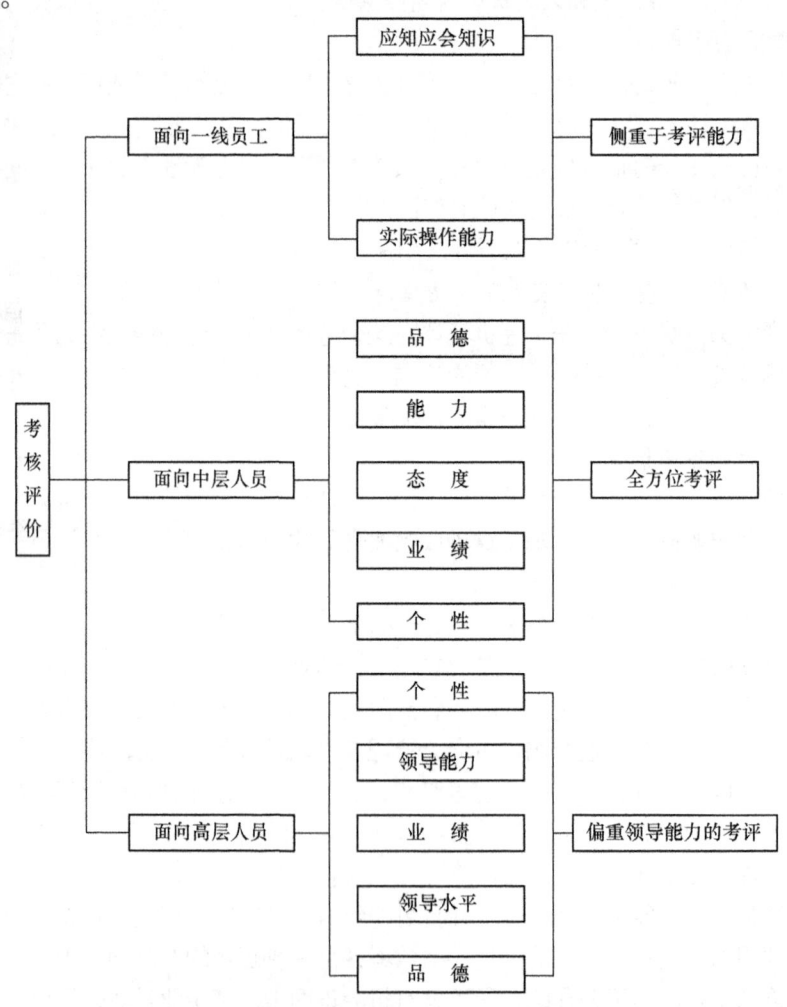

图4-8 连锁企业分层级绩效考核系统

(1)面向一线人员的考核

连锁企业一线人员主要包括各部门操作类岗位人员如收营员等,对一线人员的考评主要以能

力为主,以他们经过培训应知、应会的知识以及实际操作的技能为标准进行考核。

（2）面向中层人员的考核

连锁企业中层人员主要包括各部门主管、经理以及行政人员,他们是公司的脊梁,他们的绩效在很大程度上决定着公司的兴衰。因而,对他们要从多方面、多角度着眼进行立体的、多维的考评,考核内容主要包括 5 个方面,即品德、能力、工作态度、工作业绩以及个性适应。

（3）面向高层人员的考核

连锁企业高层人员主要包括各门店店长、各类总监和其他高层管理者,他们是公司发展方向的掌舵者和中流砥柱,对企业发展中的关键事件拥有决策权,一旦用才不当,有可能导致优秀人才的流失或使企业走上下坡路。因此,对高层管理人员的考评也要从德、能、勤、绩等几方面来考评,具体考评过程中要以工作业绩的考核为核心,侧重于对其组织领导能力的考评。

资料链接:

某超市营运部绩效考核指标如表 4-3 所示。

表 4-3　　　　　　　　　　　　某超市营运部绩效考核指标

序号	KPI 指标	考核周期	指标定义/公式	资料来源
1	营业收入	月/季/年度	考核期内全部营业收入总计	财务部
2	营收达成率	月/季/年度	$\frac{实际营业收入}{目标营业收入} \times 100\%$	财务部
3	营业成长率	月/季/年度	$\frac{本期营业收入}{上期（去年同期）营业收入} \times 100\%$	财务部
4	销售收入同期增长率	月/季/年度	$\left(\frac{当年销售额或销售量}{上年销售额或销售量} - 1\right) \times 100\%$	财务部
5	销售回款率	月/年度	$\frac{实际回款额}{计划回款额} \times 100\%$	财务部
6	商品回转率	月/年度	指一定金额的库存商品在一定的时间内周转的次数	营运部
7	商品结构优化目标达成率	月/季/年度	商品结构优化目标达成率 $= \frac{商品结构优化目标达成项数}{商品结构优化目标设定总项数} \times 100\%$ 商品结构优化目标包括商品结构比率、商品贡献率等	营运部

4.3.3　连锁企业薪酬管理

连锁企业薪酬管理是企业为实现绩效目标,由人力资源部负责、其他职能部门参与的、涉及薪酬系统的一切管理工作,也是制定出吸引人才、留住人才、鼓舞士气的薪酬体系的过程,它是保证企业生产经营正常运行的必要条件。

1. 企业薪资管理的主要内容

企业的薪资管理,就是企业管理者对员工报酬的支付标准、发放水平、要素结构进行确定、分配和调整的过程,或者说,就是对基本工资、绩效工资、激励性报酬和福利等薪资要素加以确定和调整的过程。

(1) 薪资管理目标的确定

薪资管理目标必须与企业经营目标相一致，因为薪资管理是企业管理的一个有机组成部分。现代企业薪资管理的目标主要有3个：①吸引高素质人才、稳定现有员工队伍；②使员工安心本职工作，并保持较高的工作业绩和工作动力；③努力实现组织目标和员工个人发展目标的协调。

(2) 选择薪资政策

所谓企业薪资政策，就是企业管理者对企业薪资管理的目标、任务、途径和手段的选择和组合，是企业在员工薪资方面所采取的方针策略。企业的薪资政策要受到多种宏观因素和微观因素的影响和制约。

宏观因素是指企业薪资运行的外部环境因素。例如，国家经济运行状况、经济增长率、通货膨胀率、劳动力市场的供求状况、当地生活指数以及国家税收、财政和产业政策的变化等。

微观因素是指企业经营发展和薪资管理状况。例如，当前的经营收益状况，企业现今所处的发展阶段及相应的经营策略以及劳动力的成本收益，薪资管理运行状况等。

薪资政策是企业管理者审时度势的结果。若决策正确，企业薪资机制就会充分发挥作用，运行就会通畅、高效；反之，若决策失误，管理就会受到非常不利的影响。

(3) 制订薪资计划

一个好的薪资计划是企业薪资政策的具体化。所谓薪资计划，就是企业预计要实施的员工薪资支付水平、支付结构及薪资管理重点等。企业在制订薪资计划时，要通盘考虑，同时要把握一系列原则。

与企业目标管理相协调的原则。在企业人事管理非规范化阶段，员工的薪资管理也缺乏科学性。例如，一些企业不是根据企业自身发展的需要选择工资制度和薪资标准的，在很大程度上是模仿其他企业的，事实上并不存在这样一个对任何企业都适用的薪资模式。对此，一些企业明确提出，企业薪资计划应该与企业的经营计划相结合。例如，在工资支付水平上，很多企业都不再单纯考虑与同行业工资率的攀比，而主要取决于3个要素的综合考虑：其一，该水平是否能够留住企业优秀人才；其二，企业的支付能力；其三，该水平是否符合企业的发展目标。

以增强企业竞争力为原则。工资是企业的成本支出，压低工资有利于提高企业的竞争能力，但是，过低的工资又会导致激励的弱化，所以企业既要根据其外部环境的变化，也要从内部管理的角度，选择和调整适合企业经营发展的工资计划。任何工作计划都不是固定的，必须在实施过程中根据需要随时调整。

(4) 调整薪资结构

薪资结构是指企业员工间的各种薪资比例及其构成。主要包括：企业工资成本在不同员工之间的分配；职务和岗位工资率的确定；员工基本工资、绩效工资、激励性报酬的比例及其调整等。

对薪资结构的确定和调整主要应掌握一个基本原则，即给予员工最大激励的原则和公平付薪原则。公平付薪是企业管理的宗旨，要避免员工的报酬不是给得太多，就是给得过少的现象。给多了会造成不称职的员工不努力工作；给少了会造成高素质人才的外流。另外，对薪资结构的确定还必须与企业的人事结构一致。

(5) 薪资体系的实施和修正

世界上不存在绝对公平的薪资体系，只存在员工是否满意的薪资制度，因此在制订和实施薪资体系的过程中，及时沟通、必要的宣传或培训是薪资方案得以成功实施的保证。人力资源部可以利用各种与员工沟通、交流的方式，如员工座谈会、满意度调查和内部刊物等介绍公司的薪资制度。

2. 连锁企业薪资制度

连锁企业的薪资管理不是统一的，需要根据不同的岗位而定，大多数企业采用灵活多样的薪资制度。连锁企业薪资制度主要有以下几种。

（1）固定薪资制

依据企业认定的职位价值并根据职位或岗位的工作内容核定薪资标准，特点是薪资固定但缺乏激励性，一般适用于行政一线员工和后勤员工。

（2）薪资加奖金制

即除固定薪水外，另行根据工作贡献度或工作绩效超额部分给予奖励，如销售奖金等方式，其特点是既有保底，又有一定的激励额度，较为适合店铺销售营业类岗位。

（3）奖金制

奖金制是指薪水所得完全来自奖金，没有保底的岗位工资，员工工资的高低完全取决于销售成绩的达成或达成目标状况，其特点是没有保底工资，完全依靠业绩提成奖金，不确定性大，适用于敢于冒险且雄心勃勃的销售人员，如专业卖手。

（4）小时工资制

小时工资制是指根据职工的小时工资标准和实际工作的小时数来计算工资的一种工资制度。它是连锁企业采用较多的一种工资制度，其计算公式为：小时工资标准=日工资标准/工作日法定工作小时数。小时工资制度一般适用于非全日制工作或需要以小时计付工资的工作，如餐饮连锁企业的兼职学生工。

（5）计件工资制

计件工资是按照劳动者生产合格产品的数量和预先规定的计件单价计量和支付劳动报酬的一种工资形式。计件工资制适用于从事商品包装、物流工作的员工，如生鲜计件工。

3. 连锁企业福利制度

连锁企业的人力资源管理部门必须明确国家和企业的福利内容，依企业的营运状况、财务能力、员工需求决定其福利制度项目。一般常见的福利制度如下。

（1）社会保险

主要包括"五险一金"，即养老保险、失业保险、医疗保险、工伤保险、生育保险和住房公积金。这是国家规定企业必须履行的职责。

（2）休息

在我国企业员工有权利享受国家规定的节假日。企业在这一段时间要求员工上班，应按照劳动合同法的规定给予相应的加班报酬。

（3）补助

如婚丧喜庆补助、子女教育补助、急难补助和节庆福利品等。

（4）休闲

如到国内外旅游、社团活动和休闲俱乐部会员等。

（5）培训进修

如在职进修培训、国内外学习考察、报销学费和内部学历承认等。

（6）其他奖励

如红利、股份、退休金和工龄激励等。

（7）其他

如提供住房、健康体检、儿童托管、主管配车和员工餐厅等。

4.3.4 连锁企业绩效管理与职务晋升

1. 绩效管理

连锁企业应根据各岗位员工工资水平的高低、绩效目标的达成情况、效益效率做出正确的绩效评价，并以绩效考评结果作为考核奖惩的依据和职务升迁的依据，连锁企业在进行绩效管理时必须注意以下几点。

① 确定绩效管理的时间范围、项目内容和评价标准。

② 确定绩效评价的具体时间和次数。

③ 采用正确的方法实施绩效考核，必须将被考核对象的工作态度和在团队中的氛围与协作关系纳入到考核中来。

④ 绩效面谈，只有考核结果得到双方的认同，才有助于将绩效考核与后期工作如职务晋升联系起来。

⑤ 确定绩效考核项目的权重及所占分数，评价后加以统计，作出排序，并根据企业的薪酬制度和晋升制度作出调薪和职务晋升的决策。

2. 职务晋升

晋升是指员工由较低层级职位上升到较高层级职位的过程。连锁企业内部按照工作内容不同划分为许多职系，这些职系又被分为许多职位，这些职位形成层级系列，于是就有了晋升的条件。晋升制度包括晋级调资和升职两个方面的内容。从广义上说，晋升也是一种奖励。有效、公平的职务晋升制度对于连锁企业来说也是至关重要的，尤其是连锁企业组织框架越来越庞大。事实上，员工未来的发展性预期与升迁是否公平，是造成员工是否会离职的重要因素。因此，建立一套公平公正的升迁制度，是连锁企业留住人才的有效方法之一。

（1）明确职务晋升的制度化

如晋升的资格限制、晋升条件、晋升时间、晋升人数和晋升方法等都要有明确规定，且必须按规定执行。

（2）选拔考核方式要标准化

统一性、标准化是连锁经营的特征，同样，用人制度和晋升制度也必须规范化、标准化，这样才有利于人才的选拔和保证升迁的顺利进行。企业常用的选拔方式主要有以下几种：面试、笔试、实操演示、360度考评、无领导小组面试和专家评议等。

4.4 连锁企业门店店长管理

4.4.1 店长的含义及地位

连锁企业门店店长是门店的最高负责人，店长管理质量的好坏将直接影响到整个门店的营运绩效。因此，店长对连锁门店的管理是依据连锁企业总部制定的营运手册来进行的，既要与总部保持良好的配合，又需协调与激励全体员工做好连锁门店的作业活动，从而不断地提高连锁门店的经营业绩。

1. 店长的含义

通常对连锁门店而言，连锁门店的最高管理者称为店长。连锁企业门店不是一家单体店，而是连锁店体系中的一分子,所以店长不是法人代表,其工作重点是运营管理而不是经营,这是由连锁制经营方式决定的。但凡国外先进的连锁企业,店长对连锁门店的管理都是依据连锁企业总部运营管理部制定的店长手册来进行的,这样既能保证连锁企业属下的各门店进行统一管理,又能保证店长作业上的标准化和简便性。

2. 店长的地位

这里所指的店长是指连锁公司下属直营店的负责人,其地位或者说其角色定位,表现为以下10个方面。

(1) 代表者

店长是店铺的代表者,就公司而言,店长代表公司处理与顾客、与社会有关部门的公共关系;就职工而言,店长是职工利益的代表者,是职工呼声的代言人。

(2) 责任者

店内不管有多少部门、多少人员,也不管各部门、各类人员的工作表现如何,其最终的责任者都是店长,他对店铺的经营绩效及店铺的形象负有全责。

(3) 执行者

店长是公司总部政策及经营标准、管理规范、经营目标的执行者,他必须忠实地执行总部的一切决策。即使店长对总部的决策有异议或有自己的看法,也应当通过正常的渠道向总部主管领导汇报,而不应当在下属员工面前表现出对总部决策的不满情绪或无可奈何的心情。

(4) 规划者

为了实现总部所确立的店铺经营目标,店长应对店铺的经营管理活动进行规划,如月度经营计划(营业总目标、部门别营业目标、部门别毛利目标)、促销计划、具体的行动计划、每周业务管理重点等。

(5) 指挥者

店长是店铺的总指挥,他必须安排好各部门、各班次从业人员的工作,指挥他们按照总部规范标准和店铺各项计划要求来开展作业活动,通过最好的销售技巧和服务将最好的商品提供给顾客,以提升经营业绩。

(6) 鼓动者

店长应时时激励全店员工保持高昂的工作热情和良好的工作状态,使全店员工人人都有强烈的使命感、责任心和进取心。

(7) 协调者

店长负有上情下达、下情上达、内外沟通,协调关系的责任,所以,店长应具有处理矛盾和问题、与顾客沟通、与店员沟通、与总部沟通等方面的耐心和技巧。

(8) 控制者

店长必须对日常经营管理业务进行强有力的、富有权威的控制,控制的目的是保证实际执行工作与总部的要求、门店计划、外部的环境相一致,店长重点控制的要素是人员控制、商品控制、金钱控制、数据控制以及环境控制。

(9) 教导者

店长工作繁忙,并且常有外出活动,当其不在店内时,各部门的主管及全体店员就应及时独立处理店内事务,以免工作延误。为此,店长也应适当授权,并培养下属的独立工作能力,包括教育下属树立责任感、使命感和进取心,以及训练下属的工作技能,并在工作现场及时予以指正、指导与帮助。全店员工的素质提高了,店铺的管理就能得心应手了。

（10）分析者

店长应永远保持着理性，善于观察和收集资料，进行有效分析，并要有对可能发生的情况的预见。

4.4.2 店长岗位的胜任能力模型

连锁门店店长是一种具有特殊性质的管理者，他拥有的是范围宽广的职务，他是门店的全面负责者，但又不是一个具有各方面决定权的决策者，因此，店长这一特殊职务必须具备过硬的能力和素质。

1. 店长应具备的基本素质

（1）身体素质

店长的理想对象是身体健康强壮、精力充沛的年轻人，这样才能更好地承受长期工作中的高负荷运转及紧张的生活节奏所带来的压力，年龄在 35 岁左右为佳。

（2）积极主动

即对任何事情都积极主动地去面对，无论何时都要去主动地迎接挑战，积极地去解决所遇到的问题。

（3）包容性

因为每个人都有失败和犯错误的时候，作为店长也要包容下属，能够容得下店员所犯的过错，要做到真正关心并激励店员，和下属一起成长。

（4）具有足够的忍耐力

店铺的经营活动是一项相当辛苦而枯燥的工作，在营业过程中经常会出现一些难以预料的突发状况与难题，尤其是来自顾客方面的问题，就更需要店长去做耐心的处理。所以说，作为店长必须要有足够的耐心去引导整个团队渡过一个又一个的难关。

（5）开朗乐观

在生活中我们不难发现，那些开朗乐观的人总是充满笑容，笑对外面的世界。店长良好的情绪能够起到很好的带动作用，从而使整个店铺的气氛焕然一新，这对于直接接触顾客的店铺式经营来说是非常重要的，因为所有的顾客都会愿意与那些看起来更友善的人打交道、做交易。

2. 店长应具备的特质

（1）冷静果断

在处理日常经营中的突发事件时，店长应该保持冷静的头脑，做到临危不乱、处变不惊，这样既能够有助于解决问题，也能在下属面前树立自己的威信，展现个人魅力；在考虑经营策略的过程中要做到谨小慎微，但在需要做出决策时，就要当机立断，而且一旦作出决定，店长就必须要果断地去执行，因为模棱两可或犹豫不决往往会影响决策的最终有效执行。

（2）激励能力

有效地激励下属，对所有的领导者来说都是一种不可或缺的能力，对于店长来说也不例外。当店员有优秀表现的时候，店长必须要及时地给予肯定和鼓励；在发现店员的缺点与失误的时候，也要适时地给予指正，并指导他们去改善。

（3）抗压能力

所谓商场如战场，任何店面的经营活动都不可能是一帆风顺的，而必然会在营业过程中产生各种各样的问题，它们会对店铺的经营造成不利的影响。在这种情况下，作为店铺管理者的店长就必须要具备良好的心理素质，要正确地面对经营中出现的挫败，并及时调整店面的经营策略，使店面尽快走出低谷。

（4）冒险与创新意识

市场情况在变化，顾客的需求与偏好也在不断变化，一成不变的店面经营不可能会永远赢得顾客的心，顾客期待看到的是不断更新、变化的店铺，因此作为店长就需要具备一种冒险和创新的精神，使店面的服务、形象不断地推陈出新。

3. 店长应具备的能力

（1）组织领导能力

有效、合理地组织下属，调动店员的积极性，共同完成公司的绩效目标。

（2）经营管理能力

不断找问题，防患于未然，加强管理，使店铺整体运营更加合理；有计划地组织人力、物力、财力，合理调配时间，整合资源，提高效率；对信息资料、数据进行整理、分析，并在实践中运用，以扬长避短、查漏补缺。

（3）专业技能

店长应该掌握经营店铺的必备技巧和使顾客满意的能力，能够做到快速正确地分析解决问题。

（4）学习能力

在当今社会，知识更新的速度越来越快，店长要想跟上时代的步伐，必须提高自我学习的能力，在工作之余要不断地学习和更新专业知识，不断地充实成长、完善自己。

（5）执行能力

执行能力不仅反映在准确迅速地执行上级的命令上，而且还反映在对市场机遇的及时把握上，因为市场是瞬息万变的，店铺的所有者往往只能从大方向上把握经营决策，而具体的经营策略、经营方针则需要店长自己去把握。所以，店长应该在日常管理中主动去发现店铺经营中存在的各种问题，并寻找市场中隐藏着的各种商机，然后迅速地采取应对之策。

（6）培训辅导能力

能拓展下级的视野，使人尽其才，提高业绩的指导能力；用自己的规范管理培育下级，传授可行的方法、步骤和技能，使其在其职尽其责、胜其任；同时要查漏补缺，帮助下级尽快改正错误并培训他们迅速成长。

（7）诚信的职业道德，作为榜样和承担责任的能力

具有良好的操行和高尚的道德，有凝聚力、向心力，在店员中能起到上行下效的作用。一店之长是整个团队的领导，遇事不要推诿，要勇于承担。

阅读与思考

苏宁：3年培养2 000名"学习型"店长

近日，苏宁电器在总部苏宁大学内为新成立的"店长学院"举行揭牌仪式，作为家电零售业内首个针对店长培养的专业学院，它将承载着苏宁未来10年总计3 500家门店店长的"孵化器"以及苏宁推进终端营销变革的"助推器"的双重职能，其培训规模和培训能力在世界零售业内均属罕见。苏宁电器副总裁孟祥胜、运营总部执行总裁范志军及苏宁电器18个大区的32位新任店长出席了揭牌仪式，并共同见证了苏宁电器"店长学院"首批培训班的启动。

从店长工程到店长学院的蜕变

据了解，目前零售企业高素质的店长欠缺，培养一名店长至少需要3年的时间，培养一名

成熟、能力全面的店长则需要更长的时间，行业的激烈竞争还导致店长流动率较高，这对苏宁前期未来10年规划公布的3 500家门店的连锁发展提出了新的课题，加上目前国内整个零售行业、各所高校、整个社会都没有专门的、系统的零售人才培训机构或专业，苏宁电器设立店长学院不但是满足内部人才需求的重要途径，也在一定程度上弥补了整个行业和社会的空白。

店长是零售企业终端经营的核心，苏宁电器董事长张近东讲过"店长就是总经理，没有管理过连锁店就不能担任总经理"，可见作为连锁企业承上启下的中坚力量，店长不仅要会销售、会经营，还要会统筹、会管理。苏宁电器于2004年启动店长培训工程，截至目前，共培养输送了2 249名店长，为苏宁过去10年高速的连锁发展提供了坚实的人才基础。

未来10年3 500家连锁店的发展需求对苏宁店长培养数量提出了新的要求，同时苏宁电器还在不断推进营销变革，成立运营总部，进行店面自营创新和智能店面创新，强化终端服务能力，这也对店长培养的专业程度和质量提出了新的要求。为此，苏宁电器在店长培训工程这一平台基础上，进一步完善店长培训机制，成立店长学院，为苏宁电器强化零售终端，持续推进营销变革提供了人才保障。

三年培养2 000名"学习型"店长

苏宁电器店长学院将成为能够满足连锁店体系未来5—10年发展的培训平台，在3年之内培养2 000名合格店长，为此苏宁电器在软硬件等方面对店长学院进行了全方位的规划和投入。

师资力量方面，总部及大区相关体系高管、业务骨干直接授课，同时苏宁电器还将邀请包括行业资深专家、咨询机构、高校专业师资和Laox日本零售专家等前来店长学院开展相关培训工作；课程设置上，将围绕企业文化、领导力、人力资源、行政后期等基础管理能力以及商圈分析、SKU商品规划、供应链管理、促销技巧、销售分析、服务规范等专业化能力进行开发；培训方式方面，改变以往单纯的授课方式，更多地采取实战考核、与消费者直接的需求沟通、在线的长期知识案例获取和绩效跟踪考评。

店长学院只是苏宁强化终端管理和服务能力的一个源头，店长也还只是苏宁整体营销变革的"星星之火"，最终目的是能够提升门店终端所有员工的服务意识和能力。据了解，苏宁为此还将进一步在全国成立8个区域督导培训中心和近100所销售人员培训学校，培训合格的店长将作为连锁店一线员工的专业"导师"，起到"传帮带"的作用。

苏宁电器董事长张近东指出，店长学院的成立意义重大，它是苏宁引领行业模式变革、打造智慧科技企业、加强终端把控的必然要求，也将是苏宁为行业与社会培养输送优质零售人才的重要阵地。

请思考：苏宁对店长的培养目标有何启示？

4.4.3 店长岗位职责与管理重点

1. 店长的岗位职责

（1）执行上级政策

遵守公司各项规定；执行上级指示。完成公司下达任务，如营业目标、毛利、费用及利润目标等；了解品牌的经营方针，依据品牌的特色和风格执行销售策略。

（2）应急情况处理

加强防火、防盗、防工伤和安全保卫的工作；维护店内各种设备的正常运转，消防设施的检核，区域卫生的落实等。

（3）店员管理

根据店铺规模确定店铺人员设置。安排店员工作、人员的选拔和考评。

（4）店员的辅导与培训

协助主管处理与改善专柜运作的问题，协助主管与所在商场进行沟通与协调。

（5）财务管理

负责盘点、账簿制作、商品交接的准确无误；做好各项报表的管理。

（6）商品管理

负责店铺内货品补齐，商品陈列事宜；管理商品价格变动、商品的采购、调退货和盘点等。

（7）活动管理

定时按要求提供周围品牌在商场的公关推广活动；制订各种活动的计划；激发导购工作热情，调节货场购物气氛。

（8）信息管理

了解周围品牌销售情况，登记并提供每天店内客流量资料；与消费者建立良好的关系，尽量满足其需求。

（9）日常经营管理

负责管理专柜的日常工作，监督考核导购的工作表现，及时反映员工动态，并对导购进行培训。

店长的管理内容大部分是复杂的例行事务，因此，店长只要把握店内作业环节的重点，就能基本保证店铺作业的正常进行。

 小资料

某连锁企业店长岗位说明书如表4-4所示。

表4-4　　　　　　　某连锁企业店长岗位说明书

岗位机制	部门	门店	职位	门店店长	职级	
	直接上级	片区经理	直接下级	店助、本门店全体员工		
	晋升方向	营运部各岗位/人力资源部各岗位/商品部各岗位/分公司经理				
任职资格	22—32岁，高中以上学历，身体健康，品行优良，性格外向，优秀的商品销售技能，良好的人际关系处理能力，拥有教导下属的能力，执行力强，能吃苦耐劳，能驻外					
岗位职责	1. 店长是门店经营管理的负责人，是组织、协调与激励门店全体员工做好门店作业活动的执行者，要接受营运管理部经理的指令，服从管理公司的管理、监督，完成管理公司下达的各项经营指标 2. 公司各项指令和规定的宣布与执行 3. 门店员工的日常工作安排与管理 4. 门店员工的指导与培训，努力提升服务水准 5. 根据门店员工工作表现提出调动、晋升、降级和辞退的建议 6. 掌握门店销售动态，根据商品进、销、存、滞情况，向商品部建议新货品的引进和滞销商品的淘汰 7. 合理安排每月商品盘点 8. 根据门店实际情况及季节、天气的变化，及时调整门店商品陈列、橱窗的摆设等 9. 监督和改善门店商品及其他物品的损耗情况 10. 门店的清洁卫生维护与财产安全管理 11. 顾客意见、投诉的处理 12. 协助宿舍长做好员工宿舍管理 13. 门店其他突发事件的处理（打架、停电、火灾、抢劫、偷盗等） 14. 不断发现门店运营过程中出现的问题，及时向公司营运部汇报并提出看法和建议 15. 负责其他上级领导交办的工作事宜 16. 对本职工作过失承担责任					

续表

工作指标	1. 对公司的规章制度是否有效执行 2. 门店销售氛围是否浓厚，能否独立处理门店事务 3. 能否以身作则，并能影响他人 4. 是否妥善处理顾客投诉 5. 对门店损溢控制是否合理 6. 是否有效合理控制门店日常经营费用 7. 是否能根据门店实际情况合理控制人员调配等工作 8. 门店陈列是否合理，企划活动执行力及门店道具使用是否规范 9. 能否准确有效地掌握门店进、销、存、滞情况 10. 对门店设备、道具的使用维护是否合理 11. 其他本职工作是否及时高效完成 12. 在任职当月或当年有无重大过失		
编制		审核	批准
日期		日期	日期

2. 店长的管理重点

店长执行连锁企业的门店管理规程必须做到以下 3 项：第一，了解上级的方针与计划；第二，指导下属根据计划而工作；第三，确认。确认就是检查部下是否根据计划而执行。

店长必须有效地利用和管理门店的人、财、物、信息资源，做好日常销售服务工作，最大限度地使顾客满意，最终实现预定销售计划和利润目标。

（1）人的管理

店长对人的管理，主要是指对顾客、店员和供应商人员这 3 类人的日常管理工作。

① 顾客管理。顾客就是上帝，顾客是店铺绝大部分利润的来源，所以店长必须要了解顾客，比如顾客来了多少及顾客从哪里来，要知道店铺周围人口、户数、消费行为、年龄、性别等资料。超市卖的是日常生活用品，因此店长就需要经常去了解顾客的需求，才能根据其需求或者投诉去向公司反映，继而采取措施。

② 店员的管理。店员管理是店长非常重要的工作。零售业是一个微利润的行业，人员的安排通常很紧凑，每日几乎都有人轮休。如果出现有人突然休假或者缺勤，自然会影响工作效率，可能使出货、补货、服务等情况都会出现问题。因此，作为店长，就需要对员工出勤人数、休假人数、排班表、迟到、早退等状况非常清楚，这样才不会影响卖场整体的运营。而且，店员的状态、服务素质、人力费用都需要很清楚，这样才可以保证运营顺畅。

③ 供应商人员的管理。对于供应商长期派驻门店的人员（促销员），虽然不是由门店发工资，不是公司员工，但对于顾客来讲，只要是在门店的工作人员就是店里的人，所以无论是形象还是出勤都要统一管理。对于供应商的业务人员，要有长期合作的心态，从他们那里可以知道产品信息、某些品类的发展变化情况，甚至竞争对手的情况，维系好关系，避免以甲方心态去面对他们，除了能得到更多的支持外，还会有意想不到的收获。

（2）财务管理

对于连锁企业来讲，店长的财务管理主要是体现在现金管理，尤其是对收银台的现金管理上。伪钞、顾客欺骗、收银员作弊和给亲友结账少过机等，都是店长需要管理的重点。

另一个管理重点是收货单据的管理,这些单据是重要的财务凭证,是供应商结款的重要凭证,所以一定要避免单据误差、确保验收正确、签认确实、登录清楚及严禁压单,才可避免损失。店长日常也要养成每日检核单据的习惯,亲自或督促填报相关报表,这一点是大多数店长比较难做到的。连锁店的特点决定了门店店长在财务管理的权力相对有限,但一个懂财务的店长绝对能增加自己的自信,无论是在费用控制方面还是在利润提升方面,给到上级或商品部门的建议都能以数据说话、言之有据、底气十足。

(3) 商品管理

① 缺货管理。"缺货是门店营运最大的敌人"。缺货使顾客的需求无法获得立即满足,而且还导致顾客流失。如果卖场常有这个现象,则会加大顾客流失量,导致营业额下降。有研究表明,便利店缺货3%就会影响1%的销售,可以想象一下缺货对店铺业绩的影响的重大。因此,有效地控制缺货率,是店长管理商品的重点工作。

② 鲜度管理。在零售行业,尤其是超市,其主力商品是生鲜食品及保鲜品,因此要严格按照先进先出原则,严禁出现过期近期产品。超市的店长,就需要对商品的鲜度进行管理。如何能使商品自厂商—后场—卖场均能维持在恒温状态下,并以鲜活的状态卖给顾客,而使损耗降至最低,也是商品管理的重点。

③ 损耗管理。零售业竞争异常激烈,损耗高低也是能否获利的关键,是节流管理中相当重要的一环。损耗常由于进货不实、顾客偷窃、员工处理不当、残货过多、标价错误和变价不实等导致,这是内部管理控制的重要工作,店长必须关注和改善这些管理漏洞。减少损耗就是增加纯利,店长们一定要牢记这个原则。

④ 卖场活性化管理。主要是如何配合季节主题做好促销活动,把商品的质感、量感、关联性和活性表现出来,让商品周转加快,是店长经营水平的体现。

(4) 信息管理

门店管理核心是人、财、物的管理,那么门店信息管理也还是围绕人、财、物的信息化管理,如顾客信息管理、财务信息管理、商品信息管理等。现在零售业里面大部分都在用POS系统,这个系统的各种数据就是各种运营的相关资信,更可以作为店铺运营管理计划、改善、对策等方面的参考信息。店长应重点关注POS系统产生的"购物篮"表单,这些表单包括营业日报表、商品销售排行表、促销效果表、顾客意见表、顾客档案表、费用明细表、盘点表和损益表等。对这些核心KPI指标加以分析,并找出原因,然后提出改善方案,这对店长来说是很重要的管理工作。因此,只要店长做好了信息管理,那么店铺经营管理问题就解决了一大半。

小资料

中国连锁经营协会发布"十佳金牌店长"

2012年10月31日—11月2日,第14届中国连锁业会议、2012中国零售领袖峰会在天津举行。本次连锁业会议以"点燃零售业再增长的新引擎"为主题,汇聚行业同人,共同探讨在经济增长趋缓、经营成本高涨的市场条件下,连锁企业继续保持良好增长的对策与思路。11月1日,在第14届中国连锁业会议上公布了本年度中国连锁经营协会"十佳金牌店长"。来自80家连锁企业的117位店长荣获2012年度"CCFA金牌店长",他们在2011年实现销售227亿8600万元,今年上半年实现销售120亿6000万元,平均净利润率为6.4%。十佳金牌店长更是优秀中的优秀。

【本章小结】

高效的组织结构有利于连锁企业经营目标的实现，连锁企业组织结构设计包括设置的原则和连锁企业主要的组织结构类型；企业的员工是保证企业组织运转的"血液"，所以连锁企业进行人员招聘应坚持一定的原则，采用适合企业的形式、途径与方法并根据人员的层次和特点进行有针对性的人员培训；连锁企业只有建立系统化的绩效考核指标，设置科学合理的薪酬体系和晋升体系，才能更好地调动员工积极性，进而提高企业整体经营效益；店长作为连锁企业门店的最高管理者，在组织中扮演着重要的角色，店长的素质能力如何对门店经营绩效有直接的影响，店长应根据企业岗位说明书有重点地开展日常工作。

【本章实训】

【实训主题 1】走访调查大卖场、专卖店、餐饮连锁企业，了解这些企业的总部组织结构和门店组织结构。

【实训过程设计】将学生分成 3—4 人一组，将调查结果用 PPT 的形式进行演示，由老师进行点评。

【实训主题 2】访谈一家连锁企业门店的店长，了解其主要工作内容。

【实训过程设计】将学生分成 3—4 人一组，按照表 4-5 中设计的主题对门店店长进行访谈并将结果记录在表格中，下次上课时由老师点评。

表 4-5　　　　　　　　　　　　　　　　访谈表

访谈主题	访谈记录	心得体会
店长需要具备哪些能力和素质		
店长一天的主要工作有哪些		
管好一个门店的"秘诀"有哪些		

(访谈记录表)

第 5 章 连锁企业的商品管理

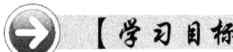【学习目标】

- 掌握商品、连锁企业的相关概念
- 掌握连锁企业商品价格管理、商品采购管理
- 掌握连锁企业物流配送管理、商品促销管理和门店信息管理

【案例导入】

日本连锁超市的食品陈列和管理

食品类商品是各级自选超市的主要商品,其陈列和管理的好坏,是一个自选超市的命脉所在,日本的自选超市里采用的分类陈列和管理的做法是值得借鉴的。

1. 果菜类管理

生食青菜。生食青菜越来越受到顾客的青睐,日本超市大多把生食菜类陈列于保鲜柜里,并提供沙拉食谱,促进销售。

叶菜。叶菜类价低利薄,但顾客却很需要,所以日本超市一是细心照顾叶菜,以保持叶菜的保鲜度;二是不集中贩卖,而是采用扩大用量的方法;三是采用分类包装和散装相结合的方法。

豆类。在进货时在水里浸泡降温,以达到保鲜的目的;依季节的变化突出不同的品种;制成沙拉;按用途进行陈列。

菌革类。注重产地的介绍和烹饪方法的介绍,以及营养含量的介绍;新鲜保洁,保证品质;适量包装。

根菜类。根据用途陈列;按色彩排放;小包装销售。

2. 鱼贝类管理

盐干食品。使用平台陈列,突出新鲜感;扩大品种范围;拓展新用途。

虾类食品。依用途进行加工处理,减少顾客的麻烦;按家庭人口和普通食量包装并力求美化;拓展食用方法;依季节变化推出新食谱。

贝类食品。提供相应的调味佐料；在包装上提供食谱；提供烹饪好的食物照片；提供儿童食谱。

3. 肉类管理

肉片。按照顾客不同的饮食习惯编排各种食谱；按肉类的不同制订不同的价格；扩展加工范围。

牛排。增加对顾客的信息介绍，扩大消费者范围；提供具体的烤法和吃法；利用专门橱柜对商品进行陈列。

内脏。按照不同的用途排列开橱柜上下层；强调包装，突出新鲜感；为顾客提供专用的调味佐料；扩大商品的食用范围；在超市内举办适当的试吃活动。

【课堂讨论】

日本超市的食品陈列和管理对我国超市有何借鉴？将讨论结果填入表 5-1 中。

表 5-1　　　　　　　　　　　　　　讨论结果

讨论人	要　点
团队的观点	
自己的观点	
老师的观点	

第 5 章 连锁企业的商品管理

【本章知识结构图】

本章知识结构图如图 5-1 所示。

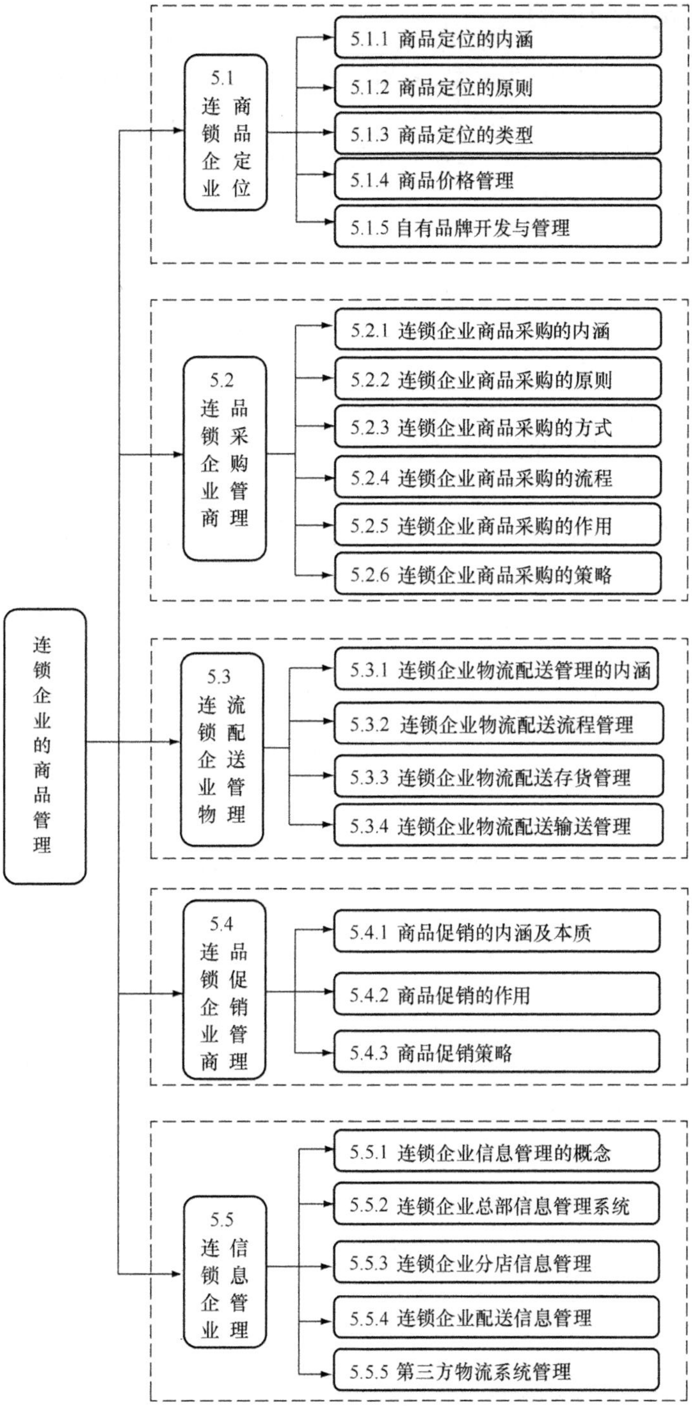

```
连锁企业的商品管理
├─ 5.1 连锁企业商品定位
│   ├─ 5.1.1 商品定位的内涵
│   ├─ 5.1.2 商品定位的原则
│   ├─ 5.1.3 商品定位的类型
│   ├─ 5.1.4 商品价格管理
│   └─ 5.1.5 自有品牌开发与管理
├─ 5.2 连锁企业商品采购管理
│   ├─ 5.2.1 连锁企业商品采购的内涵
│   ├─ 5.2.2 连锁企业商品采购的原则
│   ├─ 5.2.3 连锁企业商品采购的方式
│   ├─ 5.2.4 连锁企业商品采购的流程
│   ├─ 5.2.5 连锁企业商品采购的作用
│   └─ 5.2.6 连锁企业商品采购的策略
├─ 5.3 连锁企业物流配送管理
│   ├─ 5.3.1 连锁企业物流配送管理的内涵
│   ├─ 5.3.2 连锁企业物流配送流程管理
│   ├─ 5.3.3 连锁企业物流配送存货管理
│   └─ 5.3.4 连锁企业物流配送输送管理
├─ 5.4 连锁企业商品促销管理
│   ├─ 5.4.1 商品促销的内涵及本质
│   ├─ 5.4.2 商品促销的作用
│   └─ 5.4.3 商品促销策略
└─ 5.5 连锁企业信息管理
    ├─ 5.5.1 连锁企业信息管理的概念
    ├─ 5.5.2 连锁企业总部信息管理系统
    ├─ 5.5.3 连锁企业分店信息管理
    ├─ 5.5.4 连锁企业配送信息管理
    └─ 5.5.5 第三方物流系统管理
```

图 5-1 知识结构图

5.1 连锁企业商品定位

5.1.1 商品定位的内涵

商品定位是指连锁企业根据目标消费者和生产商的实际情况动态地确定商品的经营结构并实现商品配置的最佳化。商品定位是企业决策者对市场判断分析的结果，同时又是企业经营理念的体现，也是连锁企业通过商品来设计企业在消费者心目中的形象。商品定位包括对商品品种、数量、档次、价格和服务等方面的定位。

商品定位的本质既是连锁企业决策者对市场判断分析的结果，也是连锁企业经营理念的体现。商品定位的高低直接影响到连锁店的销售额及其在顾客心目中的形象，而且商品的定位不是一个静态的过程，它随着季节、时尚及顾客的偏好等多种因素随时调整。

一般连锁店铺特别是便利店、连锁超市经营的是大众日常消费必需的，所以其经营的商品以大众化、日常必需、易耗为主，因此商品定位必须考虑以下因素。

1. 经营业态的分析。业态是以经营商品重点的不同而划分的营业形态，业态的不同实质上就是商品定位的不同。所以，业态是商品构成的决定因素。

（1）传统食品超市的商品定位。传统食品超市是传统食品店与杂货店的合成体，业态特征并不十分鲜明，其商品定位体现在以经营食品和日用杂品为主，食品占全部商品构成的70%左右，其中生鲜构成30%左右。从我国实际情况来看，相当比例的消费者在传统食品超市购物后，还要走向菜市场，购齐所需的生鲜食品。因此，传统食品超市这种业态，并不能真正满足家庭主妇（主要目标客户）对基本生活用品一次性购足的愿望，因此，它的商品定位过程是在符合业态的要求上，由一个业态转型逐步到位，最终使商品定位准确的过程。

（2）标准食品超市的商品定位。与传统食品超市相比，标准食品超市也是以经营食品与日用杂品为主，食品占全部食品构成的70%左右。它的业态特征十分明显，生鲜食品（生鱼、鲜肉、蔬菜、水果等）是它经营的重点商品，占全部食品构成的50%。

（3）大型综合超市的商品定位。大型综合超市是在标准食品超市经营食品、日用品的基础上，增加百货类商品（如服装、鞋帽、家电等）而形成的超市业态。食品类与非食品类各占商品构成的50%左右。大型综合性超市经营品种繁多，可达2—3万种，商品组合宽度广、目标客户层广泛，其经营宗旨和商品结构能最大限度地满足消费者对吃、穿、用等日常生活用品一次性购足的需求。

（4）便利店的商品定位。便利店主要是为了满足消费者即时性或便利性消费的需求，向顾客提供"购物多样"与"便利兼顾"的商品和服务。它是杂货店、快餐店、综合服务中心（含电信局、邮局、银行、书店等服务中心）的叠加体。便利店商品结构大致分为3类：一是杂货商品，满足顾客即时性、应季性、应急性和休闲性的需求，如烟酒、饮料、方便食品和日用百货等；二是速食品，满足顾客一日三餐的需求，如关东煮、茶蛋、烤肠、鸡蛋饼、炒面、盒饭和水果沙拉等，起到快餐店的作用；三是服务性商品，发挥比其他服务中心营业时间长的优势，最大限度地满足商圈内顾客多方位需求，除已开发的代售充值卡、体育彩票、书报和邮票外，还包括代收费、取款机、复印打字和彩扩等。

2. 目标顾客因素分析。影响超市目标顾客的因素很多，除了心理因素、人口因素外，最主要的还有地理因素。地理因素是指超市所处的方位及周围的环境，如闹市区、居民住宅区、交通枢纽，这些因素都会影响目标顾客，也会改变或形成目标顾客的购买习惯。所以，超市必须对地理因素产生的影响做评估，趋利避害，尽量利用地理因素的影响吸引客流。人口因素指目标顾客的性别、家庭规模、收入水平、文化程度、年龄对顾客的消费习惯和消费心理产生的影响。心理因素指随着收入水平和教育程度的提高，目标顾客的心理因素越来越显著地影响到其消费习惯并进而深刻地影响到超市的商品定位，如果经营者觉察不到这种变化，就会失去一部分有较强购买力的顾客。

3. 目标顾客的需求设定。知己知彼，方能百战不殆，只有摸清目标顾客详细的情况(有条件的连锁企业要专门为顾客建档)，才能有针对性地组织商品服务，才能满足顾客的消费需求。在对影响目标顾客等因素做出了粗略的分析后，按下列要素做进一步分析：一个家庭每天由谁外出购物、一周外出购物次数、购物的通常时间、喜欢何种环境购物、每次购买的商品种类、平均消费额，从而确定合适的价格带。价格带不是指单一品种价格，是其一类品种价格的分布幅度，顾客层次不同，对商品的要求也不同，而超市一般适宜于制定"适中价格"幅度的战略。在价格带的选择上应该做到品种数量适中、规格花色品种多、价格种类不能过多而且应集中于低价，价格带尽量压缩，陈列量要充分，同时应注重以下几点。

（1）价位宜低。超市讲求的是薄利多销，因此出售的食品、日常生活用品都必须是消费者易于接受的低价；价格种类尽量少，在低价位基础上，陈列的品种宜集中，便于顾客从中选择。有些超市品种繁多，消费者一进去就不知所措，挑选起来特别费时，反而产生负面效应。

（2）价格带宜窄。各种商品价位幅度不宜过大，否则顾客就会在不同价格品种中间权衡，影响商品销售的效率，如果同类商品价格基本相近，顾客就容易做出购买决定。最后必须保持充足的陈列商品，一方面这是由连锁超市大批量销售的特点决定；另一方面，如果出现断档缺货，顾客就得跑去另外地方购买新档商品，耗费顾客精力，使顾客对超市产生不满，这有违于超市的经营宗旨，不利于企业长远发展。

4. 选择好商品组合的广度和深度。商品组合的广度指的是商店中产品类别的多少，而商品组合的深度是指某一类特定产品中商品种类的多少。不同的商品组合方式适合相关业态、相应规模的零售企业（如表 5-2 所示）。

表 5-2　　　　　　　　　不同商品组合方式的特点及适用范围

组合方式	优点	缺点	适用范围
宽而深	目标市场广阔、商品种类繁多；商圈范围大、选择性强，能吸引较远的顾客前来购买；顾客流量大，基本上满足顾客一次购齐的愿望；能培养顾客对商店的忠诚感，易于稳定老顾客。	占用资金较多、很多商品周转率较低、资金利用率较低；主力商品过多而无法突出特色，容易过时，企业形象一般化。	购物中心 大型超级市场 大型综合百货商场
宽而浅	目标市场比较广泛，经营面较广，能形成较大商圈，便于顾客购齐基本所需商品；便于商品管理，可控制资金占用；强调方便顾客。	花色品种相对较少，满足需要能力差，顾客的挑选性有限，容易导致失望情绪，不易稳定长期客源，企业形象较差。	杂货店 折扣店 普通超市 廉价商店
窄而深	投资少，成本低，见效快；占用资金不大，商品大多为周转迅速的日常用品，便于顾客就近购买。	种类有限，花色品种少，挑选性不强，易使顾客产生失望情绪，难以形成经营特色	便利店 自动售货机
窄而浅	专业商品种类充分，品种齐全，能满足顾客较强的选购愿望，稳定顾客，增加重复购买的可能性；易形成商店经营特色，突出商店形象；便于商店专业化管理，树立专家形象。	过分强调某一大类，不能一站式购物，不利于满足消费者的多种需要；很少经营相关商品，市场有限，风险大。	专卖店 专业店 高档百货商场

5.1.2 商品定位的原则

在当前市场环境里,不同连锁企业经营的商品不同,面对的顾客也不同,所处的竞争环境也不同,因而商品定位所依据的原则也不同。总地来讲,商品定位所依据的原则主要有以下4点。

1. 根据具体的产品特点定位

构成产品内在特色的许多因素都可以作为商品定位所依据的原则,如所含成分、材料、质量、价格等。"泰宁诺"止痛药的定位是"非阿斯匹林的止痛药",显示药物成分与以往的止痛药有本质的差异。"七喜"汽水的定位是"非可乐",强调它是不含咖啡因的饮料,与可乐类饮料不同。一件仿皮皮衣与一件真正的水貂皮衣的市场定位自然不会一样;同样,木制餐具若与纯银餐具定位相同,也是难以令人置信的。

2. 根据特定的使用场合及用途定位

为老产品找到一种新用途,是为该产品创造新的市场定位的好方法。小苏打曾一度被广泛地用作家庭的刷牙剂、除臭剂和烘焙配料,现在已有不少的新产品代替了小苏打的上述一些功能。我们曾经介绍了小苏打可以定位为冰箱除臭剂,另外,还有家公司把它当做了调味汁和肉卤的配料,更有一家公司发现它可以作为冬季流行性感冒患者的饮料。我国曾有一家生产"曲奇饼干"的厂家最初将其产品定位为家庭休闲食品,后来又发现不少顾客购买是为了馈赠,又将之定位为礼品。

3. 根据顾客得到的利益定位

产品提供给顾客的利益是顾客最能切实体验到的,也可以用作定位的依据。

1975年,美国米勒(Miller)推出了一种低热量的"Lite"牌啤酒,将其定位为"喝了不会发胖的啤酒",迎合了那些经常饮用啤酒而又担心发胖的人的需要。世界上各大汽车巨头的定位也各有特色,劳斯莱斯汽车豪华气派,沃尔沃汽车则结实耐用,丰田汽车物美价廉。

4. 根据使用者类型定位

企业常常试图将其产品指向某一类特定的使用者,以便根据这些顾客的看法塑造恰当的形象。

美国米勒啤酒公司曾将其原来唯一的品牌"高生"啤酒定位于"啤酒中的香槟",吸引了许多不常饮用啤酒的高收入妇女。后来发现,占30%的狂饮者大约消费了啤酒销量的80%,于是,该公司在广告中展示石油工人钻井成功后狂欢的镜头,还有年轻人在沙滩上冲浪后开怀畅饮的镜头,塑造了一个"精力充沛的形象",在广告中提出"有空就喝米勒"的说法,从而成功地占领啤酒狂饮者市场达10年之久。

事实上,许多企业进行市场定位时依据的原则往往不止一个,而是多个原则同时使用。因为要体现企业及其产品的形象,商品定位必须是多维度的、多侧面的。

5.1.3 商品定位的类型

商品定位是一种竞争性定位,它反映市场竞争各方的关系,是为连锁企业有效参与市场竞争服务的。根据不同的战略思想,商品定位通常有3种方式。

(1)避强定位

这是一种避开强有力的竞争对手进行市场定位的模式。企业不与对手直接对抗,而将自己置身于某个市场"空隙",发展目前市场上没有的特色产品,可拓新的市场领域。这种定位的优点是：能够迅速地在市场上站稳脚跟，并在消费者心中尽快树立起一定形象。由于这种定位方式市场风险较小，成功率较高，故常常为多数企业所采用。例如，美国的 Aims 牌牙膏专门对准儿童市场这个空隙，因而能在 Crest（克蕾丝，"宝洁"公司出品）和 Colgate（高露洁）两大品牌统霸的世界牙膏市场上占有 10% 的市场份额。

（2）迎头定位

这是一种与在市场上居支配地位的竞争对手"对着干"的定位方式，即企业选择与竞争对手重合的市场位置，争取同样的目标顾客，彼此在产品、价格、分销、供给等方面少有差别。在世界饮料市场上，做为后起的"百事可乐"进入市场时，就采用过这种方式，"你是可乐，我也是可乐"，与可口可乐展开面对面的较量。实行迎头定位，企业必须做到知己知彼，应该了解市场上是否可以容纳两个或两个以上的竞争者、自己是否拥有比竞争者更多的资源和能力、是不是可以比竞争对手做得更好，否则，迎头定位可能会成为一种非常危险的战术，将企业引入歧途。当然，也有些企业认为这是一种更能激发自己奋发向上的定位尝试，一旦成功就能取得巨大的市场份额。

（3）重新定位

重新定位通常是指对那些销路少、市场反应差的产品进行二次定位。初次定位后，随着时间的推移，新的竞争者进入市场，选择与本企业相近的市场位置，致使本企业原来的市场占有率下降；或者，由于顾客需求偏好发生转移，原来喜欢本企业产品的人转而喜欢其他企业的产品，因而市场对本企业产品的需求减少。在这些情况下，企业就需要对其产品进行重新定位。所以，一般来讲，重新定位是企业为了摆脱经营困境，寻求重新获得竞争力和增长的手段。不过，重新定位也可作为一种战术策略，并不一定是因为陷入了困境，相反，也可能是由于发现了新的产品市场范围引起的。例如，某些专门为青年人设计的产品在中老年人中也开始流行后，这种产品就需要重新定位。

5.1.4 商品价格管理

商品价格是影响顾客购买行为的重要因素。一般来说，商品价格上涨，顾客需求量减少；商品价格下跌，顾客需求量增加。商品定价和变价的目的是让顾客觉得划算，从而乐意掏钱结账，最终实现店铺盈利的目的。由此可见，价格是商战中的重要武器，如果运用得当，就能赢得顾客；反之，如果运用不当，就会吃败仗。所谓商品价格管理，就是合理制定和调整商品的价格，从而保证商品的销量。从这个意义上说，价格管理的重点在于随需应变。

1. 定价

店铺的最终目的是利润最大化，因此，定价时应综合考虑商品的质量和性能、竞争对手的定价、店铺的营销计划等因素，进而选择合适的定价。商品定价需要考虑的因素，如表 5-3 所示。商品定价的方法包括成本导向法、需求导向法、竞争导向法。商品定价的策略包括超值定价、渗透定价、公平定价、弧形数字定价、分割定价、尾数定价、整数定价、安全定价、同价定价和招徕定价。

表 5-3　　　　　　　　　　商品定价的影响因素

类　型	定价依据	说　明
内部因素	成本因素	包括固定成本（如进货价格、固定资产折旧、管理人员工资等）和变动成本（如员工工资、直接营销费用等）
	实现销售目标	利润最大化，提高市场占有率

续表

类　型	定价依据	说　明
外部因素	竞争因素	充分了解竞争者的情况,包括竞争对手的实力、定价策略等
	需求因素	对于需求弹性大的商品,调价会立即影响市场需求;对于需求弹性小或无弹性的商品,调价对销量无显著影响。因此,如果市场对商品的需求量增加,则可以适当提价;反之,则可以适当降价
	顾客因素	顾客的购买心理、购买动机、购买行为等也会影响商品的定价

2. 降价

商品的零售价格并非一成不变的,随着市场环境的变化,如库存商品过多或面临竞争对手强有力的价格竞争,店铺可能需要对现行价格进行适当的调整。调整价格主要有两种情况:一是根据店铺的内部经营情况主动调整;二是根据竞争对手的价格策略被动做出反应。调整的方向包括降价和提价。对于降价,顾客通常会产生两种截然不同的反应:一是感到商品价格便宜,从而产生强烈的购买动机;二是对商品的质量产生怀疑,从而抵制内心的购买欲望。因此,商品降价应考虑顾客的购买心理。商品降价的注意事项有降价时机、降价策略、降价幅度、降价方法和降价技巧等。

(1) 降价时机

市场需求减少时,如秋天来临前超市打折销售雨鞋;库存积压严重时,以降价来刺激顾客购买;需要为新商品腾出空间时;季节性商品转季销售减少时,如冬天来临前打折销售秋季服装;竞争对手降价时。

(2) 降价策略

① 早降价。存货周转率高的店铺多采用早降价的策略。早降价可以促进商品的销售,为新商品腾出销售空间,并改善店铺的现金流。

② 迟降价。迟降价让商品有充分的机会按原价出售,但以上列出的早降价的好处恰恰是迟降价的弊端。对于季节性商品,虽然在季末打折出售已经亏本,但这笔货款可投资于其他商品,从而减少损失。

③ 交错降价,即在销售旺季逐次降价。这种降价策略多与自动降价计划相结合。在自动降价计划中,降价的金额和时机取决于商品库存时间的长短,这样可以保证库存的更新和早降价。

(3) 降价幅度

幅度太小,难以引起顾客的注意,起不到促销作用;幅度太大,容易引起顾客对商品质量的怀疑,进而影响商品的销售。根据经验,耐用消费品的降价幅度一次不宜超过 10%,一般商品不宜超过 40%。否则,顾客会对商品质量产生怀疑。

(4) 降价方法

① 自动降价销售。告诉顾客降价商品的名称、降价时间和降价幅度。一般而言,降价初期顾客大多持观望态度,降价可以快一些;降价后期,顾客急着购买,降价可以慢一些。

② 一次性出清存货。每年国庆节、春节等销售旺季,集中搞 1—2 次促销活动,既可以出清存货,又可以增进顾客的信任。一次性出清存货可以保证商品有充分的时间按原价出售,降低频繁降价对商品销售的影响。因此,对于很多店铺而言,一次性出清存货不失为一种降低库存、加快资金周转的好办法。

(5) 降价技巧

① 直接降价。即直接降低某种商品的售价。直接降价对顾客非常有吸引力,但容易引发行业

内的恶性竞争。

② 间接降价。即维持商品原价不变，通过打折、佣金等方式来促销商品。间接降价有一定的隐蔽性，可以暂时避免竞相降价的恶果。但是，对顾客而言，实际享受到的好处并不多，所以促销效果一般。

3. 提价

（1）提价时机

顾客知道采购成本增加时，如蔬菜价格因为雨季而上涨；商品供不应求时；传统节日，如春节、中秋节；季节性商品的销售旺季；竞争对手提价时。

（2）提价策略

① 提价幅度不宜太大，速度不宜太快。尽量避免一次性大幅度提价，可以通过连续的小幅度提价来实现涨价的目的。

② 准备充分的、令人信服的提价理由。在提价的同时，向顾客解释提价的原因，减少顾客的抵制和不满情绪。

③ 宜被动提价，不宜主动提价。

④ 宜间接提价，不宜直接提价。

⑤ 切忌所有商品同时提价，否则会遭到顾客的抵制。因此，宜采取部分提价的策略。

（3）提价幅度

提价时要充分考虑顾客的反应；每次提价的幅度不宜超过 10%，而且要根据顾客的反应适当调整。

（4）提价方法

明确提价，即明确告诉顾客提价的商品、提价幅度和提价时间；降低折扣，即降低或不再提供正常的现金折扣和数量折扣；商品的价格不变，降低商品的含量；减少商品尺寸，降低商品规格；减少服务项目；使用廉价的包装材料。

5.1.5　自有品牌开发与管理

1. 自有品牌的内涵

自有品牌（Private Brand），简称 PB，又称为商店品牌，是指零售商在产品的设计、原料、生产到销售全程中实施控制，并由连锁企业指定的供应商生产，贴有自己企业品牌，在自己的门店进行销售的产品。特点是自产自销，省去许多中间环节，使用自有品牌的商品可以少支付广告费，进行大批量生产、销售，有利于零售商实施差异化的市场竞争战略，并取得规模效益，降低商品的销售成本。

自有品牌的出现是市场竞争发展到一定阶段的必然产物，是零售商为了突出自身形象、维护竞争地位、充分利用自身的无形资产而采取的一种竞争战略。随着市场环境的变化，由于零售商直接和消费者接触，它比制造商更了解消费者的需求，更能创造令人印象深刻、深得人心的商品和服务，零售商打造自己的品牌更容易为消费者所接受。

英国超市在全球超市连锁业中以自有品牌而闻名，其自有品牌商品的销售占超市销售总额的45%左右，这其中以玛莎百货集团的"圣米高"牌系列商品最为有名，包括了服装、食品、酒类、鞋类和家庭陈设用品等品类，由遍布全球的 800 多家企业进行生产。

并非所有产品都适合打造自有品牌，一般来说，自有品牌商品应具备以下特点：一是技术含量不高的商品，消费者在选择这些商品时除了价格因素外没有太多的其他考虑，如卫生纸、毛巾等，因为技术含量高的商品（如电脑、汽车等）不好寻找生产厂商，也不利于控制商品质量和售后服务；二是单价较低、品牌意识不强的商品；三是销量大和购买频率较高的商品；四是一些保质期短、保鲜程度高的商品，如面包、蔬菜、水果和速冻产品等。

目前，自有品牌商品已在欧美国家站稳脚跟，并将在未来5到10年内在亚洲国家迅速扩展。

2. 自有品牌的开发

经历了近20年的激烈竞争之后，市场上涌现出一批颇具知名度的店铺，这些企业以其优质的商品和完善的服务在消费者心目中树立起良好的企业形象。例如北京王府井百货大楼、西单商场、上海华联和西安民生等几十年甚至上百年的老店，以其丰富的销售经验、特色经营闻名全国，新兴的燕莎、赛特、联华等也因其崭新的现代化商貌吸引着四面八方的宾客。良好的商誉，是实施自有品牌战略最宝贵的资源。

在现有的商业行为中，制假、售假现象层出不穷，假货的制造水平越来越高，仅从外观已很难辨别真伪，消费者深受其害，对此深恶痛绝。实施自有品牌战略，零售商业以自我信誉向顾客提供最直接的品质保证，可以有效地防止假冒商品的侵害，切实保护消费者利益，容易得到消费者的认可。

许多大型零售企业拥有先进的管理和信息技术。随着外资零售企业的进入，带来了先进的理念和现代商业技术，我国许多大型零售企业纷纷引进先进的管理和信息技术，使得零售业的管理水平和服务水平大大提高，专业技术人才也逐年增加，为开发自有品牌提供了人力和技术的保证。

具体来说，自有品牌开发可以采取以下措施。

（1）借船过海。即利用现有供应商的生产条件定点定牌定样监制生产。英国玛狮集团走的就是这条路。玛莎只向为其提供产品的生产厂家提出原材料、生产工艺和品质等方面要求，同时提供技术支援、管理咨询等，不进行直接投资。是名副其实的"没有工厂的制造商"。

（2）买鸡下蛋。即采用参股合营、控股兼并等方式同有关生产厂家合作。如上海开开实业股份有限公司的"开开"品牌，20世纪60年代创业之初它依附的仅是一家营业面积300平方米前店后厂的专业店。10年前，"开开"以资本经营为纽带，先后运用参股、控股和兼并等多种方式，巩固和发展生产基地，组建全国乃至国外的市场销售网络。

（3）自产自销。即实力雄厚的零售企业独资建立自己的生产加工基地，走工商一体化之路。如上海市食品集团的"上食"品牌，创建之初就实施了以市场为导向，以科技为依托的品牌发展战略，不断投入巨资，引进国外先进的生产流水线，改造企业原有设备，开发出全国著名的猪肉升级的换代产品"冷却肉"。

（4）搭车抢道。即借他人之力，提高自有品牌开发起跑的水平，直至形成自己开发的能力。例如，盖普（GAP）是著名的服装专业店。创立之初，以销售Levi's品牌服装为主，同时，兼营部分GAP牌服装，以满足年轻人的更多需求。20世纪80年代早期，公司进行战略调整，加入了自有品牌商品的开发和销售比例，逐渐减少直至停止出售所有非GAP品牌商品，进一步实施品牌深度开发，作为企业扩张的重要手段。

3. 自有品牌的管理

自有品牌的成功是建立在充分的企业资源、健全有效的组织结构、准确的市场定位并辅之以相应的业态选择和科学的管理及独特的企业文化基础之上的。完整的自有品牌管理必须采取以下的措施。

（1）准确界定商品层次与范围，合理选择目标市场和定位。企业必须进行深入细致的市场调查，分析市场现实的和潜在的竞争对手，以及市场环境可能发生的变化，在这个基础上找准可能存在的市场空隙，然后确定具体的产品层次与范围，并不是所有商品都适合开发自有品牌的。跨越国界的自有品牌的开发，更必须考虑目标市场消费者具有类似的文化背景和消费价值观念。

（2）加强服务质量管理，配备对数据信息和声音、图像信息收集和整理的完整系统。通过数据、图像分析，你会了解顾客在购物中的整个过程，通过科学的采样分析，我们会发现某些时段、某些环境下，顾客最满意的产品其实不一定是名品。其中原因可能是价格、包装、功能和心理享受等因素。品牌的精髓是产品与服务本身带给顾客的特别利益。自有品牌之所以获得消费者的认可，一方面是消费者对产品的质量具有安全感，另一方面在于产品服务与价格上的优势。

（3）慎重选择制造商，准确把握开发时机。这是推行自有品牌商品的最大难点。零售商对 PB 商品的品质要求较高，在对潜在商品供应商进行选择时要对其生产能力、交通状况等多方面的因素做出慎重的考虑，品种越多，合作的厂家越多，货源供给、质量监测等问题就越多，风险也越大。制造商应同时具备产品质量可靠、设备较为先进、人员素质较高、技术能力较强的条件，才能确保产品的信誉度。此外，自有品牌推出的时机应是企业积累了较高的知名度和商誉度，销售规模达到一定程度之时。

（4）提高质检人员素质，保证商品的质量。自有品牌商品经营过程中，要依靠企业的商誉及促销作用，而高质量的自有品牌商品又对企业的商誉起到提高和确认的作用。自有品牌商品质优价廉，必然使企业的形象在消费者心中形成良好印象，因此，企业开发自有商品时，必须具有一批高素质的商检人员。英国马狮百货集团在公司所属的 260 家连锁店经营自有品牌"圣米高"商品的同时，集团拥有 350 多名技术人员负责"圣米高"商品的质量检测工作。

（5）合理设计品牌，注意品牌的保护。应注意把企业的风格与经营产品的特点有机地结合起来。如一家知名店，其店名就可能拥有较高的商誉，那么其经营的产品在采用了自有品牌后，品牌的确定还应结合目标市场的消费习惯和消费心理，使商品能愉快地被消费者所接受。实施自有品牌战略的商家应在品牌的创建之初就着手进行品牌的申请注册工作，以免在日后被他人抢注、冒用时，得不到法律的保护而蒙受损失。同时，应运用法律武器，随时维护本企业品牌的权益。

 小资料

W 企业津味小八件成功上市经验分享

【背景简介】

天津 W 企业主要生产经营"W 企业 A 品牌"麻花，此外，还生产、销售糕点、面包和节令性食品（元宵、粽子和月饼等）。随着企业发展需要，不断扩大产品生产销售能力。

【开发目的】

打造第二支"麻花系列"产品，开发出类似麻花一样长青的产品，同时提升销售，提高产品与品牌竞争力。

【分析及发现】

1. W 企业希望打造另一支"麻花系列"产品，而现有糕点产品中，已经有这样一支相对成熟的产品，其产品特色鲜明，属于北方特有糕点，却始终以"散装和简装"形式销售，无法让消费者清楚产品的内在价值，与来店购买产品的消费群想要的产品形式不符。

2. 来 W 企业的消费群有明确的消费动机——购买麻花特产和天津地方特产。W 企业的糕点好吃又实惠，但销售始终无法逾越麻花，所以糕点需要重新定位出发，满足这群消费者的需求。

3. W企业现有的销售模式较为传统,还没有将产品展现得淋漓尽致,让消费者一看到便有购买的冲动和欲望。传统的销售模式使销售受限。

【产品定位与品牌策略】

产品定位:一支有传统韵味的、有天津特色的、适合送礼的中式糕点。

产品在企业中的定位:作为第二支麻花系列产品进行销售。

品牌策略:W企业为主品牌,津味小八件为品名。

【项目成果经验分享】

经过重新定位,从包装形式、包装设计、产品定价、陈列位置、展示销售到推广助销全部重新打造,使产品焕然一新,以全新的面貌最终呈现在消费者面前。上市前3个月的销量相当于原有简装产品一年销量的3倍多。

1. 激发消费者潜在需求,能刺激消费

其实这种潜在需求早就在消费者的脑海里有了一些意识或想法,但由于种种原因还没有明确地显示出来。一旦条件成熟,潜在需求就转化为显现需求,为企业提供无穷的商机。来店购物的消费者主要购买动机是特产类商品,一旦推出一支糕点特产,价位适中、包装简单大方,便会吸住消费者的眼球,这种潜在需求一旦被激发出来,便会转化为消费者的购买行为。因此,企业要想在激烈的市场竞争中取胜,不但要着眼于显现需求,更应捕捉潜在需求,进而采取行动开发上市。

2. 只要产品定位准确,产品销售便能大幅度提升

原来的简装产品,好吃有特色,但不方便携带,价格便宜,包装不适合送礼。经过产品的重新定位,将"简装"变为"礼品装",将"糕点产品"变为"特产"销售,一下子成为了糕点产品中的金孔雀。产品重新定位后再出发,不但使产品耀眼,而且销售提升,企业获利。正如《定位》一书的作者杰克特·劳特所说:营销是认知的战场。这里讲的认知包括两个方面,一是顾客对某种产品或服务的认识;二是企业对自身产品的认识。能否让这两者取得一个契合点,便是能否对产品或服务作出准确定位的关键。

3. 开拓新市场,进行产品延伸,有利于为其他产品的开发与延伸奠定基础

除麻花作为特产外,又成功推出一支有韵味的糕点产品作为特产销售,无疑是在企业亟须壮大的时候,为企业丰盈了羽翼。这支产品的成功上市,不但开拓了其他特长类产品的市场,而且,还将中低档的糕点产品延伸到中高档的糕点特产产品,无形中加强和活化了品牌形象,提高了品牌在现有消费者和潜在消费者中的价值,为老化的品牌吸引了新的消费者,刺激了销售。

5.2 连锁企业商品采购管理

5.2.1 连锁企业商品采购的内涵

根据人们取得商品的方式、途径不同,商品采购可以从狭义和广义两方面来理解。

1. 狭义

购买。以货币换取物品的方式,即买方将货币支付给卖方,卖方将商品转让给买方,在双方交易过程中发生了所有权的转让及占有。

2. 广义

除了以购买的方式占有物品外，还可以通过其他途径取得物品的使用权，来达到满足自身需求的目的。

一般连锁企业的采购属于狭义的采购，即通过购买的途径取得商品或劳务的使用权和所有权，以满足自身使用需求。

连锁商品采购就是企业为了满足某种特定的需求，以购买、租赁、借贷和交换等各种途径，取得商品及劳务的使用权或所有权的活动过程。在日常生活中，我们所讲的商品采购主要是以购买方式为主的商品采购活动。连锁企业根据需求提出采购计划，审核计划，选择供应商，并经过商务谈判，确定价格、交货方式及相关条件，最终签订合同并按要求收货付款。连锁企业商品采购具有以下特征。

（1）统一采购制度

根据不同门店的商品名称、需要量等进行总体统计再进行统一采购，这样有利于连锁企业总部对市场的整体把握。连锁经营最大的优势就是价格优势，那么支撑着价格优势的则首先来自于统一进货，即统一采购，这也是连锁经营的基本特征。在连锁经营中，商品采购权主要集中在总部，由总部设立专门的采购部门或配送中心承担采购任务，各门店一般不承担采购职能。统一采购有利于降低采购成本，规范采购行为和稳定商品质量。

（2）购销业务统分结合

连锁企业虽然实行统一采购和购销分离的经营体系，但总部采购人员的职责绝不仅仅是将商品采购进来，他们还要对商品销售负责，统一规划促销活动。这就促使采购人员在决定商品采购前要及时掌握销售动态，真正做到"以销定购"。

（3）计划性强

连锁企业在对市场状况和供应商情况进行深入调查研究的基础之上，制订严密的采购计划，要充分体现消费的需求和商品的供应趋势。

（4）采购批量大

连锁经营最大的优势就是价格优势，那么支撑着价格优势的则首先来自于统一进货，即统一采购，这也是连锁经营的基本特征。在连锁经营中，商品采购权主要集中在总部，由总部设立专门的采购部门或配送中心承担采购任务，各门店一般不承担采购职能。统一采购有利于降低采购成本，规范采购行为和稳定商品质量。

（5）采购商品统一配送

连锁企业经营特点之一是"统一配送"。如果没有统一配送，各分店建立自己的仓库，而门店选址一般都在地价较高的商业地段，仓库成本会比较高，同时还需要建立自己的庞大的收验货队伍，这样库存成本和人员成本会大大增加。采购商品后，将商品统一配送到配送中心，再由配送中心将商品送到各连锁店，或直接送到销售现场，这样就可以大大降低成本。

5.2.2 连锁企业商品采购的原则

采购管理技术、信息管理技术和物流管理技术并称为现代连锁业的三大核心技术。而采购管理技术水平的高低直接反映了企业核心竞争力的高低，因而对于连锁业而言，提高采购管理水平具有战略意义。一般来讲，商品采购应有 8 大原则。

1. 符合经营业态特性的原则

采购商品时，应选择符合自身经营特性的商品，如果超市是要满足消费者日常所需一次性购足的门店,应从消费者日常生活所需的食品和日杂用品等着眼,才能塑造与其他业态商品结构的差异。

2. 符合商品组合的原则

由于经营策略的差异、诉求重点的不一以及商圈客户的区别,使连锁超市在商品的分类与组合上有所不同。譬如有些超市贩卖生鲜,有些则不卖;有些超市提供服务性商品,有些则不提供等。各种因素所产生的差异性,均会导致商品组合的不同,进而影响商品的采购作业。

3. 符合高回转率的原则

在进行商品采购时,采购人员应根据商圈客户属性、市场商品情报和市场占有率等来筛选卖场最合适陈列销售的商品,以提高商品回转次数。此外,为增加商品回转及品项,相同或类似的功能、口味、规格商品通常只陈列 1—2 种,以避免重复。

4. 符合毛利率目标的原则

为实现营运绩效,通常各部门陈列商品都会依据业界行情设定预期的毛利率目标,而采购者则应依此作为商品采购议价的标准,以符合整体毛利率目标。

5. 符合安全卫生的原则

如果采购了不合格的食品在卖场中销售,则极易造成消费者食用后不适甚至危及健康,从而导致企业形象受损。因此供货厂商的筛选务须严谨,除检查公司营业执照及食品卫生检验证明等合格文件外,还应检查其商品标示项目(包括品名、含量、原料名称、食品添加剂名称、制造厂商名称、地址、进口厂商名称、地址和制造日期等)的完整性,以确保采购商品的安全卫生。

6. 符合进、退货规定的原则

近年来,由于连锁门店越来越多,为增加配送效率及门市处理效率,一般采取由配送中心或中央仓库直接以多样、少量和多次的配送方式配送。所以采购时,应衡量供货厂商在配送作业的频率、最低订购量等方面的配合状况,以符合门市的订货及进货需求。此外,采购商品时,对销售不佳的商品应要求供应商配合处理。

7. 符合非营业收益的原则

由于房租高涨、人事费用逐年递增等经营成本增加之影响,各连锁体系没有不以开发非营业收益为主要开源途径的。在采购商品时,亦应掌握此原则,与厂商于供货合约中载明销售折扣、商品陈列费等协议事项,以创造更大之采购效益。

8. 追求差异化原则

在采购时,除了必要的畅销品外,更应掌握市场态势及顾客需求,开发引进差异化商品。以便利店为例,目前各连锁店努力发展的服务性商品(邮票、影印和代洗照片)、熟食、快餐等商品,均可说是竞争下所呈现出的差异化产物,不但可满足顾客需求、提升形象,更可增加营业绩效。

5.2.3 连锁企业商品采购的方式

1. 定时采购

定时采购就是连锁企业确定一个固定时间即采购周期,每隔一个采购周期就集中采购一批商品,此时采购商品的数量以这段时间销售掉的商品为依据计算。采购周期是根据企业采购该种商品的备运时间、平均日销售量及企业储备条件、供货商的供货特点等因素而定,一般由企业预先固定。采购批量则不固定,每次采购前,必须通过盘点了解企业的实际库存量,再订出采购批量。计算公式为:

$$采购批量=平均日销售量×采购周期+保险储备量-实际库存量$$

上式中，保险储备量是防止由消费需要发生变化和延期交货引起脱销的额外库存量。

例如，某商店日销售某商品 30 件，保险储备定额为 5 天需求量，订货日实际库存量为 500 件，进货周期为 30 天，则采购批量=30×30+5×30-500=550。

从资料中可看出，进货周期为 30 天，一般情况下，采购批量应为 900 件，而现在这批只需采购 550 件，说明实际库存严重超储，必须在采购时做适当调整。

定时采购的优缺点是：采购时间固定，因而可以制订周密的采购计划，便于采购管理，并能得到多种商品合并采购的好处；但由于这种采购方法不能随时掌握库存动态，易出现缺货现象，盘点工作较复杂。

2. 定点采购

定点采购也称为采购点法，是指企业根据库存水平降到某一点来确定采购时间的方法。定点采购的特点是采购批量固定，采购时间不固定。采购点的计算公式如下：

$$采购点 = 平均日销售量 \times 平均备运时间 + 保险储备量$$

定点采购的采购批量可以参考经济采购批量的计算方法。经济采购批量就是使采购费用与保管费用之和减少到最小限度的采购批量。

例如，某商品平均日销售量为 30 件，备运时间为 10 天，保险储备额为 150 件。则：采购点 =30×10+150=450（件）。

说明：当该商品库存量超过 450 件时，不考虑采购；当降到 450 件时，就及时按预定的采购数量进行采购。

定点采购的优缺点是：能随时掌握商品变动情况，采购及时，不易出现缺货现象；但是，由于各种商品的采购时间不一致，难以制订周密的采购计划，不便于采购管理，也不能享受多种商品集中采购的价格优惠。

3. 招标采购

招标采购是通过公开招标的方式而进行的大量采购。招标采购主要用于政府和某项大型工程的大宗商品采购。招标采购的优点有两个，一是可以使多家厂商竞标，大大降低了进货成本和采购价格，二是招标采购使采购变得迅捷。招标采购是在指定的时间和地点公开进行的，优劣一目了然，交易双方不必耗时耗力进行反复磋商，没完没了地讨价还价，是高效率的一种采购方式。

4. 联合采购

这种采购方式实际上是同行业的合作采购，是自由连锁组织最常用的采购方法。这是指一些中小型连锁企业或独立商店组织起来，为了获得一定的规模优势，成立采购联盟或加入第三方采购组织，实行共同进货。在这种情况下，小型连锁企业的许多订单集中在一起，以便在与供应商谈判时争取较低的价格，同时拓宽供货渠道。

5. 持续补货

持续补货是指连锁企业与供应商一体化运作，连锁企业无须下订单，而是供应商根据信息系统掌握连锁企业的门店销售情况和库存情况随时向企业供货，以保证商品持续供应并降低库存的方式。这种运作方式通常是两家公司长期协作的结果。

这种采购方式是供应链上企业之间的无缝合作方式。这种方式最早是由沃尔玛和宝洁公司共同探讨开发的，到了 20 世纪 90 年代中期，随着信息技术的快速发展，持续补货系统得到进一步完善和发展，成为了沃尔玛核心竞争力所在。目前，越来越多的连锁企业已经认识到，与优良的供应商建立长期稳定的合作关系对事业发展是至关重要的这一点。

5.2.4 连锁企业商品采购的流程

1. 商品采购调查

商品采购调查是指为满足公司未来发展的需要,事先针对所采购的物品或服务,进行采购供应相关情报数据的调研、收集、整理和归纳,为更好地进行商品采购而进行的信息收集、分析工作奠定基础。这些信息构成了制定正确决策及现有的采购管理的基础,并且为最高管理部门提供了有关这些商品未来供应与价格的相对完整的信息。

2. 商品采购的步骤

一个完整的采购程序需要从以下 7 个步骤来完成。

（1）确定采购计划

首先要明确采购什么,做好商品目录；采购多少,比如总量和采购批量；根据采购时机确定何时采购；根据货源、供应商性质确定何地采购。

（2）寻找供应商

连锁企业要建立采购网络平台,举办大型招商活动,制定选择供应商的依据,如货源的可靠性、商品质量和价格条件、供应商货款结算条件、供应商服务条件、供应商促销支持,还有其他条件等。

（3）交易条件谈判

谈判内容涉及付款方式及条件、交货及逾期赔偿、用料及检验、品质要求、不合格品的处理、数量及折扣、保险费支付、商品包装、运输方式及费用支付、税项负担和售后服务等。谈判注意点有双赢原则、谈判前充分准备、选择有利的谈判时间和地点及环境、运用谈判技巧。

（4）签订采购合同

采购合同是双方就交易条件、权利义务关系等内容签订的具有法律效力的契约文件,是执行采购活动的依据,它以法律手段维护企业利益。采购合同的内容：①商品的名称；②商品的数量、质量；③交货时间地点和发送方式；④购买价折扣率和付款条件；⑤商品的验收方法；⑥违约责任及违约金；⑦合同的变更与解除的条件；⑧其他事项。

（5）供应商管理

建立准入制度、供应商档案、供应商商品台账和供应商评价。

（6）收货与验货

接到发货通知后,要及时通知配送中心或门店做好收获准备。配送中心或门店对商品按照标准进行验收,验收合格后签发收货单,财务部门审核后,按照合同约定向供应商支付货款,并取得相应凭证入账。

（7）支付货款

待货物交接后,买方付款结束交易。

5.2.5 连锁企业商品采购的作用

采购不仅仅是购买,它是企业经营的一个核心环节,是获取利润的重要资源,在企业的商品开发、质量保证、整体供应链及经营管理中起着极其重要的作用。

（1）保证供应

采购需要及时,要保证供应,才不会影响企业的重大经济损失。将采购及供应商的活动看作是自身供应链的一个有机组成部分，才能加快物料及信息在整体供应链中的流动。

（2）控制成本

采购成本是产品成本中的主要部分。采购成本是企业成本控制中的主体和核心部分，采购成本控制是企业成本控制中最有价值的部分。控制采购成本是降低产品成本的主要渠道。企业主要关心商品成本利润构成。商品成本利润构成表如表 5-4 所示。

表 5-4　　　　　　　　　　　　商品成本利润构成表

一般采购成本	工资和福利	管理费用	利　润
60%	20%	15%	5%

许多企业在控制成本时将大量的时间和精力投入到不到总成本 40%的管理费用和工资福利上面，而忽视其主体部分——采购成本，因此往往是事倍功半、收效甚微。

（3）与供应商建立合作关系

随着现代经济的发展，许多企业都将供应商看做自身企业产品开发和生产的延伸。这样一来，供应商就被纳入到连锁经营企业自身的整体经营中，从而与企业建立起合作伙伴关系。在自己不用直接进行投资的前提下，充分利用供应商的能力为自己开发生产产品，一方面可以节省资金、降低投资风险；另一方面又可以利用供应商的专业技术优势和现有的规模生产能力以最快的速度形成生产能力，扩大产品生产规模。

（4）树立企业形象

企业需要通过采购工作建立和维护企业的良好形象。因为采购是企业的对外工作，采购部分代表着企业的形象，因此采购部门必须以公正良好的态度发展企业同供应商的关系，树立企业的优秀形象。

5.2.6　连锁企业商品采购的策略

1. 产品生命周期不同阶段的采购策略

产品生命周期分为导入期、成长期、成熟期和衰退期 4 个阶段，针对不同阶段要采用不同的采购策略。

（1）导入期

导入期又称介绍期、试销期。在此阶段，一方面，产成品的单位生产成本和单位市场开拓成本都很高，销售量并不是很大，市场保有量也不是很多；但是另一方面，根据可靠性理论，此时新推出的产品处于早期失效期，具体表现就是故障率略高。另外，由于备件生产线刚刚建立，备件生产的准备成本（Setup Cost）十分高，表现为采购价格相对较高，所以此时的备件采购策略应针对市场销售重点地区的保有量，只采购少量的备件即可。

（2）成长期

成长期又称发展期、畅销期。在此阶段，产品的销售区域不断扩大，销售量也不断增长，产品的市场保有量不断增加；另外，产品经过投入阶段的用户反馈，重新修正了设计上的缺陷和不足，产品本身也进入偶然失效期，产品的故障率也会相比产品投入阶段降低。此阶段，备件的需求将不是平稳状态，所以备件需求的预测准确率不会很高，但备件生产线已经建立起来，批量也增大，由于规模经济的关系，其单位生产成本已经开始降低，备件采购价格也将降低，所以此时可以根据一定周期内（通常是该类备件的盘点周期）的备件需求量采用经济订货批量等传统方法，即可制定出相对简单的备件采购策略。

（3）成熟期

成熟期又称饱和期。产品经历了成长期阶段后便进入了成熟期。在成熟阶段，产品生产工艺稳定，产品的性能和质量大幅度提高，产销量达到最高点。由于成本降低，利润也上升为生命周期阶段的最高点。此时，市场上的产品保有量也逐渐增多，尽管备件需求仍然不是平稳状态，但是由于备件的采购成本很低，另外产品的服务水平要求很高，所以此时备件采购策略要以保证尽量不缺货为主要目的，单位成本并不会很高。

（4）衰退期

衰退期又称滞销期。在产品衰退阶段，由于竞争对手的产品不可遏制地进入市场，顾客便将目光投向性能更好、设计更优、结构更合理且价格适中的新产品上。原有产品不能满足消费者的需要，出现了滞销，销售量明显下降，且价格大幅度降低，企业盈利很少。另外，在这个阶段末期，产品将退出市场，备件也将不再生产。在产品及其备件停产之后，而承诺服务期相对较长时，企业服务部门面临末次采购问题。由于备件重新生产的准备成本极其高昂，批量也不会太大，所以末次采购具有十分重要的意义。末次采购的成本主要表现在采购成本、存储成本、缺货成本上，末次采购就是要确定订货批量，使得这些成本总和最小。

2. 买方市场条件下与卖方市场条件下的采购策略

（1）买方市场条件下的采购策略

在买方市场环境下，超级市场在采购商品的数量、价格、付款方式及货源选择等方面享有主动权，而竞争的焦点往往集中在企业的销售环节，即如何把商品销售出去。

因此，超级市场企业在采购商品时，必须以需（销）定进，把落脚点放在有利于销售上，充分考虑商品在销售过程中的竞争问题，在保持必备的商品库存前提下，本着以需定进、勤进快销的原则，多销多进，少销少进。

（2）卖方市场条件下的采购策略

在卖方市场态势下，卖者处于有利地位。在这种情况下，供应者享有商品供给量、品种、规格和价格等交易条件的主动权，竞争的焦点集中在商品的采购环节。企业必须依据市场需要，积极开辟进货来源，随时了解供货情况，随供随进，争取多进多销。超级市场可供选择的进货策略如下。

① 货源保证策略。超级市场企业可以通过与生产厂家建立互惠互利的购销关系，以保证商品的货源。

② 扶持策略。超级市场企业可以通过为生产企业提供各种帮助，帮助生产企业扩大供不应求商品的生产，从而保证本企业进货计划的落实。

③ 吸引式策略。在卖方市场条件下，由于生产者供应的货源偏紧，容易产生惜售思想，超级市场企业可以利用为生产者提供多种优惠条件，以吸引生产者签约，获得充足的货源。

 小资料

国美集中采购管理

1. 国美路程

1987 年元旦，国美电器在北京宣布成立。

1999 年，开始全国连锁构建京津沪架构。

2001 年，国美电器进驻陕西省西安市，成立西安市国美电器有限公司。

2003 年，国美电器在香港成立子公司，截至目前拥有约 4 家门店。

2004年，国美电器在香港成功上市。

2005年8月，收购深圳易好家共15`家门店。

2006年7月，国美电器与中国第三大电器零售企业永乐电器合并，将永乐180家门店纳入旗下，使得其在江浙一带的网络布局更加完善。

2007年12月，国美全面托管大中电器，将大中约80家门店收入麾下，确立了其在京津地区的霸主地位。

2008年2月，国美高价通过第三方控股三联商社。

图5-1 国美电器

2008年12月23日，国美集团董事局主席黄光裕因涉嫌经济犯罪，被拘留调查。

2009年1月16日，黄光裕辞去董事职务，并终止董事会主席的身份，陈晓接任董事会主席的职务，并兼任行政总裁，国美电器正式进入陈晓时代。

2009年6月，停牌逾7个月的国美电器在香港复牌。

2012年3月，国美正式进驻以卖书籍为主的电子商城当当网。双方合作的"电器城"出现在当当商品分类的最后一栏里。

2012年4月，国美网上商城与互联网及无线安全服务提供商360公司达成战略合作。国美电器网上商城正式入驻360开放平台，双方将联手打造家电零售网络平台。

2. 认识国美

国美电器有限公司成立于1987年1月1日，是一家以经营各类家用电器为主的全国性家电零售连锁企业，隶属于北京鹏润投资有限公司。目前，国美电器已发展成为全国最大的家电零售连锁企业，在北京、天津、上海、成都、重庆、郑州、西安、沈阳、济南、青岛、广州、深圳、杭州、昆明、福州、宁波及山西、河北、吉林、江苏等省市拥有150余家大型连锁商城，10 000多名员工，年销售额达200多亿元，跨入中国商业连锁前三，并成为长虹、TCL、康佳、厦华、海信、东芝、索尼、松下、LG、飞利浦、夏普、三洋等众多厂家在中国的最大经销商。在吸取国际上连锁超市成功经验的基础上，国美电器结合中国市场特色，逐步确立了"建立全国零售连锁网络"的经营战略。

3. 国美3件宝

（1）连锁化经营

国美电器采用"正规连锁"和"加盟连锁"两种经营形态，但无论何种经营业态，均属同一经营系统。经营业务实行总部统一管理、统一订货、统购分销，同一形象，这种规模化发展策略最大限度地降低了经营成本，使费用分摊变薄，以求得更实效、更迅速地扩展国美电器的连锁之路。

（2）三级管理体系

国美电器连锁系统组织机构分为总部、分部、门店3个层次：总部负责总体发展规划等各项管理职能；分部依照总部制定的各项经营管理制度、政策和指令负责对本地区各职能部门、各门店实行二级业务管理及行政管理；门店是总部政策的执行单位，直接向顾客提供商品及服务。

（3）经营管理手册

总结成功经验，借鉴国际先进管理理念是国美管理上不断跃升的源泉。随着国美的成功，国美人自己在实践中不断总结出的管理模式——国美经营管理宝典——《国美经营管理手册》，从企业的文化、组织规范、经营模式、各岗位的职能到工作流程、标准以及管理制度，在其中都有严格而切合实际的行为规范。它是国美在走向明天更加辉煌的进程中的坚实基础，是企业持续、稳步发展的有力保障。

5.3 连锁企业物流配送管理

5.3.1 连锁企业物流配送管理的内涵

商业连锁企业以连锁制为轴心,以广泛的门店网络为市场依托,以物流配送为纽带,集中采购、统一配送、统一价格,从而在根本上实现了"决策权向商业连锁企业总部集中,物流活动向商品配送中心集中,一套资金、一套库存的集中优势"。利用现代化的物流配送中心进行商品集合运输,汇集连锁门店的订货信息进行采购,从供货商手中接受多品种的大量商品,并进行储存保管、配货、分拣、流通加工、信息处理,按众多门店的要求,配齐商品,进行补货。以令人满意的服务,迅速、及时、准确、安全和低成本进行配送成了商业连锁企业物流配送管理的主要内容。

不同于生产企业或一般商业企业的物流配送活动,由于经营商品种类众多及门店分散的特点,商业连锁企业物流配送管理是所有物流管理中最复杂的一种。其主要特点表现如下:

① 商品种类繁多,配送和仓储要求多样化。

② 物流配送作业复杂,时间要求严格。商业连锁企业处于供应链末端,直接面对多样化的消费需求,商品理货、配货工作繁重;销售受市场、促销、节日等因素影响,容易出现波动,门店配送量变化大;销售门店为在有限的空间陈列更多品种的商品,要求高频率配送,而大多数门店的交通环境恶劣,时间要求严格。

③ 连锁门店分散,配装、配车要求高。商业连锁企业经营商品大多属于轻抛货,对运输机具的容积利用率较高,载重利用率低。配送车辆以轻型厢式货车为主。

④ 经营商品超过85%以上有销售条码,但只有约50%的商品有外包装箱条码,这减缓了物流作业速度。

⑤ 超过90%的商品有严格的保质期,商品周转时间要求短。

⑥ 商品销售有明显的周期特征,淡旺季明显。对物流资源配置、物流计划安排均带来不利影响,物流管理难以做到平衡供给。

5.3.2 连锁企业物流配送流程管理

一般的商业连锁企业物流作业流程按照商品流动路径,可分为标准型、通过型、直送型。标准型一般是由供应商送货至商业连锁企业物流中心,物流中心对商品验收入库,经存储再根据分店要求分拣出库,配送至门店。通过型是指供应商将事先已经指定门店的商品送至商业连锁企业物流中心,物流中心对商品验收后不经储存而与发往该门店的其他商品混合配装后,直接出库,配送至门店。直送型是指商品不经商业连锁企业物流中心,而由供应商直接送货到门店的方式。

标准型作业流程主要适用于各门店普遍需求,销售量比较大的畅销性商品,对这类商品,为防止缺货损失,一般由配送中心进行一定数量的库存准备,保证对门店要货需求及时供应。而采用通过型作业流程,主要是基于降低库存、减少库存资金占用,加速商品周转,提高集中配送,降低运输费用等原因。对所需商品不采取事先大量订货储备的方式,而根据门店订单进行订货,将供应商送达物流中心的商品与物流中心储备的其他门店所需商品配装到一辆运货车上向门店进行配送，减少供应商单独送货可能产生的高运输成本。一般情况下，通过型作业流程主要适用于非普遍需求性物资、销售需求量较小的物资。但由于这一运作流程能有效地提高库存周转水平，减少库存量，在物流管理运作水平较高的企业，通过型作业方式是主要的物流作业方式。直送型作业流程主要适用于对保鲜性要求较高的生鲜商品及供应商在当地有供应、经销点的商品。由供应商直接将商品送往各门店，以减少环节、节省时间和费用。无论哪一种作业方式，商品的采购订货有关信息都应由物流中心统一处理，订货决策都应由物流中心做出，以保证物流活动一体化利益的实现。

5.3.3 连锁企业物流配送存货管理

1. 实行商品动态储位管理

商业连锁企业配送中心主要职能是实现商品的高效流转，商品在库停留时间一般较短，出入库频繁，为提高出入库活动效率，商品动态储位管理是非常必要的。商品动态储位管理首先要对货架进行编码，然后在电脑上对存放商品与存储货架位置建立动态数据关联，实现每一个货位存放商品的计算机管理，提高入库货架搜寻及出库货物搜寻的速度及准确性。

2. 不同的商品放置不同的位置

根据商品的物理特性、进出频率等将商品分类放置是实现高效储存管理的有效手段。如高层货架仓库，一般将货架的较高层作为存储位，用于日常商品存放。货架的较低层作为分拣位，以满足分拣要求，避免高层分拣商品作业难度大的问题。同时将进出频繁的商品存放在靠近主通道的区域，可有效地减少仓库搬运作业量及货损率。

3. "播种式"分拣与"摘果式"分拣相结合

拣货作业是商业连锁企业物流配送中心作业量最大的一项活动，采取有效的拣货方式对于提高作业效率及准确性具有重要的作用。对日常例行作业采用"播种式"分拣，特殊订单采用"摘果式"分拣可以兼顾不同的拣货需要。"播种式"分拣的目的是缩短拣取时平均行走搬运的距离和时间，减少重复寻找储位的时间，而使拣货效率提高。另外，"播种式"分拣本身带有自校验功能，二次分拣时能够发现并纠正一次分拣的错误。"播种式"分拣方式的不足是灵活性差，所以对于特殊订单需要采用"摘果式"分拣方式，按照每张订单所列明的商品品种、数量一次性分拣满足一家需要，不需二次分拣。

4. 建立循环盘点制度

现代商业连锁企业营业时间长、无休息日，为避免盘点对商品正常流转可能产生的影响，需建立循环盘点制度。循环盘点是定期或不定期地对部分商品进行盘点的方法，由专门人员负责，到商品存放现场清点事先确定检查的商品数量，发现不符情况调查原因并马上通过商品损益单进行调整，既不影响正常商品流转，又能及时发现问题、解决问题。

5.3.4 连锁企业物流配送输送管理

产品输送是商业连锁企业物流配送管理中消耗成本比较大的活动，合理制订运输计划及进行车辆有效配置是商业连锁企业物流配送管理中的重点。

1. 通过订单修补、混合配装提高装载率

装载率反映的是车辆容积（载重）的利用情况，企业利用自用运输机具进行产品配送的过程中，装载率低是一普遍现象。提高装载率最好的办法是配送中心对各门店需货订单进行预处理，计算出重量及体积，再结合拟安排的车辆载重及容积，比较差值，对订单进行修补。如差值造成

车辆能力闲置20%以上，则立即与门店协调，要求其补充订货；如差值超过车辆能力30%以上，则超出部分延迟至下一次合并送货。另外，由于商业连锁企业产品品种繁多，不仅包装形态、储运性能不一，在容重方面也相差甚远。一车上如果只装容重大的货物，往往是达到了载重量，但容积空余很多；只装容重小的货物则相反，看起来车装得满，实际上并未达到车辆载重量。这两种情况实际上都造成了浪费，实行合理的轻重配装、容积配装，可以在载重方面达到满载的同时充分利用车辆的有效容积，取得最优效果。

2. 通过混合配送减少车辆使用，解决淡旺季运输不平衡问题

混合配送是指配送业务一部分由企业自身完成，另一部分外包给第三方物流企业的配送方式。尽管配送业务全部由企业自身完成，易形成一定的规模经济，并使管理简化，但由于商业连锁企业经营商品品种多、门店分散、销量不等等情况，采用这种配送方式超出一定程度后不仅不能取得规模效益，反而还会造成规模不经济。而采用混合配送，合理安排超市自身完成的配送和外包给第三方完成的配送，能使配送成本最低。

3. 通过异地协作，减少车辆回程空驶现象

由于大多数连锁企业商品流向是单一发散的，因此回程放空现象不可避免，与异地企业建立起协作关系，通过价格优势取得回程运输业务，能有效减少返空现象。这样能充分地利用现有物流资源，在目前我国连锁企业资金紧张、城市交通拥挤、污染严重、能源紧张的情况下，减少车辆空驶具有很大的现实意义。

小资料

沃尔玛配送中心的运输管理

车队在配送中是很重要的。因为车队的燃料是相当昂贵的，此外还需要请司机。在整个物流过程当中，最昂贵的就是沃尔玛运输这部分，车队省下的成本越多，那么整个供应链当中所节省的钱就越多，让利给消费者的部分也就越多。沃尔玛用一种尽可能大的卡车，大约可能有16米加长的货柜，相当大，比集装箱运输卡车要更长或者更高。如果你到过美国，在公路上可能就会看到沃尔玛的车队，你会看到它有多大。沃尔玛的车辆都是自有的，而且这些司机也是沃尔玛的员工，他们在美国各个州之间的高速公路上运行，而且车中的每立方米都填得满满的，这样非常有助于沃尔玛节省成本。

沃尔玛的车队大约有5 000名非司机员工和3 700多名司机。车队每周每一次运输可以达7 000~8 000千米，而且是300万千米无事故的。这些卡车也是沃尔玛整个供应链当中的一部分。沃尔玛采用全球定位系统来对车辆进行定位。因此，在任何时候，调度中心都可以知道这些车辆在什么地方，离商店还有多远，同时他们也可以了解某个产品运输到了什么地方，还有多长时间才能运到商店。沃尔玛知道卡车在哪里，产品在哪里，这可以提高整个系统的效率。沃尔玛的卡车不仅是比较昂贵的，而且卡车会比较危险，可能会出事故等，因此，对于运输车队来说，要保证他们的安全，也要保证公路的安全，来减少出事故的危险，沃尔玛的口号是"安全第一、礼貌第一"。在运输过程当中，如果其他车的人需要帮助的话，这些卡车司机也经常帮助。卡车司机们都非常遵守交通法规。沃尔玛定期也对公路进行调查。卡车上面都带有公司的号码，如果看到沃尔玛司机违章，包括越红灯或者违章驾驶，就可以根据车上的号码来进行报告。而事实上，很多打来的电话都是表扬沃尔玛的司机的，说他们非常有礼貌，而且非常遵守交通规则，这样的公众来信有

很多，大都表扬这些司机对于其他开车人的帮助。这些都证明，沃尔玛的司机做得非常好，实际上他们的行动并不是沃尔玛进行的一种公关的活动，对于沃尔玛来说，卡车不出事故，就是节省公司的费用，就是节省成本。

那么，沃尔玛在运输方面有一些什么样的战略和策略呢？沃尔玛都把卡车装得非常满，所有的产品从卡车的底部一直装到最高，填得满满的。一些商场，只在白天开门，但是物流部门却是24小时地在进行工作。如果货物晚上送到商店当中，这些商店就可以把它整个卸下来，而不用打扰白天的运营。在配送中心，沃尔玛也和这些供货商都定好时间，而且跟商店之间也是定好时间的，都按照运行的时间表来进行。沃尔玛可以对时间进行很好的管理，这样就可以节省时间、提高效率。正是因为沃尔玛有这种非常精确、正确的传统，所以它才可以减少成本、节省时间。

那么，供货商怎么样来帮沃尔玛一起来分担整个过程当中的费用呢？采用沃尔玛的运输系统，他们自己完成运输，因为沃尔玛的运输成本比让供货商来进行运输更低。如果他们用沃尔玛的卡车来运输货物的话，这些供货商也可以节省费用。集中配送中心，把所有这些因素都集中在一起，这些供货商就会节省很多的费用，他们采用沃尔玛的物流配送系统可以对他们进行成本上的节省，而且从厂商到货架的过程，沃尔玛增加的部门并不会增加运作的成本，合理安排反而会降低运作的成本。沃尔玛最终的目的就是将更加物美价廉的产品提供给消费者。当然，如果有些供货商对这个过程不了解，沃尔玛还可以告诉他们怎么样进行日程上的安排。如果他们遵守时间，提高效率的话，对双方都是一个很大的帮助，而且最终会让消费者受益。

5.4 连锁企业商品促销管理

5.4.1 商品促销的内涵及本质

1. 促销内涵

促销是对顾客购买行为的短程激励活动，是一种战术性的营销工具，是利益驱动购买。促销对冲动性购买有效；不以营建品牌为宗旨，是"AIDA 法则"的体现。促销是在价格杠杆上跳动的芭蕾舞，尽管千姿百态，但离不开价格利益，促销的目的不是为了提高产品知名度，而是为了让顾客接受产品；促销的最高目标是使它自己成为购买首因，基本目标是至少成为购买的一个促动因素。

2. 促销实质

促销实质上是一种沟通活动，即营销者（信息提供者或发送者）发出作为刺激物的各种信息，把信息传递到一个或更多的目标对象（即信息接受者，如听众、观众、读者、消费者或用户等），以影响其态度和行为。例如，某媒体上发出了这样一条广告语："金兔绵羊绒毛衫——男士的毛衫"。显然，当消费者阅读到这一广告语，立即就可获得如下信息：该毛衫的品牌是金兔牌，是上海一著名品牌，产品质量可信赖；毛衫原材料采用的是绵羊绒，属高档产品；产品是适合秋冬时令的服饰。如果某一消费者确想购买一件毛衫，这一广告语将会对他的购买行为产生一定影响。营销者为了有效地与消费者沟通信息，可采用多种方式加强与消费者的信息沟通，以促进产品的销售。还如，营销者可通过广告传递有关企业及产品的信息；可通过各种营业推广方式加深顾客对产品的了解，进而促使购买其产品；可以通过各种公关手段改善企业或产品在公众心目中的形象;还可派遣推销员面对面地说服顾客购买其产品。常用的促销手段有广告、人员推销、营业推广和公共关系。企业可根据实际情况及市场、产品等因素选择一种或多种促销手段的组合。

5.4.2 商品促销的作用

1. 缩短产品入市的进程

使用促销手段,旨在对消费者或经销商提供短程激励。在一段时间内调动人们的购买热情,培养顾客的兴趣和使用爱好,使顾客尽快地了解产品。

2. 激励消费者初次购买,达到使用目的

消费者一般对新产品具有抗拒心理,由于使用新产品的初次消费成本是使用老产品的一倍(对新产品一旦不满意,还要花同样的价钱去购买老产品,这等于花了两份的价钱才得到了一个满意的产品,所以许多消费者在心理上认为买新产品代价高),消费者就不愿冒风险对新产品进行尝试。但是,促销可以让消费者降低这种风险意识,降低初次消费成本,而去接受新产品。

3. 激励使用者再次购买,建立消费习惯

当消费者试用了产品以后,如果是基本满意的,可能会产生重复使用的意愿,但这种消费意愿在初期一定是不强烈的、不可靠的,促销却可以帮助他强化这种意愿。因此,一个持续的促销计划能够使消费群基本固定下来。

4. 提高销售业绩

毫无疑问,促销是一种竞争手段,它可以改变一些消费者的使用习惯及品牌忠诚。因受利益驱动,经销商和消费者都会大量进货与购买。因此,在促销阶段,常常会增加消费、提高销售量。

5. 侵略与反侵略竞争

无论是企业发动市场侵略,还是市场的先入者发动反侵略,促销都是有效的应用手段。市场的侵略者可以运用促销强化市场渗透,加速市场占有。市场的反侵略者也可以运用促销针锋相对,来达到阻击竞争者的目的。

6. 带动相关产品市场

促销的第一目标是完成促销之产品的销售。但是,在甲产品的促销过程中,却可以带动相关乙产品的销售。例如,茶叶的促销,可以推动茶具的销售。当卖出更多的咖啡壶的时候,咖啡的销售就会增加。在 20 世纪 30 年代的上海,美国石油公司向消费者免费赠送煤油灯,结果使其煤油的销量大增。

7. 节庆酬谢

促销可以使产品在节庆期间或企业庆日期间锦上添花。每当例行节日到来的时候,或是企业有重大喜庆的时候(以及开业上市的时候),开展促销活动都可以表达市场主体对广大消费者的一种酬谢和联庆。

5.4.3 商品促销策略

1. 连锁企业会员制促销策略

会员制是最能体现长期效益的一种促销形式,其具体做法是:由到某一企业购物或享受特定服务的人们组成一个俱乐部,其成员向俱乐部交纳一定数额的会费,以后可以在该企业享受折扣购买一定数量的商品或享有一定级别服务的权利。会员制给消费者带来的利益有:享受价格优惠

或折扣；方便购买；享受优质服务；享受年底分红或返还。会员制给企业带来的利益有：建立长期稳定的顾客群；便于调整营销策略；会员费收入可观。连锁企业会员制的种类：公司会员制；终身会员制；普通会员制；内部信用卡会员制。

2. 连锁企业 POP 策略

店面促销，英文为 Point of Purchase Advertising，简称 POP，也称为店面广告、售点广告，是指在商品购买场所和零售商店的周围、入口、内部以及有商品的地方设立的广告。POP 广告的作用：传输新产品信息；激发消费者兴趣，唤起其潜意识；诱使消费者产生购买欲望，进而达成交易行为；取代推销员，传达商品信息；能够配合季节促销，营造节日气氛；巧妙利用销售空间与时间，达成即时性购买行为；塑造企业形象，保持与顾客的良好关系。一般情况下，端架的陈列、定位的陈列（如特价品、新产品、推荐品等）有 POP 广告时，可增加 5%的营业额。具体的商品促销（如打 7 折或 8 折）有 POP 广告的可增加 23%的营业额。如果有 POP 标示，大量陈列的商品可增 42%的营业额。

3. 连锁企业广告促销策略

连锁企业广告促销，是指企业经营者采用付款方式，委托广告经营部门通过传播媒介，以现代科学技术和现代化设备为手段，以策划为主体、创意为中心，对目标市场所进行的有关企业的店名、标志、企业定位等为主要内容的宣传活动，旨在使顾客心目中牢固树立企业的形象，从而达到刺激并扩大市场需求、开拓潜在市场、扩大市场份额、发展连锁超市的目的。其一般步骤分为 4 步：确定广告促销目标；确定广告促销预算；广告促销策划；评价广告促销效果。

4. 连锁企业公关促销策略

连锁企业公关促销，是指连锁企业通过商业企业的公共关系活动，使其与社会各界建立良好的支持与合作关系，从而以企业的知名度、美誉度来带动商品销售的间接销售方式。其公关促销方式有宣传活动、服务型活动、公益服务活动、娱乐型活动、教育型活动和企业形象促销。

 小资料

家乐福中国内地本土化之路

家乐福（Carrefour）于 1995 年进入中国内地后，采用国际先进的超市管理模式，致力于为社会各界提供价廉物美的商品和优质的服务，受到广大消费者的青睐和肯定，其"开心购物家乐福"、"一站式购物"等理念已经深入人心。如今，家乐福已成功地进入了中国内地的 25 个城市，在北至哈尔滨、南至深圳、西至乌鲁木齐、东至上海的中国广袤土地上开设了 109 家大型超市，聘请 3 万多名员工。在在华外资零售企业中处于领先地位。家乐福还向中国内地引进迪亚折扣店和冠军食品超市两种业态。

1. 家乐福中国内地成长经历

1995 年，家乐福在中国内地开设了第一家大卖场。
1996 年，成功进入上海和深圳。
1997 年，进入天津市场。
1998 年，成功进入重庆、珠海、武汉和东莞市场。
2000 年，配合迅速发展的需求，家乐福开设了 5 家大卖场。
2002 年，家乐福在 20 个城市开设了 35 家大卖场。

2003年,家乐福在杭州开设了第40家分店,迪亚折扣店进入上海和北京。

2004年,冠军超市在中国内地开设第一家分店。

2005年,家乐福在重庆开设第60家分店。

2007年,家乐福在中国内地新增门店19家。

2009年,新开门店18家,截至2010年1月20日,家乐福在中国内地门店总计157家。

2010年,家乐福中国区总裁兼CEO罗国伟宣布已经成功收购河北保龙仓商业连锁经营有限公司。

2013年以来,家乐福已经在呼和浩特、石家庄、南昌以及安徽蒙城新开了4家门店。

表5-5是2008—2011年家乐福和沃尔玛在中国连锁百强榜的排名对比情况。

表5-5　家乐福及其主要竞争对手沃尔玛的比较

2008—2011年家乐福和沃尔玛在中国连锁百强榜中的排名

年份	公司名称	排名	销售额
2008	家乐福(中国)	2	338.19亿元
	沃尔玛(中国)	6	278.22亿元
2009	家乐福(中国)	7	366亿元
	沃尔玛(中国)	9	340亿元
2010	家乐福(中国)	7	420亿元
	沃尔玛(中国)	9	400亿元

2. 家乐福中国本土化策略

(1)响应中国政策,快速进入市场

在国内零售业未完全开放的背景下,家乐福在一定程度上采取了自营+合资等方式,避开了不少的政策障碍,使得分店可以迅速建立;进入市场采取的是新市场的迅速进入策略,即先尽可能地占领较多的市场,然后边运营边调整策略。

(2)盈利点:终端为王

家乐福采取的是"终端为王"的态度来尽可能地获取收益,企业如果想进家乐福,需要交纳6大门类的费用,包括特色促销活动、店内旺销位置优先进入权、进入商店的特权、良好营销环境的优先进入权、节假日、开发市场份额等,据核算,家乐福向供应商收取的各项进场费,达到其在家乐福卖场所实现营业额的36%左右。

(3)迎合中国消费者需求,消除区域差异化

家乐福选择了满足大众市场的需求,并充分考虑到中国人的消费习惯,其提出的经营理念"一次性购足,超低售价,货品新鲜,自动选购,免费停车"就非常准地抓住了中国消费者的消费习惯。例如,为满足中国消费者喜欢不断比较选择的需要,家乐福增加了货架上同类商品的供应量;考虑到方便携带,家乐福出售的很多东西多为小包装等。

(4)以组合供应商的物流系统配送商品

家乐福的活动地域非常广泛,所以家乐福在国内设立了4个区域采购中心,并给予单店相当大的自主权,使得家乐福的每一个店都有适应当地市场的能力,商品配送家乐福采取的是组合供应商的物流系统的方法,即充分依托供应商的物流系统,这样既可以大大地降低自己的营运成本,又可以配合在不同地区的分店适时地组织商品供应和配送,从而赢得了在中国内地市场的迅速发展。

5.5 连锁企业信息管理

5.5.1 连锁企业信息管理的概念

信息管理有广义和狭义两种。广义的信息管理是指对涉及信息活动的各种要素如信息、人、机器和机构等进行合理的组织和控制,以实现信息及有关资源的合理配置,从而有效地满足社会的信息需求;狭义的信息管理是指对信息本身的管理,为了一定的目标或要求用各种技术方法和手段(如分类、主题、代码和计算机处理等)对信息进行组织、控制、存储和规划等。

连锁企业信息管理主要是通过信息技术,赋予连锁企业合理化、制度化、规范化的概念,提高商品流通的效率,使物流、资金流和信息流等畅通无阻,达到最佳的有效利用,从而改善经营环境、降低中间成本和提高商品的竞争力;同时,也能更好地掌握市场趋势和创造更多的商业机会,尤其是能够快速、便利地适应顾客,满足顾客需求。

据资料统计显示,在美国,商业连锁企业管理信息系统已占到各类管理信息系统总量的60%。

连锁企业信息管理系统包括连锁企业总部信息管理系统、连锁企业分店信息管理系统、连锁企业配送信息管理系统和第三方物流系统管理系统。

5.5.2 连锁企业总部信息管理系统

连锁经营是现代化商业的经营方式和组织形式,它以现代化的大规模组织为原则,通过提高协调动作能力达到规模效益的目的。连锁经营主要体现为统一名称、统一标识、统一商店格局、统一店员服装、统一设备、统一货源供应、统一价格、统一配送、统一核算、统一人员管理、统一监督和统一广告策略等。要达到以上的几个统一并使连锁经营真正实现规模效益,用计算机来管理其采购、配送和零售是必不可少的。

以采用正规连锁模式的连锁经营组织为例,它由总部进行绝对控制,配送中心负责商品配送,各个连锁门店负责商品的销售,实行分布式网络管理。对于中小型连锁企业的管理信息系统来说,应既保证系统的扩展性、可靠性和安全性符合国际标准,又要考虑到资金的合理分配。

连锁企业总部是经营管理的决策部门,主要负责商品的采购、定价和财务等工作,并通过网络查询及汇总各门店的销售、库存情况以及配送中心的库存信息,系统应及时生成各种报表供最高领导层分析,以制定新的经营计划。

连锁企业总部信息管理系统的基本功能包括以下几点。

1. 基本信息管理

基本信息管理,包括建立、修改并查询公司、部门、各连锁门店的商品信息以及往来客商编码、员工档案、员工密码管理及权限限制;商品价格管理即商品的定价管理,可按加价率、加价额等定价算法由系统自动定价,并可按用户需要生成报价单,以满足批发客户的需要。

2. 合同管理

总部与供应商的合同管理,应可进行合同的录入、修改、查询,并可根据实际供货情况分期分次地管理和同执行情况。

3. 进货(采购)管理

进货管理包括商品进货单的录入、修改、查询和打印,并通过审核自动生成入库单,转入配送中心,再经配送中心审核后自动入库,系统可通过进货单处理自动生成针对某一供应商的累计进货额、累计结款额、应付总金额。此外，还可根据用户的退货情况录入退回单进行相应处理。

4. 应付管理

若在进货中尚未付款，系统自动由进货单生成应付信息和对账单，用户可随时查询应付明细。

5. 销售管理

系统可根据销售单的录入、修改、查询，并通过审核自动生成出库单转入配送中心，再经配送中心审核后自动出库。系统可通过销售单的处理自动生成针对某一客户的累计销售额、累积结款额、应收总金额等；可自动计算销售单中任一商品的毛利及本单的总毛利，并通过万能查询使用户得到自己需要的各种报表，如任一时间段的销售情况报表、业务员的销售表等；系统还可打印送货单（提货单）及一般纳税人清单等单据。

6. 应收管理

针对批发商品时用户尚未付款的情况，系统应自动由销售单生成应收信息和对账单，用户可随时查询应收明细并可跟踪处理应手及回款情况。

7. 财务管理

通过财务人员日常凭证的处理，系统应能自动生成明细帐、总分类账、资产负债表和损益表等常用的财务报表。

8. 信息流处理

信息流处理包括处理连锁门店日常补货要求、连锁门店的退货要求、对配送中心生成商品配送单的通知、连锁门店之间的商品调配等信息流处理。

9. 综合查询管理

综合查询包括应可查询配送中心的库存情况、各门店的进销存及整个连锁店的销售情况、毛利情况、库存资金占压情况，以及应收银、应付款、综合性销售及回款报表等。综合查询管理使管理人员及时把握经营状况，并通过系统自动生成的汇总分析报表帮助经营者作出相应的决策。

10. 数据传送管理

数据传送包括可向配送中心传送商品变动信息，如新增商品、商品价格调整、商品进货情况（要求其审核入库）、商品批发销售情况（要求其审核出库）、商品配送信息及连锁分店的退货信息等；接受配送中心向总部上传的信息，如进货入库验货信息、销售出库验货信息、库存商品盘点情况、报损情况以及各门店的配货、退货情况和配送中心发现商品积压或损坏时要求的退货单；接受连锁门店向总部上传信息，如补货信息、到货信息、销售信息、库存信息和退货信息等。

5.5.3 连锁企业分店信息管理

连锁门店管理信息系统是利用收款机进行销售数据采集，并管理到每一种商品的补货、销售和在架以及销售数据的统计、向总部进行数据传送等全部管理功能的管理信息系统。它分为两个部分：一是后台管理系统，二是前台收银系统。

1. 后台管理信息系统

（1）后台基本信息管理

录入、修改本店的地址、电话等信息；随时查询商品信息，此信息是以总部为来源和不断补充的，门店无权进行增加和修改；录入修改本店的职员信息，并对员工密码进行管理及权限限制。

（2）货位管理

包括货位的维护，应随时查询库存商品中的商品编码、名称。单位、库存单价、零售单价、库存金额、最高库存、最低库存、累入数量、累入金额、累出金额、生产日期和有效期等。可实时查询本店有关商品的数量、金额等信息,对在架商品做到心中有数,为商品资金占用、补货等提供依据。

(3)零售管理

包括入库、盘点、报损报残、报警、调拨、查询和数据传送;零售日结、汇总前台日销售信息、实时查询收银数据并根据查询销售情况,生成各种销售分析图表,如销售日报、旬报、季报和年报。

2. 前台收银系统

前台收银系统是商品销售数据的来源,也是实现商品价值、进行交易的手段,主要由 POS 系统完成。POS 系统是销售点系统(Point of Sale)的简称,是以商业环境为中心,为商品交易和内部调配商品提供服务和实时管理的信息系统。其具体工作内容有:以不同的方式(零售、批发、折扣和调价等)、不同结算手段(现金支票、信用卡等)完成商品交易并产生所需的数据,对商品销售信息进行统计和实时管理,如统计交易次数、时段交易金额、时段各类商品的销售量、自动更新库存量、提供可靠的存货、控制各类商品的库存量并管理商品的订货等。

5.5.4 连锁企业配送信息管理

配送中心是连锁企业商流、物流、信息流的交汇点,承担着各企业所需商品的进货、库存、分拣、加工、运输、送货和信息处理等任务。它的性质完全不同于传统的仓储设施。配送中心是连锁销售网络的核心。它是连锁企业的商流中心、物流中心和信息流中心,是连锁经营得以正常动作的关键设施,包括以下子系统。

1. 基本信息管理子系统

该子系统包括商品信息管理、客户信息管理、供应商信息管理、仓储信息管理、配送信息管理、车辆信息管理等模块。其中商品信息管理包括商品基本档案、类别、基本属性及包装、仓储性质的管理;仓储信息管理包括仓储库位的划分、仓储设备基本信息及使用情况的记录;配送信息管理包括对各网点所属的区域以及配送路线的管理。

2. 信息转换管理子系统

信息转换管理包括信息接收及校验、信息发送管理、采购信息管理、订货信息管理、返厂信息管理和退货信息管理等。

模块,主要完成配送中心与总部及网点间业务数据的双向通讯。系统支持多种数据通讯模式,具有对各项通讯数据进行严格校验及信息预览的功能。

3. 仓储作业子系统

该子系统完成库存盘点、补货等仓储作业的处理。

盘点模块提供盘点单设置、盘点单打印以及盘点差异确认和处理等功能。在盘点单设置中可对商品、库位等参数进行设定以确定一次盘点的范围,提高了盘点作业的灵活性及易操作性。确认实际盘点数据与信息系统中在库数据的差异时,找出盘点差异的发生原因并对系统中商品的在库数量和在库金额进行修正。

仓库一般分为仓储区和拣货区,实际出货的商品通常从拣货区货架上拣取,因而拣货区的货架需要保持一定数量的商品以满足该商品的日常配量,这个数量即安全库存。当拣货货架上的商品数量小于安全库存时,系统给出从仓储区到拣货区的补货指示。同时,系统提供紧急补货的功能,即当一次出库数量大于拣货区商品数量时,从仓储区直接拣取商品出库。

4. 入库作业子系统

该子系统包括月台排程、商品验收入库及退货入库等模块。

月台排程模块根据采购单上的到货时间、商品数量为运输车辆安排卸载的地点，避免仓库入口处车辆等待的混乱状态，提高入库作业的效率。

商品验收入库模块包括验收单据打印、商品标签打印、商品实收确认及商品入库库位指定等功能，其中仓库库位既可由系统根据预先设定的商品库位对应关系自动指定，也可由操作员根据实际仓储情况随机指定。

退货入库模块将退货商品存储到指定的待处理区中，再根据退货商品的实际情况分别按照正常品、残次品和废品进行处理。

5. 配货管理子系统

该子系统为网点订单分配库存，并在库存数量不足的情况下自动进行缺货处理。系统将从总部和网点接收到的订货信息统一处理成网点订单的形式，判断配送中心实际库存数量是否满足订货数量，在库存不足的情况下根据订单的接收时间、网点优先级别等条件重新分配网点的订货数量或采用替代商品替代库存不足的订货商品。

6. 出库作业子系统

该子系统包括出库订单的汇总、拣货处理、分拣处理、出库单据输出、派车排程和配送确认等功能，系统可根据配送中心的分拣能力、出货能力，将等待出库的订单按照优先级或配送路径分批进行出库处理。出库处理生成多种相关处理清单及业务单据。包括拣货清单、分拣清单、包装加工清单、补货单和网点配送单等。

拣货清单生成时按照先进先出的出库原则，清单上指定商品拣选的库位及数量并将商品按照库位顺序排列，以方便拣取作业。系统提供了最为常用的按单拣选和批量拣选两种拣选处理方式。采用按单拣选的方式时，一张拣选清单上对应一个网点的商品，省去了分拣作业处理，可以有效地提高出库作业效率；采用批量拣选方式时，拣取出的是各网点商品的总量，需要按照分拣清单上每一网点的订货量进行商品的分拣处理。

排程模块可按照区域路径为网点事先设定其所属的排程及对应的车辆，每次配送作业既可按照预设的排程和车辆自动进行配送安排，又可按照实际配送的网点、商品数量增派、替换或随机分配其他车辆。

7. 经营查询分析子系统

包括经营业务查询、仓储业务查询、仓储状态查询、商品库存查询、库存超限查询、库存账表查询和商品进配存查询等多项综合查询功能；还包括采购分析、销售分析、库存分析和商品流转分析等多项分析功能。

8. 系统设置管理子系统

该子系统包括系统初始化设置、系统日志管理、数据备份及优化管理等。其中初始化设置对系统中所涉及到的所有基本参数进行设定及维护。

5.5.5 第三方物流系统管理

第三方物流系统是一个由不同利益主体组织调度各种软件资源（如规章条例、合同、制度和知识技能等）和硬件资源（如运输设备、搬运装卸机械、仓库、机场、车站、道路和网络设施等），在一定的外部环境中进行物流活动的"人—机系统"。系统整体的运作效果是由内外各种因素相互作用决定的。

连锁企业之所以选择外包,是考虑到企业自身战略发展的需要,自营物流已不能够支持企业配送的需求,因此外包给运作水平更高的第三方物流进行经营。

连锁企业会根据硬件设施、价格、业务范围、服务水平、发展潜力及信誉状况等多项指标评价、优选物流服务商,与之结盟,并通过确立合理的运行机制保障这种委托代理关系的长期、高效进行。

全日食连锁店的配送中心

全日食株式会社目前在日本拥有 2000 家自愿加盟的连锁店,其中绝大部分是中、小型的超市。全日食公司在日本共有 13 个配送中心,每天出货量约 1 万箱,其中 1 个配送中心位于日本东京,负责向东京东 5 个县的 570 个加盟店配送商品。

东京的配送中心,推行零库存政策,要求信息精确管理,以达到进货、出货的精确性。该配送中心对单店一个星期配送 3 次,有 35 部配送卡车,员工 70 位,其中一半是临时工,该配送中心在每天早晨 9:30 分以前就把所有的货物送到各家店铺了,所以在 9:30 之后进入该配送中心,就会发现那是一个整洁、空荡的大仓库。

为了节省时间,该配送中心在进货的同时就开始验货,而且切实运用信息管理,充分利用 POS 机上收集的资料,算出最适合的进货数量、项目等。18 年前引入全日食连锁店体系的信息管理系统,对该连锁体系贡献巨大。例如几年前,一次电脑出故障,停了一天,结果动用了 236 个人来应付此状况,由此可见,信息系统所节省的人力成本是多么可观。

总之,全日食连锁体系在加盟体系的竞争力充实之后,就开始整合,成立配送中心,加盟店每天要的商品,都是用电子订货系统 EOS 向总部订货,由配送中心配送,目前他们的配送中心能够达到"零库存"管理,即所谓的通过型的配送中心,切实提高了物流的效率。因为在零售和物流方面的成功,全日食公司能突破既有限制,使销售上的毛利能够提高到 20% 到 26%。

在全日食的经营体系中,其相当重要而且成功之处就是运用 POS 资料,来妥善指导各加盟店,并且建立生鲜、干货分别处理的配送中心。由于其总部指导者拥有对销售分析的第一手信息,因此能够用调查数据去指导各加盟店,并且在物流上,做到生鲜品的低温保鲜配送以及零库存的生鲜配送。

请思考:全日食配送中心是如何利用信息系统进行工作的。

 【本章小结】

本章主要是对商品、连锁企业的相关概念进行介绍。并从连锁企业商品价格管理、商品采购管理、连锁企业物流配送管理、商品促销管理、连锁门店信息管理等方面进行相关阐述,为今后连锁经营专业相关课程的学习奠定基础。

 【本章实训】

【实训主题】设计一份某连锁企业配送中心规划与配送业务方案。

【实训过程设计】将学生分成 3—4 人一组,结合所学连锁经营有关理论知识,对当地某一连锁企业进行实地调查,为该公司设计一份配送中心规划与配送业务的方案设计。最后的设计方案由老师点评。

第 6 章　连锁企业的财务管理

【学习目标】

- 掌握连锁企业财务管理的内涵
- 掌握连锁企业货币资金与融资管理
- 掌握连锁企业存货与固定资产管理
- 掌握连锁企业财务计划与费用控制

【案例导入】

国美的资金安全管理

家电连锁企业资金流量大,尤其在销售旺季,单个门店的日现金收入都超过 1 000 万元,因此确保资金的安全非常重要。

国美电器为了确保资金的安全,主要通过以下方式进行资金管理。

1. 现金管理

要求各分部和门店按照公司规定的库存现金限额控制每日现金余额,门店收到的现金必须在 18 小时之内送存银行,不得坐支现金。任何人不得将公款以个人名义存入银行,不得挪用公司公款。门店出纳、分部出纳人员应该严格按照公司的规定使用现金,认真审核各种原始单据,每天日结后要核对账面结余数与库存实际数,做到账实相符,日清日结。各分部根据库存现金的盘点制度,每月定期(至少一次)和不定期地对门店现金进行抽盘或突击盘点。每个月对每个门店至少做一次突击盘点。

2. 银行存款管理

各分部定期核对银行存款余额,按月由不相容岗位会计人员编制《银行存款余额调节表》,由会计主管进行审核,对于调节表中的未达账项要逐笔落实,及时处理,不允许出现长期的未达账项。支票的领取必须建立《支票使用备查登记簿》和审批制度,禁止签发无收款单位、无金额的支票。各分部不准签发没有资金保证的票证或远期支票,套取银行信用,不准签发、取得或转让没有真实交易或债权债务的票据，套取银行和他人资金。

3. 票据和有关财务印鉴的管理

出纳负责票据的管理，要设立备查簿分类记录银行票据的购买、保管、领用、背书、转让和注销情况。防止空白票据的遗失和被盗用。

对银行印鉴实行分开管理的办法，出纳负责保管单位负责人印章，财务总监或其授权人负责管理各分部的财务专用章、支票密码。

4. 银行账户的开立和使用

根据账户用途及性质，将银行账户分为结算账户、费用账户和纳税账户。公司要求各分部根据业务的需要设立、注销银行账户，必须事先上报有关部门批准，严禁擅自设立、随意开户、任意销户。实行专款专用。

【课堂讨论】

请说明国美电器资金安全管理的特点。将讨论结果填入表 6-1 中。

表 6-1　　　　　　　　　　　　　讨论结果

讨论人	观　点
自己的观点	
同学的观点	
老师的观点	

【本章知识结构图】

本章知识结构图如图 6-1 所示。

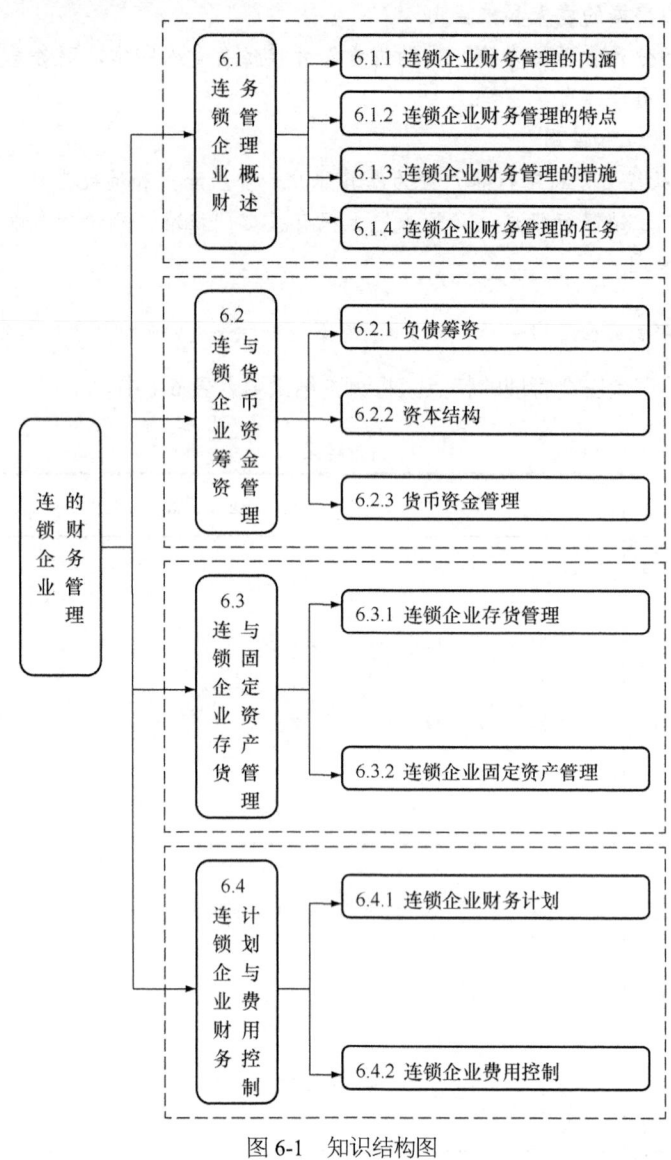

图 6-1　知识结构图

6.1　连锁企业财务管理概述

6.1.1　连锁企业财务管理的内涵

1. 连锁企业财务管理的概念

财务管理是在一定的整体目标下,关于资产的购置（投资）、资本的融通（筹资）、经营中现金流量（营运资金）以及利润分配的管理。财务管理是企业管理的一个组成部分,它是根据财经法规制度，按照财务管理的原则，组织企业财务活动，处理财务关系的一项经济管理工作。

连锁企业财务管理是指本着责、权、利相结合的原则，通过各种财务管理手段对连锁经营企业的各个部门，企业经营的全过程，商品进、存、销的每一个结算环节进行监督、检查和控制，进而规范整个企业的工作流程，同时进行企业的经营分析，使领导者全面了解企业的经营情况，为领导者进行科学的经营决策提供依据。健全、有效的财务管理是连锁经营企业依法自主理财，约束企业经营行为，管理企业各项经济活动的重要手段。

2. 连锁企业财务管理的核算方式

根据连锁经营企业经营规模和经营范围的不同，可以将连锁企业财务管理核算方式分为独立核算和非独立核算两种方式。

（1）独立的财务核算方式

独立的财务核算方式是指总公司实行独立的财务核算方式，各连锁店也实行相对独立的财务核算方式，总部与各连锁店都是各自独立核算。在此种财务核算方式下，总部和连锁店都设立各自独立的会计套账系统。总部对连锁店经营所需要的商品进行统一采购，按需将商品配送到各下属连锁店。涉及货物转移的，对各店按统一标准加价后进行结算，并按各店的当期销售额开具增值税专用发票（一般纳税人）或普通发票。连锁店凭发票做购进，并结转成本，计算结转当期利润，出具会计报表，定期将利润转给总公司。总公司在收到各店转来的利润及会计报表后，合并抵销形成合并会计报表。

（2）非独立财务核算方式

非独立财务核算方式是指总公司实行独立的财务核算方式，各店不单独进行财务核算，各店的所有费用支出均由总公司来报销。此种核算方式下，总公司会计人员应对各店的经营过程实行内部财务核算，考评其经营效益，明确劳动薪酬，按照实际经营规模为各店制定备用金制度，连锁店实行报账制，不设会计机构，只设核算专员，可以设置部分辅助会计账簿，上缴营业收入，计算本店的各项费用支出，人员工资发放，负责本店备用金保管等。总公司拥有本企业的所有经济资源或其控制权，总公司对各店需要的商品进行统一采购，按各店经营需要调剂配货，商品发生实物转移时，只需对库存商品明细账进行调整。各店发生的销售活动取得的收入，均上缴总公司。总公司编报独立的财务报表。

6.1.2 连锁企业财务管理的特点

1. 统一核算，分级管理

由连锁总部进行统一核算是连锁经营众多统一中的核心。区域性的连锁企业由总部实行统一核算；跨区域且规模较大的连锁企业，建立区域性的分总部，负责对本区域内的店铺进行核算，再由总部对分总部进行核算。连锁企业统一核算的主要内容包括：对采购货款进行支付结算；对销售货款进行结算；进行连锁企业的资金筹集与调配等。店铺一般不设专职财务人员，店铺与总部在同一区域内的，由总部统一办理纳税登记，就地缴纳各种税款；店铺与总部分跨不同区域的，则由该区域的分总部或店铺向当地税务机关办理纳税登记，就地缴纳各种税款。区域分总部定期向总部汇报该区域各店铺的经营情况、财务状况及各项制度执行情况。原则上连锁企业在建立时就实行统一核算，有特殊情况的企业在实行连锁初期，分阶段、分步骤地逐步实行统一核算。

2. 票流、物流分开

由于连锁企业实行总部统一核算，由配送中心统一进货，统一对门店配送，因而从流程上看，票流和物流是分开的，这同单店式经营中资金与商品同步运行有着较大不同。因此，在连锁企业中财务部门与进货部门要保持紧密的联系。财务部门在支付货款前,要对进货部门转来的税票和签字凭证认真核对。同时,企业财务制度要规定与付款金额数量相对应的签字生效权限。

3. 资产统一运作和使用

连锁经营的关键是发挥企业的规模效益,主要体现在以下方面。

① 连锁企业从表面上看是多店铺的结合,但由于实行了统一的经营管理,企业的组织化程度大大提高,特别是统一进货、统一配送,使资产的规模优势充分发挥出来。

② 由总部统一核算,实行资金的统一管理,提高了资金的使用效率和效益,降低了成本,减少了费用,增加了利润。

③ 实行资产和资金的统筹调配、统一调剂和融通。总部有权在企业内部对各店铺的商品、资金和固定资产等进行调动,以达到盘活资产,加快商品和资金周转,获取最大的经济效益的目的。

4. 地位平等,利益均衡

连锁企业利润的取得是各个部门通力协作共同创造的,各方都应遵循利益均沾、风险共担、地位平等、协商共事的原则,不以牺牲对方利益来获取自身利益。

6.1.3 连锁企业财务管理的措施

1. 财务岗位职责控制

① 建立健全不同会计岗位责任制,明确不同会计岗位的职责分工。

② 根据会计不相容岗位的管理要求,如公司的出纳不能兼任稽核,不得进行与收入、支出、费用等相关的记账工作。

2. 授权审批控制

① 企业可以利用网上银行技术,用比较直接的手段来确定审批人对现金业务的授权审批方式和权限。

② 对涉及现金的报销业务要按照申请、审批、复核、支取的流程办理。

③ 要明确不同人员办理现金业务的权力及职责范围,做好岗位工作规范,以便更好地开展日常工作。

3. 资金管控

现金管理控制应建立起只有总部才可以支取现金的制度,各连锁店除收取销售款存入银行账户外,不得支取现金,以保证货币资金的安全。

① 实行日常现金库存限额控制管理制度、措施。

② 收到现金应立即存入公司银行账户,严禁公款私存,不得有现金坐支现象及白条抵库。

③ 建立健全现金支出范围的相关制度,要严格遵守执行。

④ 要严格执行货币资金收支两条线管理思路。

⑤ 不定期盘点库存现金情况,坚决杜绝白条抵库现象,做到账实相符。

4. 银行存款控制

① 各连锁店要根据每天的收款情况,及时查询银行账面余额,当银行账面余额超过一定数额时就应向总部转款,并且保证每周至少一次及每月月底前转款。如有特殊情况有大额支出需要做预留时,要与财务人员进行沟通并说明情况,以保证货币资金的安全。

② 加强日常各店银行账户管理,就近设立基本户,按照公司规定办理各种涉及现金的相关业务。

③ 各店在月初取得银行对账单后立即转交财务人员，由财务人员编制银行余额调节表，对未达账项要及时做出调整，以保证账单相符。

5. 各类票据的管控

规范各类票据的采买、保存、领取、使用和销毁等相关环节的工作职责及流程，避免出现空白票据遗失、盗用现象。

6. 各种印章的管控

① 制定印章管理规定，明确印鉴管理人员职责。
② 严格执行签字盖章手续。
③ 财务印鉴要由专人来保管，名章应由本人或其授权人负责保管。一人不得保管支付款项所需的全部印鉴。

6.1.4 连锁企业财务管理的任务

1. 合理筹集资本，及时满足需要

资金是企业赖以生存和发展的前提条件。财务管理的首要任务是从各个渠道合理地筹集资金，满足企业经营对资本的需要。连锁企业在筹集资本时，要全面考虑筹资渠道、筹资方式、筹资规模和筹资时间等因素。

2. 统一规划企业的长短期投资，合理配置企业资源

企业筹资的目的是为了投资。确定企业的投资方向和投资规模，制订企业长短期投资计划并据以进行项目投资决策，是财务管理的核心任务之一。这不仅关系到企业有限的资源能否合理配置和有效运用，而且直接关系到企业未来的发展方向、发展规模和发展前景，对企业的生存和发展具有决定性意义。

3. 加强日常资金管理，提高资金使用效率

加强日常资金使用的控制和监督，是提高资金的使用效率、节约开支的重要手段。因此，在连锁企业经营的过程中，要保持资金的收支平衡，及时处理企业临时闲置资金，以获取短期投资收益。

4. 合理分配收益，协调经济利益关系

协调各方面经济利益关系是企业财务管理的一项重要任务，在处理经济利益关系时，首先要处理好企业与所有者的利益关系，但是，保障所有者的利益不能以损害其他方面的利益为代价。相反，要从根本上保障所有者的利益关系。只有在各方面利益关系协调的前提下，企业所有者的利益才能从根本上得到保证。

5. 进行财务监督，维护财经纪律

财务监督是通过财务收支的审批和财务指标的考核对企业的生产经营活动进行审查和控制。通过对各项财务收支进行严格的审查和控制，消除不合法的收入和支出，维护财经纪律，杜绝贪污和浪费现象，保证资产的安全完整。

6.2 连锁企业筹资与货币资金管理

资金是连锁企业生存和发展的基础，没有一定的资金作支持，连锁企业生存发展必然会受到制约和影响。然而，仅仅依靠连锁企业自有的资金是难以适应快速发展的需要的，且存在较大的风险，一旦投资失败就会带来破产的风险。为此，就需要采取有效措施积极筹集资金。

6.2.1 负债筹资

筹资是连锁经营企业根据其经营、对外投资及调整资本结构的需要,通过筹资渠道和资金市场,并运用筹资方式,经济、有效地筹集企业所需的资金。

负债筹资是连锁经营企业满足资金需要的一种主要方式。通常绝大多数企业都运用负债来筹集资金。负债投资可按其使用时间的长短,分为短期负债筹资和长期负债筹资。

短期负债筹资是指可以在一年内或一个营业周期内偿还的债务,包括银行借款和商业信用。筹集短期资金具有成本低、弹性好、速度快和风险大等特点,短期资金的筹集工作是连锁经营企业的一项重要财务工作。

1. 银行借款

银行借款是指连锁经营企业向银行金融机构借入的期限不到一年的短期借款。按照国际通行做法,银行发放借款往往带有一些信用条件,主要有信贷限额、周转信贷协定、补偿性余额。

(1) 信用条件

① 信贷限额。指银行与连锁企业之间商定,在未来一定时间内,对借款人规定的无担保贷款的最高限额(一般是1年定1次)。连锁企业只能在商定的贷款额度内运作资金,任何时候都不能超过这个额度。

② 周转信贷协定。指银行具有法律义务地承诺提供不超过某一最高限额贷款的协定。企业享有周转信贷协定时,通常要就贷款限额的未使用部分付给银行一笔承诺费。

③ 补偿性余额。指用户能够要求借款企业在银行中保持按贷款限额或实际借用额一定百分比的最低存款余额。对于借款人来讲,补偿性余额提高了借款的实际利率。

④ 借款抵押。指银行向财务风险较大的企业或对其信誉不甚有把握的企业发放贷款,有时需要有抵押品担保,以减少自己蒙受损失的风险。短期借款的抵押品经常是借款企业的应收账款、存货等。

(2) 支付银行借款利息的方式

银行借款的成本决定于贷款利率的高低和支付利息的方式。

① 收款法。指在借款到期时向银行支付利息的方法,银行向连锁企业发放贷款大都采用这种方法收息。

② 贴现法。指银行向企业发放贷款时先从本金中扣除利息部分,而到期时借款企业则要偿还全部本金的一种计息方法,其贷款的实际利率高于名义利率。

③ 加息法。指银行发行分期等额偿还贷款时采用的利息收取方法。在分期等额偿还贷款的情况下,银行要将根据名义利率计算的利息加到贷款本金上,计算出贷款的本息和,要求企业在贷款期内分期偿还本息之和的金额。

银行实力雄厚,资金充足,能为连锁企业提供较多的短期贷款。采用银行借款方式进行筹资,不仅能满足连锁企业经常性和季节性的资金需要,而且银行贷款弹性较好,可根据资金多少情况借款或还款;但与商业信用相比,银行贷款不仅成本较高,限制较多,而且银行还要对企业实行一定的控制。此外,短期贷款的风险大于长期借款,可能会出现不能偿付的风险。

2. 商业信用

商业信用是连锁企业在商品购销活动过程中因延期或分期付款或预收货款和延期交货而形成的借贷关系,它是由商品交易中货与钱在时间与空间上的分离而形成的企业间的直接信用行为。商业信用产生在银行信用之前,在银行信用出现以后,它仍然存在。它的表现形式主要是先取货后付款和先付款后取货两种，是自然性融资。商业信用的偿还压力和风险较大，但成本低，有时无成本。主要类型有应付账款、应付票据和预收货款等。

（1）商业信用筹资管理

商业信用筹资量的多少取决于以下因素：信用额度的多少；允许按发票面额付款的最迟期限；享有现金折扣期的长短；享有现金折扣率的大小。

商业信用筹资管理的重点是如何在扩大筹资数量、免费使用他人资金与享有现金折扣、减少机会成本之间进行比较。信用条件是销货方对偿付期限和先进折扣所做的具体规定。一般用"2/10、1/20、$n/30$"来表示。说明偿付期限为30天，购买在10天内付款可享受2%的现金折扣，在11—20天内付款可享有1%的现金折扣；若不享受现金折扣，货款可在30天内付清，超过视为拖欠。企业可以享有现金折扣、放弃现金折扣、逾期付款。放弃现金折扣有一个放弃成本，企业应将放弃成本率与银行借款利率相比，如果大于银行借款利率，则企业的代价太大，对企业不利。

（2）商业信用筹资的优缺点

商业信用是一种自然性融资，商业信用是一种很好的集资方式，不但使用方便，无实际成本，而且没有其他短期融资（如银行借款）的限制和约束，但商业信用时间一般较短，如果到期不付款，就会影响企业信誉，给以后筹集资金和交易带来不便。

长期负债筹资是指可以在一年或超过一年的一个营业周期以上偿还的债务。连锁企业利用长期负债方式筹集资金能降低财务风险，保证经营资金的需要，包括长期借款和融资租赁等。

3. 长期借款

长期借款是指连锁企业根据借款协议或合同向银行或其他金融机构借入的期限在一年以上的各种借款，它以连锁企业的商品经营及获利能力为依托，用于满足企业长期资产投资和永久性流动资产需要。

由于长期借款数额较大、期限较长，连锁经营企业在借款期内财务状况可能会发生变化，所以贷款企业在从事长期贷款时较为谨慎，要求按照一定的程序进行。

（1）长期借款条件

要获得长期借款，必须具备这些条件：独立核算、自负盈亏、有法人资格；经营方向和业务范围符合国家产业政策，借款用途属于银行贷款办法规定的范围；借款企业具有一定的物资和财产保证，担保单位具有相应的经济实力；具有偿还贷款的能力；财务管理和经济核算制度健全，资金使用效益及企业经济效益良好；在银行设有账户，可办理结算。

银行为了保护其自身权益，保证到期能回收贷款，要求企业保持良好的财务状况，这就是借款协议中的保护性条款。借款协议使得银行拥有干预借款人行为的法律能力。

（2）长期借款的成本

长期借款的利息率通常高于短期借款，但信誉好或抵押品流动性强的借款企业，仍然可以争取到较低的长期借款利率。长期借款利率有固定利率和浮动利率两种。浮动利率通常有最高、最低限，并在借款合同中明确规定。对于借款企业来讲，若预测市场利率将上升，应与银行签订固定利率合同；反之，则应签订浮动利率合同。

除了利息外，银行还会向借款企业收取其他费用，如实行周转信贷协定所收取的承诺费，要求借款企业在本银行中保持补偿余额所形成的间接费用。这些费用会增加长期借款的成本。

（3）长期借款的优缺点
① 优点：筹资迅速、借款弹性大、成本低、发挥财务杠杆作用和易于企业保守财务秘密。
② 缺点：筹资风险大、使用限制多和筹资数量有限。

4. 融资租赁

租赁是指出租人在收取承租人租金的条件下，在契约或合同规定的时期内，给予承租人使用资产的权利。租赁的种类很多，按照租赁性质其基本上可分成经营性租赁和融资性租赁两大类，这里主要介绍融资租赁。

（1）融资租赁的概念

融资租赁是指出租人根据承租人对租赁物件的特定要求和对供货人的选择，出资向供货人购买租赁物件，并给承租人使用，承租人则分期向出租人支付租金，在租赁期内租赁物件的所有权属于出租人所有，承租人拥有租赁物件的使用权。租期届满，租金支付完毕并且承租人根据融资租赁合同的规定履行完全部义务后，对租赁物的归属没有约定的或者约定不明的，可以协议补充；不能达成补充协议的，按照合同有关条款或者交易习惯确定；仍然不能确定的，租赁物件所有权归出租人所有。

（2）融资租赁的特征

① 租赁物由承租人决定，出租人出资购买并租赁给承租人使用，并且在租赁期间内只能租给一个企业使用。

② 承租人负责检查验收制造商所提供的租赁物，对该租赁物的质量与技术条件出租人不向承租人做出担保。

③ 出租人保留租赁物的所有权，承租人在租赁期间支付租金而享有使用权，并负责租赁期间租赁物的管理、维修和保养。

④ 租赁合同一经签订，在租赁期间任何一方均无权单方面撤销合同。只有租赁物毁坏或被证明为已丧失使用价值的情况下方能终止执行合同，无故毁约则要支付相当重的罚金。

⑤ 租期结束后，承租人一般对租赁物有留购和退租两种选择，若要留购，购买价格可由租赁双方协商确定。

（3）融资租赁的优缺点

① 优点。一是加速生产企业资金周转，及时解决承租人资金短缺的困难，使一些企业在资金缺乏的情况下，迅速获得所需设备，有利于企业尽快形成生产能力，占领市场，打开销路。二是保障款项的及时回收，便于编制资金预算，简化了财务核算程序；明确租赁期间的现金流量，利于资金安排。三是能减少设备淘汰的风险。由于融资租赁的期限一般多为资产使用年限的75%左右，故承租人不会在整个使用期间都承担设备陈旧过时的风险。

② 缺点。资金成本较高；不能享有设备残值；固定的租金支付构成一定的负担；相对于银行信贷而言，风险因素较多，风险贯穿于整个业务活动中。

6.2.2 资本结构

1. 资本结构的含义

资本结构是指连锁企业各种资本的价值构成及其比例关系。广义的资本结构又称为财务结构，是指全部资金（包括长期资金、短期资金）的构成及其比例，一般包括债务资本和股权资本的结构、长期资本与短期资本的结构，以及债务资本的内部结构、长期资本的内部结构和股权资本的内部结构等。狭义的资本结构是指各种长期资本构成及其比例，尤其是指长期债务资本与（长期）

股权资本之间的构成及其比例关系。

影响资本结构的因素包括：①企业财务状况；②企业资产结构；③企业产品销售情况；④投资者和管理人员的态度；⑤贷款人和信用评级机构的影响；⑥行业因素；⑦所得税税率的高低；⑧利率水平的变动趋势。

对连锁企业而言，各种筹资方式所筹集的资金在资金总额中的比重多少，是财务结构问题，财务结构的中心是资本结构，它是指连锁企业各种长期资本的构成，因此，资本结构是决定财务结构的关键。

2. 资本结构理论

资本结构理论包括净收益理论、净营业收益理论、MM 理论、代理理论和等级筹资理论等。

（1）净收益理论

该理论认为，负债可以降低企业的资本成本，负债程度越高，企业的价值越大。这是因为债务成本和权益资本均不受财务杠杆的影响，无论负债多么高，企业的债务资本和权益资本成本都不会变化。因此，只要债务成本低于权益资本，那么负债越高，企业加权平均资本成本就越低，企业的价值就越大。当负债比率为100%时，企业的价值将达到最大。

（2）净营业收益理论

该理论认为，资本结构与企业的价值无关，决定企业价值高低的关键要素是企业的净营业收益。尽管企业增加了成本较低的债务资金，但同时也加大了企业的风险，导致权益资金成本的提高，企业的综合资金成本仍保持不变。不论企业的财务杠杆程度如何，其整体的资金成本不变，企业的价值也就不受资本结构的影响，因而不存在最佳资本结构。

（3）MM 理论

MM 理论认为，在没有企业和个人所得税的情况下，任何企业的价值，不论其有无负债，都等于经营利润除以适用于其风险等级的收益率。风险相同的企业，其价值不受有无负债及负债程度的影响。但在考虑所得税的情况下，由于存在税额庇护利益，企业价值会随负债程度的提高而增加，股东也可获得更多好处。于是，负债越多，企业价值也就越大。

（4）代理理论

代理理论认为，企业资本结构会影响经理人员的工作水平和其他行为选择，从而影响企业未来现金收入和企业市场价值。该理论认为，债权筹资有很强的激励作用，并将债务视为一种担保机制。这种机制能够促使经理多努力工作，少个人享受，并且作出更好的投资决策，从而降低由于两权分离而产生的代理成本；但是，负债筹资可能导致另一种代理成本，即企业接受债权人监督而产生的成本。均衡的企业所有权结构是由股权代理成本和债权代理成本之间的平衡关系来决定的。

（5）等级筹资理论

等级筹资理论有如下观点：①外部筹资的成本不仅包括管理和证券承销成本，还包括不对称信息所产生的"投资不足效应"而引起的成本。②债务筹资优于股权筹资。由于企业所得税的节税利益，负债筹资可以增加企业的价值，即负债越多，企业价值增加越多，这是负债的第一种效应；但是，财务危机成本期望值的现值和代理成本的现值会导致企业价值的下降，即负债越多，企业价值减少额越大，这是负债的第二种效应。由于上述两种效应相抵消，故企业应适度负债。③由于非对称信息的存在，企业需要保留一定的负债容量以便有利可图的投资机会来临时可发行债券，避免以太高的成本发行新股。

从成熟的证券市场来看，企业的筹资优序模式首先是内部筹资，其次是借款、发行债券、可转换债券，最后是发行新股筹资。

3. 资本成本

（1）资本成本的概念

资本成本是企业筹集和使用资本而承付的代价，包括筹资费用和用资费用两部分，有不同于一般商品成本的某些特性，是评价投资项目，是比较投资方案和进行投资决策的经济标准，是评价企业整个经营业绩的基准。

① 筹资费用，指企业在筹集资本过程中为取得资金而发生的各项费用，如银行借款的手续费，发行股票、债券等证券的印刷费、评估费、公证费、宣传费及承销费等。筹资费用通常在资本筹集时一次性发生，在资本使用过程中不再发生，因此，视为筹资数额的一项扣除。

② 用资费用，是指企业在资本使用过程中因占用资本而付出的代价，如向银行等债权人支付的利息，向股东支付的股利等。占用费用是因为占用了他人资金而必须支付的，是资本成本的主要内容。

（2）资本成本的意义

资本成本是财务管理中的重要概念，是企业的投资者（包括股东和债权人）对投入企业的资本所要求的收益率，也是投资本项目（或本企业）的机会成本。

资本成本的概念广泛运用于企业财务管理的许多方面。对于企业筹资来讲，资本成本是选择资金来源、确定筹资方案的重要依据，企业力求选择资本成本最低的筹资方式。对于企业投资来讲，资本成本是评价投资项目、决定投资取舍的重要标准。资本成本还可用作衡量企业经营成果的尺度，即经营利润率应高于资本成本，否则表明业绩欠佳。

（3）最佳资本结构判断标准

最佳的资本结构，是指企业在一定时期内，使加权平均资金成本最低、企业价值最大时的资本结构。其判断的标准如下。

① 有利于最大限度地增加所有者财富，能使企业价值最大化。

② 企业加权平均资金成本最低。

③ 资产保持适当的流动，并使资本结构富有弹性。

4. 降低资本成本的途径

降低资本成本，既取决于企业自身筹资决策，也取决于市场环境，要降低资本成本，要从以下几个方面着手。

（1）合理安排筹资期限

原则上看，资本的筹集主要用于长期投资，筹资期限要服从于投资年限，服从于资本预算，投资年限越长，筹资期限也要求越长。但是，由于投资是分阶段、分时期进行的，因此，企业在筹资时，可按照投资的进度来合理安排筹资期限，这样既减少了资本成本，又减少了资金不必要的闲置。

（2）合理利率预期

资本市场利率多变，因此，合理利率预期对债务筹资意义重大。

（3）提高企业信誉，积极参与信用等级评估

要想提高信用等级，首先必须积极参与等级评估，让市场了解企业，也让企业走向市场，只有这样，才能为以后的资本市场筹资提供便利，才能增强投资者的投资信心，才能积极有效地取得资金，降低资本成本。

（4）积极利用负债经营

在投资收益率大于债务成本率的前提下，积极利用负债经营，取得财务杠杆效益，降低资本成本，提高投资效益。

（5）积极利用股票增值机制，降低股票筹资成本

对企业来说，要降低股票筹资成本，就应尽量用多种方式转移投资者对股利的吸引力，而转向市场实现其投资增值，要通过股票增值机制来降低企业实际的筹资成本。

5. 避免筹资风险的措施

（1）确定最佳资本结构

所谓最佳资本结构是指在企业可接受的最大筹资风险以内，总资本成本最低的资本结构。一个企业只有股权资本而没有负债资本，虽然没有筹资风险，但是资金成本较高，收益也不能最大化。反之，如果没有股权资本，企业也不可能接收到负债性资本。如果负债资本多，企业的资金成本虽然可以降低，收益可以提高，但风险却加大了。因此，应确定一个最佳资本结构，在筹资风险和筹资成本之间进行权衡，使企业价值最大化。

（2）合理安排筹资期限组合方式

筹措长期资本，成本较大、弹性小、风险小，而短期资本则与之相反。因此，企业在安排长、短期筹资方式的比例时，必须在风险与收益之间进行权衡。

（3）科学预测利率及汇率的变动

利率变动主要是由货币的供求关系变动和物价上涨率以及政策干预引起的。利率的经常变动给企业的筹资带来很大的风险。这就需要根据利率的走势，认真研究资金市场的供求情况，作出相应的筹资安排。在利率处于高水平时期，尽量少筹资或只筹急需的短期资金。在利率处于由高向低过渡时期也尽量少筹资，不得不筹的资金，应采用浮动利率的计量方式。在利率处于低水平时，筹资较为有利。在利率由低向高过渡时期，应积极筹措长期资金并尽量采用固定利率的计息方式。

另外，应积极使用金融工具规避利率变动带来的筹资风险，如利率互换、远期利率合约，利率期货和利率期权等。

6.2.3 货币资金管理

1. 货币资金管理的概念

货币资金管理也称现金管理。货币资金是指连锁企业在经营活动中停留在货币形态的资金，包括现金、银行存款和在途货币资金，它们是流动资金中最活跃的项目，也是最必需的项目。一个企业货币资金拥有量的多少，标志着它偿债能力和支付能力的大小，是投资者分析、判断财务状况的重要指标，在企业资金循环周转过程中起着连接和纽带的作用。因此，商业企业需要经常保持一定数量的货币资金，既要防止不合理地占压资金，降低企业的收益水平，又要保证业务经营的正常需要，并按照货币资金管理的有关规定，对各种收付款项进行结算。

货币资金管理的目的是既要力求保证企业业务的需要，降低风险，又要避免企业有过多的闲置资金，防止浪费。回避资金管理的内容包括3个方面：现金管理、备用金管理和资金盘点管理。

2. 现金管理

（1）现金管理目标

现金管理是投资理财的重要一环，现金管理的目标首先是要确保现金的安全性、流动性，以便不时之需，并时刻准备把握更好的投资机会。其次是收益性，即提高现金利用率，在资产的流动性和赢利能力之间做出抉择，减少现金闲置浪费，以获取最大的长期利润。

现金是企业资产中流动性最强的资产，属于现金内容的项目包括企业的库存现金、各种形式的银行存款和银行本票、银行汇票。

（2）现金管理动机

现金的管理要与其持有现金的动机联系起来考虑，企业置存现金的原因，主要是满足交易、预防和投机3个。

① 交易动机。交易动机是指持有现金以满足日常交易的需要，如购进商品、支付工资、交纳税款等。企业每天的现金流入和现金支出很少同时等额发生，保留一定的现金余额在现金支出大于现金流入时，不致中断交易。连锁企业为了交易动机而持有的现金余额通常被称为交易性余额。交易性余额的数量取决于销售水平。正常营业活动所产生的现金收入和支付以及他们的差额，一般同销售成正比例变化。其他现金的收支，如买卖有价证券、购入机器设备、偿还贷款等，比较难预测，但随着销售数量的增加，都有增加的倾向。

② 预防动机。预防动机也称谨慎动机，是指企业在现金管理时，为了预防意外的支付而持有一部分货币的动机。企业预计的现金需要量一般是指正常情况下的需要量，但有许多意外事件会影响企业现金的收入与支出，如自然灾害、经营事故、主要顾客未能及时付款等，都会打破企业的现金预算，使现金收支出现不平衡。因此，一般来说，企业除持有正常情况下的需求量以外，还应该持有一定数量的现金，以便更好地应付这些意外事件的发生。

为预防动机而持有的现金余额称为预防性现金余额。预防性现金余额的多少取决于以下3个因素：一是现金收支预测的可靠程度；二是企业临时借款能力；三是企业愿意承担的风险（现金短缺风险）程度。

③ 投机动机。企业的现金是与有价证券投资联系在一起的，即用多余的现金购买有价证券，需要现金将有价证券变现成现金。但是，有价证券的价格与利率的关系非常紧密，一般来说，利率的下降会使有价证券的价格上升；利率上升会使有价证券的价格下降。当企业持有大量现金要购买有价证券时，可能由于预测利率将要上升而停止购买有价证券，这样企业就会持有一定量的现金，即投机现金需求。

（3）现金收支管理

① 现金使用范围。现金使用范围为：支付职工工资、津贴；支付个人劳务报酬；根据国家规定颁发给个人的科学技术、文化艺术、体育等各种奖金；支付各种劳保、福利费用以及国家规定的对个人的其他支出；向个人收购农副产品和其他物资的价款；出差人员必须随身携带的差旅费；结算起点（1 000元）以下的零星支出；中国人民银行需要支付现金的其他支出。

② 规定了库存现金限额。企业库存现金，由其开户银行根据企业的实际需要核定限额，一般以3—5天的零星开支额为限。

③ 不得坐支现金。现金收入应及时存入银行，不得直接用于支付单位自身的支出。因特殊情况需坐支现金的，需事先报开户银行审查批准。单位借出款项必须执行严格的审批程序，严禁擅自挪用、借出现金。

④ 不得保存账外公款。包括不得将公款以个人名义存入银行和保存账外现金等各种形式的账外公款。

⑤ 严格现金核算。发生现金收支业务必须通过出纳人员，由出纳根据审核无误的收付款凭证，按业务发生顺序，逐笔登记"现金日记账"。

⑥ 出纳人员每日营业终了前及时进行库存现金盘点，做到日清月结，确保现金账面余额与库存相符。如有不符，及时查明原因，做出处理。严禁"白条"抵冲库存现金。企业应根据《现金管理暂行条例》的规定，结合本企业的实际情况，确保本单位现金库存限额的管理，超过库存限额的现金应及时存入银行。

3. 备用金管理

（1）备用金的概念

备用金（国际上也称暂定金额）是企业、机关、事业单位或其他经济组织等拨付给非独立核算的内部单位或工作人员备作差旅费、零星采购、零星开支等用的款项，如出差人员必须随身携带的差旅费、其他确需支付现金的支出等。

连锁企业备用金一般包括门店用于支付日常零星费用的备用金和用于兑换零钞的备用金以及各部门经核准定额申请及规定用途使用的备用金。

备用金管理视同货币资金管理，连锁企业必须严格执行备用金制度，加强备用金管理，及时办理备用金报账、清理业务。定期进行备用金检查，严禁长期占用、挪用备用金。

（2）备用金的核定

财务部门参照门店人数编制、开支标准等核定3—5天所需备用金，备用金主要用于各门店日常零星开支，包括差旅费、1 000元以内的零星购置费、小额业务招待费等。备用金采用小额现金账户形式，此账户只支不收。备用金支付完毕前，各门店应及时到财务报账，以补足备用金。

备用金由主管会计根据门店业务的实际需要确定允许建立备用金的部门及定额，并经财务总监审批同意。各部门根据定额或费用预算表申请备用金，领用时，报账员必须事先填写"借款单"，经企业负责人批准，送主管会计审核签名后，向出纳办理借款。年终备用金全部结清收回，次年年初重新办理。

（3）备用金的使用和管理

① 企业财务部门根据本企业（门店）具体情况核拨定额备用金。备用金分为信用卡和备用现金两种形式。

② 信用卡和备用现金为企业各部门提供日常零星开支的周转金。信用卡用以支付银行结算起点以上的经济业务；备用现金用以支付现金支出业务，财务联系人应严格按规定支付方式使用备用金。对于已发生的经济业务，财务联系人应及时办理报账手续。

③ 各门店的信用卡和备用现金由财务联系人妥善保管。财务联系人对备用金的安全负完全责任，对备用金实行严格管理，采取有效措施防盗、防遗失，并主动配合企业财务负责人对备用金的实际结存进行检查，按时向财务部门提供备用金盘存表，必要时对账面与实际的差异进行分析说明。

④ 企业财务负责人应监督备用金的安全，不定期进行抽查，对备用金舞弊的行为，除给予财务联系人相应处分外，各单位应立即将其调整财务联系人岗位。

（4）备用金的借支与清理业务

各分店用于支付日常零星费用的备用金每月报销1次；退货款备用金每月报销3次；其他经批准的备用金其开支一般1周报销1次，用于补足开支的备用金，报账会计要严格执行《现金管理暂行条例》，按规定要求及时报销，补足备用金。财务联系人应按以下规定办理备用金的借支和清理手续。

① 财务联系人应如实、规范填写备用金申请单。借款时，财务联系人应按要求填写由企业财务部门统一印制的备用金申请单，按申请单格式准确填列借款日期、借款类别、借款用途、借款金额（大小写）、预计还款时间等。备用金必须专款专用，不允许一款多用或多笔备用金交叉使用，对于未按要求填写的备用金申请单，财务部门有权不予受理，由此产生的责任由财务联系人负责。借支备用金必须写明款项的用途，报账冲销的内容要和借款时填写的用途一致，一笔备用金未使用完，要及时到财务部报账冲销，不能挪到别的用途，否则不予以报销。备用金借支原则

上要求由财务联系本人亲自办理，由于特殊原因由非财务联系人办理的，必须由财务联系本人在备用金申请单上亲自签名，否则视为代办人借支的备用金，由此产生的责任由代办人负责。

② 借支备用金时，财务联系人必须提供相关领导人签字的备用金申请单等有效文件，否则财务部门有权不予办理，由此产生的责任由财务联系人负责。

③ 借款人员在获取款项后，严格按规定支付部门发生的各种零星支出，并应于规定时间内予以报销支出的费用，用以抵消其支出的备用金。如未报销的，应于次月10日前予以书面说明，该书面说明按备用金申请程序经各有关领导审核同意后交财务部，如未按期报销又未列出书面说明的，由财务部通知行政人事部对该经办人予以书面警告，并暂停发放经办人员工资。

4. 资金盘点管理

（1）资金盘点范围

制定资金盘点规范的目的是为资金盘点提供操作依据，其适用范围是公司对资金的盘点过程。

资金盘点包括对库存现金、银行本票、银行汇票等的盘点。出纳人员应做到"日清月结"，每天业务结束后清理自身经营的资金，看其是否与账面记载相符。每月对资金进行一次全面盘点。

（2）资金盘点流程

① 准备工作。出纳员及费用往来会计人员将已办理却未登记完毕的经济业务予以登记完毕，结算出各类现金、银行本票、银行汇票的账面余额并核对一致。

② 清点工作。出纳员对库存现金、银行本票、银行汇票等进行清点。每月最后一天的下午五点，会计员对出纳员的清点进行复核。主管会计监控出纳员的清点和会计员的复核。盘点结束后即编制资金盘点表并由有关人员签名。属盘盈、盘亏的由主管会计负责落实查明原因，并在资金盘点表中注明。

③ 审核工作。主管会计查核资金盘点表的准确性，然后交财务总监审核，财务总监审核后应对盘盈、盘亏提出处理意见并上报总经理。

④ 账务处理。经总经理确认后，出纳员、会计员分别作出账务处理。

零售业常用的数字公式

第一部分 常用公式

营业额=来客数×客单价

　　　=坪效×坪数

　　　=每人劳动生产力×平均工作人员（8小时）

　　　=每小时营业额×营业时间×营业日数

坪效（经营面积使用效率）=年平均销售额（含税）÷经营面积÷365天

客单价 = 营业额÷来客数

人均劳效 = 营业额÷从业人员数

销货毛利率=销货毛利额/营业额

销货毛利率=营业额-销货成本

　　　　　=营业额-（期初存货额+本期退货额-期末存货额）

说明：若毛利高是因采购能力强所致，就无妨，若是因为提高售价而来，就会危急营业额

营业净利率

营业净利率=营业净利/营业额

营业净利=销货毛利额-营业费用-营业外支出+营业外收入

目标：越大越好

说明：比率越高，表示费用低，获利大

营业额费用率

营业费用率=营业费用/营业额

营业费用=人工费+租金+折扣+水电+……

目标：越低越好　说明：比率越低，获利机会越大

商品运算率

商品运算率=年营业额/[1/2（期初存货+期末存货）]

目标：越大越好

说明：商品运算率是指在一年之间，某一定存货水率可发生数次运算运算次数越多，表示效率越好

运算期间

运算期间=商品运算率×营业日数

目标：越小越好

说明：运算期间是指某一定存货水率，需要多久时间才能卖完

交叉比率

交叉比率=商品运算率×商品毛利率

目标：越大越好

说明：交叉比率同时兼顾商品的毛利率及运算率，帮其数值越大表示毛利率高而且运算又快。

库存周转率分析：可以查询淘汰商品，是来分析库存周转的一些相关数据，如库存周转率表示库存资金周转速度的一个指标，周转次数，周转天数等，一般的零售企业的目标是提高库存周转率，减少库存天数。

库存周转次数 = 年出库金额（数量）/平均库存金额（数量）
　　　　　　 = 年出库金额（数量）× 2 /（年初库存金额+年末库存金额）

第二部分　生鲜毛利

（一）毛利率的概念

1. **商品理论毛利率**：商品销售价减去商品成本与商品销售价之比。

公式：毛利率% =（单品售价-单品成本价）/单品售价×100%

2. **部门理论毛利率**：整个部门的商品销售额减去商品成本与商品销售价之比。

公式：毛利率% =（部门总销售额-部门总销售成本）/部门总销售额×100%

3. **部门实际毛利率**：盘点后得到的毛利率。

公式：毛利率% =（部门总销售额-部门盘点成本）/部门总销售额×100%

4. 毛利额/毛利率预算：本年度或本月毛利率预算，毛利额预算＝预算毛利率×销售预算。

（二）影响毛利率的因素

一般各个生鲜部门有不同的因素会对毛利产生影响，通常的因素如下：
- ◇ 损耗的大小。
- ◇ 销售商品的平均毛利和销售比例。
- ◇ 特价销售、降价销售产生的利润损失等。

（三）控制毛利的手段
- ◇ 降低损耗
- ◇ 控制商品的生产成本，促进毛利较高的商品的销售
- ◇ 对特价商品的销售进行控制

（四）平均库存与周转率

1. 平均库存：为正常营运情况下，每日所应具备的库存的平均水平。一般以周/两周/月来计算。
2. 库存周转率：是在一定的经营时期内，库存周转的总次数。

公式：库存周转率＝总销售金额/平均库存

第三部分 生鲜盘点

（一）盘点目的　确知部门的毛利率和综合营运指数，及时找出营运漏洞、不足，以更好地促使营运处于良好的经营状态。

（二）盘点日期　每月15日和月底。

（三）盘点区域　楼面销售区域、加工区域、储存区域。

（四）盘点准备工作

1. 核实财务部是否完整地记录库存转移资料、汇总损耗金额。
2. 根据电脑部提供的盘点商品清单，核实商品、包装耗材的最新价格成本，并将进价录入电脑。
3. 核查商品是否在盘点单据中列在正确的类别下。
4. 盘点前必须对储存区域、陈列区域进行整理，以商品分开、商品与价格 签完全正确对应、容易点数为原则。
5. 所有已经收货的商品必须存放在正确的盘点区域内。
6. 校对磅秤。
7. 准备好盘点用的文具、表格、磅秤和工具。
8. 做人力安排表，合理调配班次、分配工作。

（五）盘点步骤

1. 部门主管和经理必须监督整个盘点。
2. 盘点当日的生鲜收货，15时之前要录入电脑，15时以后不接受生鲜收货，如遇特殊情况需在15时后收货的，则盘点当日不录入电脑，同时在货物上明确注明"未录入，不盘点"。
3. 盘点当日早晨，即把当日可能销售、加工的产品，在冷库区及储存区移出分开。
4. 准备电脑中心列印的商品清单表，于17时安排人力贴好盘点表，盘点储存区域，先盘常温库，后盘冷库，盘后立即封好。
5. 管理人员抽检结果，若正确率在95%以内，收回储存区域盘点表，将数据登录在商品清单表上。
6. 17时楼面人员再次检查价格卡是否齐全、正确，修改补充。

7. 21 时营业结束后，首先进行零星物品的收回工作。
8. 楼面主管安排人员贴好盘点表，盘点销售区、加工区的商品数量。
9. 若抽检结果的正确率在 95% 以内，收回盘点表，将数据登录在商品清单表上。
10. 以上的两个数据相加，于 6 时之前提交电脑中心输入电脑，列印盘点期末库存金额，该报告由部门管理人员签字确认后送交财务部。
11. 9 时前财务部出盘点分析报告，计算各部门毛利率、周转率，整个生鲜部的毛利率、周转率，结果不能迟于盘点后的第二个工作日完成，送交店经理处。
12. 本期成本 = 期初库存+本期进货+库存移转-期末库存
13. 毛利率 =（本期销售-本期成本）/本期销售

周转率 = 本期销售/期末库存

损耗率 = 本期损耗记录总额/本期销售

（六）实物盘点注意事项
1. 由楼面主管按人力安排表安排某一指定区域的盘点，控制盘点的进度。
2. 所有盘点数据都必须完整、正确地列入盘点单，转录在盘点商品清单中。
3. 至少有不同员工盘点的两次结果一致，该数字才被认为是正确的库存数字。
4. 盘点由员工分组完成，每组三人，两人交叉盘点，盘点的顺序是在一个盘点控制区域内，由上至下、由左至右点数，一人录抄，录抄时以价格卡货号为准。
5. 盘点的单位必须以电脑清单的计价单位为准。
6. 所有已报废的商品一律不准按正常商品点入、称重。
7. 主管及经理须抽查 10% 的商品盘点情况，若抽查的差异在 5% 以上，则需组织人力重盘。
8. 未加工的原料、辅料及生鲜包装耗材等一律按进货的最小单位盘点，不足一个盘点单位的则忽略不计。
9. 库存最终数据 = 储存区盘点数据+销售区盘点数据+加工区盘点数据

6.3 连锁企业存货与固定资产管理

6.3.1 连锁企业存货管理

1. 存货的概念和管理方法

连锁企业存货是指企业在日常经营活动中为销售或耗用而储备的物资，存货属于企业的流动资产。存货管理就是指贯彻经营方针和决策，对存货的信息进行管理，并在此基础上的决策分析，最后进行有效控制，以达到提高经济效益的最终目的。

存货作为一项重要的流动资产，它的存在势必会占用大量的流动资金。企业置留存货一方面是为了满足生产或销售的经营需要，另一方面是出自价格的考虑，购买物资的价格往往较高，而整批购买在价格上有优惠。但是，过多的存货要占用较多的资金，并且会增加包括仓储费、保险费、维护费、管理人员工资在内的各项开支。一般情况下，存货占商业流通企业总资产的 30% 以上，其管理利用情况如何，将直接关系到企业的资金占用水平以及资产运作效率。因此，一个企业若要保持较高的盈利能力，应当十分重视存货的管理。在不同的存货管理水平下，企业的平均资金占用水平差别是很大的，只有采取正确的存货管理方法，降低企业的平均资金占用水平，提高存货的流转速度和总资产周转率，才能最终提高企业的经济效益。

2. 存货的管理方法

（1）严格执行财务制度规定，使账、物、卡相符

存货管理要严格执行财务制度规定，对货到发票未到的存货，月末应及时办理暂估入库手续，使账、物、卡相符。

（2）采用科学的管理方法——ABC 控制法

对存货的日常管理，根据存货的重要程度，将其分为 A、B、C 3 种类型。A 类存货品种占全部存货的 10%—15%，资金占存货总额的 80%左右，实行重点管理，如大型备品备件等。B 类存货为一般存货，品种占全部存货的 20%—30%，资金占全部存货总额的 15%左右，适当控制，实行日常管理，如日常生产消耗用材料等。C 类存货品种占全部存货的 60%—65%，资金占存货总额的 5%左右，进行一般管理，如办公用品、劳保用品等随时都可以采购。通过 ABC 分类后，抓住重点存货，控制一般存货，制订出较为合理的存货采购计划，从而有效地控制存货库存，减少储备资金占用，加速资金周转。

（3）加强存货采购管理

合理运作采购资金，控制采购成本。首先，计划员要有较高的业务素质，对生产工艺流程及设备运行情况要有充分的了解，掌握设备维修、备件消耗情况及生产耗用材料情况，进而作出科学合理的存货采购计划。其次，要规范采购行为，增加采购的透明度。本着节约的原则，采购员要对供货单位的品质、价格、财务、信誉动态监控，收集各种信息，同类产品货比多家，以求价格最低、质量最优，同时对大宗原燃材料、大型备品备件实行招标采购，杜绝暗箱操作，杜绝采购黑洞。这样，既确保了生产的正常进行，又有效地控制了采购成本，加速了资金周转，提高了资金的使用效率。

（4）充分利用 ERP 等先进的管理模式，实现存货资金信息化管理

要想使存货管理达到现代化企业管理的要求，就要使企业尽快采用先进的管理模式 ERP 软件。利用 ERP 软件使人、财、物、产、供、销全方位科学高效集中管理，最大限度地堵塞漏洞，降低库存，使存货管理更上一个新台阶。例如，为加快物流速度，海尔采取按订单生产的思路并对订单实行全信息化管理。海尔在从市场上获得订单后，通过订单信息管理系统同步到达产品部和物流，产品部同步生成生产订单，物流则同步生成采购和配送订单。这种模式保证了海尔的采购和生产都是为了有价值的订单进行的，而不会出现采购或生产库存。

6.3.2 连锁企业固定资产管理

1. 固定资产的概念

我国企业会计制度规定，固定资产是指使用期限超过一年的房屋、建筑物、机器、机械、运输工具以及其他与生产经营有关的设备、器具、工具等。不属于生产经营主要设备的物品，单位价值在 2 000 元以上，并且使用年限超过 2 年的，也应作为固定资产进行管理。

2. 连锁企业固定资产的分类

连锁企业的固定资产可以按其经济用途、使用情况、产权归属、实物形象和使用期限进行分类，以加强企业管理，分析各类固定资产的结构，考核利用效率。

（1）按经济用途分类

分为经营性固定资产和非经营性固定资产两类。

① 经营性固定资产。指直接服务于业务经营全过程的固定资产。如营业用房、仓库、运输车辆、管理用具等。

② 非经营性固定资产。指不直接服务于业务经营，而是为了满足职工物质文化需要的固定资产。

如职工宿舍、食堂、托儿所、幼儿园、浴室、医务室以及科研等方面使用的房屋、设备等固定资产。

这类分类方法便于分析各类固定资产在全部固定资产中所占的比重，了解其分布和利用的合理情况，以兼顾业务经营及职工集体福利、文化设施的需要，合理安排投资。

（2）按使用情况分类

分为使用中、未使用和不需用固定资产。

① 使用中固定资产。是指连锁企业正在使用中的各种固定资产，包括由于季节性和大修理等原因暂时停止使用以及存放在使用部门以备替换使用的设备。

② 未使用固定资产。是指尚未投入使用的新增固定资产和经批准停止使用的固定资产。

③ 不需用固定资产。是指企业不需用准备处理的固定资产。

这类分类方法便于反映和监督企业固定资产的使用情况，有利于分析和考核固定资产利用效果，促使企业合理使用固定资产，提高使用效能。

（3）按产权归属分类

分为自有固定资产、接受投资固定资产和租入固定资产。

① 自有固定资产。是指连锁企业投资购建的固定资产。

② 接受投资固定资产。是指其他单位投资的固定资产。

③ 租入固定资产。是指企业向外单位租入的固定资产。

这种分类方法，可以反映和监督固定资产的来源情况，分清计提固定资产折旧的界限。

（4）按实物形态分类

分为房屋及建筑物、机械设备、运输设备和其他设备4大类。

① 房屋及建筑物。是指企业拥有的供经营活动使用和为职工生活福利服务的房屋、建筑物及其附属设备，如商场、办公用房、仓库、食堂、宿舍。

② 机械设备。是指各类机械、机电及其配套设备。

③ 运输设备。是指火车、轮船以外的其他运输工具，如汽车、摩托车等。

④ 其他设备。是指不属于以上各类的固定资产。

（5）按使用期限分类

分为5年期限固定资产、10年期限固定资产和20年期限固定资产。

在实际工作中，为了便于管理和核算，通常采用综合分类，即分为经营用、非经营用、租用、未使用、不需用、土地和融资租入固定资产7类。土地是指已估价单独入账的土地。因征地而支付的补偿费，应计入土地有关房屋、建筑物的价值内，不单独作为土地计价入账。

3. 固定资产的计价方法

（1）原始价值（原值）

原始价值是指建造或购置固定资产时所支出的全部价值。按原始价值计价可以反映固定资产的投资规模和设备能力。它是计算固定资产和考核固定资产利用效率的重要依据。

（2）折余价值（净值）

折余价值是指固定资产的原值减去固定资产在使用中的累计折旧额后的余额。它是考核固定资产使用的重要指标。同时，通过与固定资产原值对比，可以了解固定资产的新旧程度。

（3）重置完全价值（重估价值）

重置完全价值是指按照市场条件重新购置或建造该项固定资产所需的全部支出。它反映了该项固定资产当前的实际价值。固定资产产权变动或根据国家规定对固定资产重新估价时，可按照重置完全价值计算。

4. 固定资产的清查与清理

（1）固定资产清查

连锁企业的固定资产应不定期进行盘点清查，年终决算前必须进行一次全面的盘点和清查。经过盘点清查，发现固定资产盘盈、盘亏情况，应认真地核实，查明原因，填制固定资产盘点清册，报企业总经理审批后处理。

盘盈的固定资产，应按原值减计提折旧的差额计入营业外收入。盘亏及毁损的固定资产，按原值扣除累计折旧、变价收入、过失及保险公司赔款后的差额计入营业外支出。如果是工程施工中所发生的固定资产清理净损益，应计入有关工程成本。如果是筹建期间所发生的与工程无直接关联的固定资产盘盈、盘亏和清理净损益，以及由于非常原因造成的固定资产清理净损失，计入开办费。

（2）固定资产清理

固定资产经过一定年限的使用，最后因技术性陈旧、低劣，以及意外遇到损坏等原因而丧失使用价值，或因继续使用在经济上不合算而废弃，应按规定程序审批，经批准后进行清理。

在清理过程中，废弃的固定资产残值要进行估价，做好残料交库工作。对于清理报废的变价净收入（变卖固定资产所取得的价款减去清理费用后的净额）与其账面净值（固定资产原值减累计折旧）的差额应计入营业外收入或营业外支出。

财会部门要严格掌握固定资产的报废，认真履行固定报废的审批手续，分析固定资产报废的原因，了解报废的固定资产是否需要报废清理。固定资产的报废要把好审批关，按规定程序报有关部门批准，任何基层单位和个人都不得擅自报废处理。

连锁企业的资金与资产管理

1. 资金管理

资产统一运作，资金统一使用，发挥规模效益。连锁经营的关键是发挥企业的规模效益。

① 连锁企业从表面上看是多店铺的结合，但由于实行了统一的经营管理，企业的组织化程度大大提高，特别是统一进货、统一配送，使资产的规模优势充分发挥了出来。

② 由总部统一核算，实行资金的统一管理，提高了资金的使用效率和效益，降低了成本，减少了费用，增加了利润。

③ 实行资产和资金的统筹调配，统一调剂和融通。总部有权在企业内部对各店铺的商品、资金和固定资产等进行调动，以达到盘活资产、加快商品和资金周转、获取最大的财富价值的目的。

④ 建立统一的结算中心，建立统一的配送中心，由配送中心对各门店进行统一配送，供应商只需将产品送到总仓库，由工作人员录入计算机系统后即可进行结算，因此公司必须建立统一的结算中心，以利于对结算资金进行财务控制。

⑤ 合理进行资金运作，当超市发展到一定规模后，可短期运作的资金相应增多，采用了多元化发展的方式以增加资金的利用，能增加企业的效益。

2. 资产管理

（1）加强商品管理

加强商品管理可以使超市进一步降低运营成本。连锁超市的商品具有周转快、数量大、品种多和规格全的特点，在销售形式上，以敞开货架陈列和顾客自选为主。基于此类特点，超市可以在以下几个方面对商品进行管理。

① 进货。要对商品进行控制，首先，要建立商品的计算机信息管理系统，该系统要涵盖财务部门、配送中心、采购部、各门店等相关部门，通过信息系统对商品分门别类并进行系统的进销存分析。其次，总部在系统内要建立统一的商品目录，对商品的质量和价格进行统一管理。由采购部门对商品目录进行不定期完善，对供应商及其产品进行考核及监督，坚持优胜劣汰。最后，通过统一的配送中心集中批量进货，各门店通过计算机系统进行要货，由配送中心按要货单信息统一配送，系统中存货额度低于一定值时自动提示采购部门进行采购，以此来降低进货成本。财务在进货环节主要是控制商品的进价，每次付款前，都必须按照计算机信息系统进行核对，以防出现错误。

② 储存。利用计算机信息管理系统，实时监控商品销售及库存情况，同时进行相关数据的统计，如销售量等，为销售分析提供依据。财务可以对商品的毛利率、周转率等指标进行分析，并通过计算机系统将结果反馈给采购部门，对采购信息进行建议，防止出现库存过多或断货现象。同时，财务管理还应加强各门店及配送中心的盘点工作，通过盘点加强管理，防止商场失窃等现象。

③ 退货。超市会不可避免地会出现退货现象。退货可分为顾客退货回超市（销货时退货）、超市退货回供应商（进货时退货）。退货的原因主要有质量、价格等。进货时退货的管理主要是退货款的结算，一发现有进货出现问题，采购及配送中心要联合确认，尤其是出现产品质量问题等按照合同需赔偿的事情时，以确保业务与财务信息传递及时正确，防止发生坏账，给超市造成损失。对于销货退回的重点管理是把好商品质量关，防止已损、变质商品回流入库。如果是产品质量问题造成的退货，一定要通知供应商进行自查并进行通报，防止损害超市利益。

（2）固定资产及低值易耗品管理

超市的空调、冰箱、冷柜、货架、电脑等设施金额及数量较大，是固定资产管理的重点。所有资产的购买、使用、报废均由总部掌握，门店无权处置。门店在进行资产申购、使用、报废时，需向总部提出申请，经批准后由采购部购买，财务对购买金额进行审核，进行账务处理，资产购进后应建立统一的资产档案，管理责任要落实到各门店、各部门，并落实到相关责任人。财务部每半年或必要时组织进行固定资产盘点以监督固定资产管理情况。低值易耗品管理遵循规范化、科学化的原则，防止产生积压、浪费等现象，保证低值易耗品的及时供应。各部门及门店应设置对口的低值易耗品二级分类账。根据验收单（领用单）及时进行低值易耗品名称、数量、单价领用人（保管人）的领用登记，并定期核对账、物情况，做到账账相符、账物相符。报损、报废低值易耗品应由使用单位填写报损、报废申报表、报上级主管审核批准后，调整账面，报财务部门备案。

请思考：连锁企业资金与资产管理的主要内容是什么？

6.4 连锁企业财务计划与费用控制

6.4.1 连锁企业财务计划

1. 财务计划的概念

财务计划是连锁企业运用科学的技术手段和教学方法，对连锁企业各项财务目标进行综合平衡，制定主要计划指标，拟定经营活动的具体措施，协调连锁企业各项计划指标，落实连锁企业经营目标和保证措施的必要环节。财务计划既是财务预测分析所确定的经营目标的系统化、具体化，又是控制连锁企业财务收支活动、分析和检查经营活动成果的依据。连锁企业财务计划主要包括资金筹集计划、固定资产增减变动和折旧计划、流动资金及其周转计划、成本费用计划、利润和利润分配计划、对外投资计划。除了制订各项计划表格之外，还要附财务计划说明书。

2. 财务计划的作用

（1）财务计划可使企业目标具体化

企业的总体目标或规划中，对企业在未来若干年内就达到的各项目标的规定，经过高度地概括和抽象，都比较原则和笼统。企业要完成其规定的经营目标，还要将其目标分解成各部门、各责任人应完成的具体指标。为保证这些具体指标的实施，各部门就要做好反复的预算平衡工作，明确各部门应完成的奋斗目标，以便合理地安排财务活动，做好财务工作。

（2）财务计划可作为企业控制的标准和依据

财务计划的编制目的是约束和控制企业的财务行为。企业的财务部门需要把实际执行情况和计划进行对比而发现差异，找出原因，并采取必要的措施，保证计划的完成。因此，计划是控制日常财务活动的主要纲领。

（3）财务计划是考核各部门工作业绩的依据

财务计划不仅可以约束和控制企业的各项活动，而且还可用来作为评判企业各部门工作业绩的标准和依据。

6.4.2 连锁企业费用控制

1. 成本费用的控制范围

所谓成本费用控制，是指连锁企业在成本费用的形成过程中，对所消耗的人力资源、物质资源和其他开支，进行指导、监督、调节和限制，及时纠正经营中发生的偏差，把各项成本费用控制在计划范围内，以保证财务计划目标的实现的一系列活动。

连锁企业应当建立成本费用业务的岗位责任制，明确相关部门和岗位职责、权限，确保办理成本费用业务的不相容岗位相互分离、制约和监督。成本费用支出不相容岗位至少包括下列3方面：

① 成本费用预算的编制与审批。
② 成本费用支出、审批与执行。
③ 成本费用支出的执行与相关会计记录。

连锁企业应当对成本费用业务建立严格的授权批准制度，明确审批人对成本费用的授权方式、权限、程序、责任和相关控制措施，规定经办人办理成本费用业务的职责范围和工作要求。审批人应当根据成本费用业务授权批准制度的规定，在授权范围内进行审批，不得超越审批权限，经办人应当在职责范围内，按照审批人的批准意见办理成本费用业务。对于审批人超越授权范围审批的成本费用业务，经办人有权拒绝办理，并及时向审批人的上级授权部门审批。

连锁企业应当制定费用的开支范围、标准和费用支出的申请、审核、审批、支付程序，严格控制各项费用的开支。应当根据费用预算和经济业务的性质，按照授权批准制度所规定的权限，对费用支出申请进行审批。会计机构人员在办理费用支出业务时，应当根据经批准的费用支出申请，对发票、结算凭证等相关凭证的真实性、完整性、合法性及合规性进行严格审核。

2. 成本费用的控制原则

连锁企业要适应搞活经济的新形势、新环境，在市场经济的大潮中寻求时机，敢于竞争，以自身的优势占领市场的一席之地，在激烈的市场竞争中求生存、求发展。成本费用控制的目的，主要是降低成本费用，提高企业的经济效益。然而，成本费用的降低，必须执行成本费用控制的原则。

（1）经济原则

经济原则，是指因推行成本控制而发生的成本，不应超过因缺少控制而丧失的收益。经济原则在很大程度上决定了我们只在重要领域中选择关键因素加以控制，而不对所有成本都进行同样周密的控制。经济原则要求成本控制能起到降低成本、纠正偏差的作用，具有实用性。成本控制系统应能揭示何处发生了失误、谁应对失误负责，并能确保采取纠正措施。经济原则要求在成本控制中贯彻"例外管理"原则。对正常成本费用支出可以从简控制，而格外关注各种例外情况。经济原则还要求贯彻重要性原则，应把注意力集中于重要事项，对成本细微尾数、数额很小的费用和无关大局的事项可以从略。经济原则还要求成本控制系统具有灵活性。

（2）因地制宜原则

因地制宜原则，是指成本控制系统必须个别设计，适合特定企业、部门、岗位和成本项目的实际情况，不可照搬别人的做法。

适合特定企业的特点，是指大型企业和小企业，老企业和新企业，发展中和相对稳定的企业，这个行业和那个行业的企业，同一企业的不同发展阶段，其管理重点、组织结构、管理风格、成本控制方法和奖金形式都应当有所区别。例如，新建企业的管理重点是销售和制造，而不是成本；正常营业后的管理重点是经营效率，要开始控制费用并建立成本标准；扩大规模后的管理重点是扩充市场，要建立收入中心和正式的业绩报告系统；规模庞大的老企业，管理重点是组织的巩固，需要周密的计划和建立投资中心。不存在适用于所有企业的成本控制模式。

（3）全员参加原则

企业的任何活动都会发生成本，都应在成本控制的范围之内。所以，每个职工都应负有成本责任。成本控制是全体职工的共同任务，只有通过全体职工协调一致的努力才能完成。成本控制对员工的要求是：具有成本愿望和成本意识，养成节约成本的习惯，关心成本控制的结果；具有合作精神，理解成本控制是一项集体的努力过程，不是个人活动，必须在共同目标下同心协力；能够正确理解和使用成本控制信息，据以改进工作，降低成本。

为了调动全体员工的成本控制的积极性，应注意以下问题。

① 需要有客观的、准确的和适用的控制标准。

② 鼓励参与制定标准。

③ 让员工了解企业的困难和实际情况。采用压力和生硬的控制，常会导致不满，而了解实情会激发员工的士气。

④ 建立适当的激励措施。

⑤ 冷静地处理成本超支和过失。在分析成本不利差异时，应始终记住其根本目的是寻求解决问题的办法，而不是寻找"罪犯"。

（4）领导推动原则

由于成本控制涉及全体员工，并且不是一件令人欢迎的事情，因此必须由最高当局来推动。成本控制对企业领导层的要求如下。

① 重视并全力支持成本控制。各级人员对于成本控制是否认真办理，往往视最高当局是否全力支持而定。

② 具有完成成本目的的决心和信心。管理当局必须认定，成本控制的目标或限额必须而且可以完成。成本控制的成败，也就是他们自己的成败。

③ 具有实事求是的精神。实施成本控制，不可好高骛远，更不能急功近利、操之过急。唯有脚踏实地，按部就班，才能逐渐取得成效。

④ 以身作则，严格控制自身的责任成本。

3. 连锁企业成本费用管理的内容

商业连锁企业的成本管理主要是通过商品毛利率、费用开支标准及范围、销售费用率3大指标进行控制。由总部统一进行成本核算、统一管理。

成本管理的具体内容包括以下方面。

① 总部要严格控制自身的费用开支；如宣传广告费、人工费以及其他费用开支等。

② 总部统一整个企业的资产折旧，统一支付贷款利息。

③ 总部对各个连锁门店基本上采用先进先出法按商品大类计算毛利率。

④ 总部要建立毛利率预算计划管理，对连锁门店实行计划控制。总部对各个连锁门店的综合毛利率进行定期考核，对影响效益的骨干商品的毛利率进行重点考核。

⑤ 总部规定各个连锁门店的费用细目范围及开支标准，原则上不允许随意扩大和超标。

⑥ 总部对一些费用（如水电费、包装费等）要进行分解，尽量划细到各个连锁门店和商品大类。能直接认定到各个连锁门店和商品大类的，要直接认定；不能直接认定的，要参考各连锁门店占企业工资总额的比例、资产的比例或按各连锁门店的人数、经营面积分摊到连锁门店和商品大类。

⑦ 总部对各个连锁门店的费用通过下达销售费用率进行总体控制，要建立费用率预算计划管理。各连锁门店的直接费用（如业务招待费、人工费等），要同店长的利益直接挂钩。对达不到预算计划的连锁门店，总部通过督导制度，帮助其分析造成费用增长、费用率上升的原因，并提出调整、改进措施。

4. 连锁企业其他费用管理

连锁企业其他费用管理包括利润管理、税收管理等。

（1）利润管理

① 利润管理的定义。连锁企业利润是指企业在一定时期内的财务成果，是在保证企业资本金完整的基础上实现的净收益。利润总额是企业各项收入扣除相关的成本、费用、税金和损失以及其他支出后的净额，它集中反映连锁企业活动中所取得的最终财务成果，其实质是企业为社会创造剩余价值的一部分。一般来说，企业为社会创造的剩余价值越多，为社会做出的贡献就越大。所以，企业应千方百计地增加营业收入，降低营业成本，增加利润。企业的利润总额主要由营业利润、投资净收益、营业外收支净额、汇兑损益和国家补贴收入等部分组成。

② 利润管理的方式有以下几种。

➢ 利用资产重组管理利润。资产重组是企业为了优化资本结构、调整产业结构、完成战略转移等目的而实施的资产转换和股权转换，但也可以成为利润管理的重要手段。如部分上市公司通过高价出售闲置或不良的资产，或把非上市公司下属的优质资产廉价出售给上市公司从而提高利润。

➢ 通过购置资产或变更折旧方式管理利润。企业如提前购置固定资产，可使当期利润得到适当的降低；反之，则可使当期利润得到适当的提高。在影响计提折旧的因素中，折旧的基数、固定资产的净残值两项指标还比较容易确定，税法对固定资产使用年限的确定上给企业留有较大的操作空间。

➢ 通过变更投资收益核算方法进行利润调节。当投资企业对被投资单位具有控制、共同控制或重大影响时，长期股权投资应采用权益法核算。有些企业通过增持参股公司的股份，进而达到采用权益法核算的标准，进而将长期投资收益核算方法由成本法改为权益法，投资企业就可以按照占被投资企业股权份额核算投资收益，进而提高了利润。

> 权责发生制为企业提供了利润管理的机会。在企业想把利润做小或平滑利润的时候，通过操作应计项目，把本期过高的收入递延至以后会计期间，或把需要若干会计期间承担的会计费用更多地计入本期。在会计上，可能通过多计不应计项目，如多提坏账准备金、多提产品保证准备金等费用，以减轻以后会计年度的费用负担，以此减少本期利润。相反，若想把利润做大，也可通过操纵应计项目或会计方法的先择进行反向的利润管理。

> 通过选择投资或财务决策的时机来影响利润。这种做法会影响到企业未来的经营发展，对公司来说，是否要采用这一手法需要结合企业的长远期发展规划综合考虑后进行抉择。

> 通过地方政府财政补助进行利润管理。为发展一方经济和带动就业，地方政府对本地的上市公司会有各种形式的优惠政策及财政补贴，这能够成为利润管理的有力手段。

（2）税收的管理

① 税收的概念和特征。税收是国家凭借政治权力，无偿地征收实物或货币，以取得财政收入的一种手段。税收是国家取得财政收入的工具，也是国家参与社会产品分配的一种形式，但是，这种分配方式不同于其他分配，它是凭借国家的政治权力进行的，因此，具有鲜明的特征，通常税收具有以下3个特征。

> 强制性

指国家以社会管理者身份，用法律形式对征、纳双方权利与义务的制约。国家征税是凭借政治权力，以社会管理者的身份，用法律的形式，对征纳双方权利与义务的制约，而不是凭借财产所有权。国家征税不受财产直接所有权归属的限制，国家对不同所有者都可以行使征税权。这是税收形式与国有企业利润上交形式的根本区别。

> 无偿性

指国家征税对具体纳税人既不需要直接偿还，也不付出任何形式的直接报酬。无偿性是税收的关键特征，它使税收区别于国债等财政收入形式，决定了税收是筹集财政收入的主要手段，并使之成为调节经济和矫正社会分配不公的有力工具。

> 固定性

指国家征税必须通过法律形式，事先规定课税对象和课征额度。固定性也可以理解为规范性。税收固定性的含义包括3个层次，即课税对象上的非惩罚性、课征时间上的连续性和课征比例上的限度性。税收的固定性特征，是税收区别于罚没、摊派等财政收入形式的重要特征。

② 税收管理的概念和内容。税收管理是国家以法律为依据，根据税收的特点及其客观规律，对税收参与社会分配活动全过程进行决策、计划、组织、协调和监督控制，以保证税收职能作用得以实现的一种管理活动，也是政府通过税收满足自身需求，促进经济结构合理化的一种活动。

税收管理的具体内容包括税收法制管理、税收征收管理、税收计划管理、税务行政管理。

> 税收法制管理是指税法的制定和实施，具体包括税收立法、税收执法和税收司法的全过程。税法是国家法律的组成部分，是整个国家税收制度的核心，是税收分配活动的准则和规范。税收立法工作由国家立法机关负责，税收执法工作由各级税务机关承担，税收司法工作由国家司法机关来执行。

> 税收征收管理是一种执行性管理，是指税法制定之后，税务机关组织、计划、协调、指挥税务人员，将税法具体实施的过程。具体包括税务登记管理、纳税申报管理、税款征收管理、减税免税及退税管理、税收票证管理、纳税检查和税务稽查、纳税档案资料管理。

> 税收计划管理主要包括税收重点税源管理、税收会计管理和税收统计管理。

连锁经营管理原理

> 税务行政管理，又称税务组织管理，是对税务机关内部的机构设置和人员配备进行的管理。具体包括税务机构的设置管理、征收机关的组织与分工管理、税务工作的程序管理、税务人员的组织建设与思想建设管理、对税务人员的监督与考核、税务行政复议与诉讼的管理。

连锁企业税金的核算及管理全部由总部统一核算、统一缴纳。总部设置应交税金总账、明细账，根据总账、明细账编制有关报表，向财税机关申报缴纳、清算。

（3）商品的折价折让管理

商品的折价折让是促销手段之一。总部对折价折让商品品种、范围、折价的时限和幅度，都有严格的规定。商业连锁企业总部统一策划各期促销活动，在各门店同期推行。凡经总部批准折价折让的部分，总部对其考核时，视同销售额完成。

小资料

连锁店铺财务管理的重点

作为连锁企业终端的店铺，其财务管理重点在以下 3 个方面。

1. 控制财务开支

店铺应该对每个月的经营支出列出明细并进行分析，作为店长，对店铺的费用支出控制要从员工工资、人事费用、固定费用支出和变动费用支出 4 个项目入手，一般来说，店铺应把握以下 6 个要点对经费开支进行控制。

① 店员薪资总额不得超过经费开支的 50%。
② 人事费用与销售总额之间比例要小于 6%。
③ 经费开支销售总额之比一般控制在 15% 以内。
④ 经费开支与销售总利益之比应控制在 80% 以内。
⑤ 固定费用占中经费开支之比在 85% 左右。
⑥ 变动费用占总经费开支之比应为 15% 左右。

2. 规范财务制度

制定并严格执行有关的财务制度，是店铺规范化管理的一部分，也是店铺生存发展的有力保障。

（1）奖惩分明

要确保每个员工理解每一项财务制度，并在实践中坚决予以贯彻执行。如果出现任何问题，应追查责任，并予以适当处理。

（2）合理调配资源

作为店铺的最高管理者，店长拥有对人、财、物等资源的配置权，应该合理调配，使店铺的现金周转、利润水平都处于相对理想的状态。

3. 合法节税

一般来说，店铺的税务项目包括营业税、所得税、契税或房屋税等，每月营业额在 20 万元以下的店铺可免用统一发票，只需缴纳 1% 的营业税，但免用发票不能享有进项税额（5%）和销项税额（5%）互抵的优惠。连锁店可先行估算比较，决定是否使用发票。

店铺在合法的前提下，可以合法节税。税法中的相关规定会对偷税、逃税和漏税行为给予严厉打击，如果发现有逃税、漏税行为，罚款将是应缴纳税额的 5—20 倍，得不偿失。

【本章小结】

本章介绍了连锁企业财务管理的主要内容，包括连锁企业财务管理的概念，独立的财务核算方式及非独立的财务核算方式；连锁企业筹资与货币资金管理，包括负债管理、资本结构和货币资金管理；连锁企业存货与固定资产管理，包括存货的概念及管理、连锁企业固定资产管理；连锁企业财务计划与费用控制，包括财务计划的概念和作用、成本费用的控制范围和原则、成本费用管理的内容以及其他费用管理。

 【本章实训】

【实训主题】分析连锁企业财务管理的特点。

【实训过程设计】将学生分成 3—4 人一组，通过实地调查或是网络查找某连锁企业的财务信息，从负债筹资、资本结构、货币资金管理、存货与固定资产管理、财务计划与费用控制等几个方面进行分析，将分析结果填入表 6-2 中，下次上课时由老师点评。

表 6-2　　　　　　　　　　　　　　实训结果

企业名称：

项　　目	特点分析
负债筹资	
资本结构	
货币资金管理	
存货管理	
固定资产管理	
财务计划	
费用控制	

第 7 章　连锁经营的战略管理

　【学习目标】

- 掌握连锁经营的目标选择与市场定位
- 掌握连锁经营的盈利模式分析
- 掌握连锁经营模式和发展战略
- 掌握连锁经营竞争和营销战略
- 具备分析相关案例的能力

　【案例导入】

佐丹奴连锁的成功市场定位

佐丹奴是中国香港的一家服装连锁店，专门出售男性便服、T 恤和牛仔裤，由于顾客平均滞店时间仅为 10—15 分钟，大约相当于吃一个汉堡包的时间。因此，佐丹奴服装连锁店被人称为是服装界里的快餐店。

成立于 1981 年的中国香港佐丹奴服装连锁店，在中国香港服装界可谓是后来者居上。创始人黎智英凭借自己的商业天分，把快餐店的经营方式引入服装店，使佐丹奴服装连锁店在短短的十几年中迅速发展、壮大起来。现在，除了中国香港有 36 家分店以外，还在中国台湾设有 114 家分店，新加坡设有 10 家分店，菲律宾设有 8 家分店。

1992 年佐丹奴开始进军大陆市场，并一举取得成功。香港佐丹奴服装连锁店经营成功的诀窍首先得益于正确的市场定位。与快餐店一样，佐丹奴为消费者提供的是标准化服务和大众化的商品，在这里，一件普通 T 恤才四五十元钱，一套便装也不过二三百元，价格档次绝对是面向普通大众的。然而，开业初的佐丹奴，可并没有想把普通收入的消费者作为自己的目标市场。

1981 年，以意大利式的名字命名的佐丹奴服装店正式开业，黎智英一度想把佐丹奴塑造成一个高档的名牌。于是，他不惜花费巨额广告费，聘请一些名人为其大做广告。然而，广告虽然出了名，但服装却卖得不怎么样。几年下来，生意连连亏损。失败乃成功之母。面对每况愈下的业务,黎智英认识到这种高档名牌的市场定位不适合佐丹奴,应当迅速改变市场形象。于是,从1986年起,佐丹奴开始生产和销售大众化的便装和T恤,同时,在客流量大的地点寻觅铺位开设连锁店。与此同时,佐丹奴的广告演员也改用一些普通人,表明佐丹奴的服装是大众的服装。这种市场定位的转变以及相应的营销策略的改变,使佐丹奴起死回生,短短几年里,连锁店便发展到36个分店,1991年,公司营业额达16亿元,售出近500万件服装,几乎每两个香港人便拥有一件佐丹奴服装。

【课堂讨论】

佐丹奴重新进行市场定位的主要原因是什么?将讨论结果填入表7-1中。

表7-1　　　　　　　　　　　　　　讨论结果

讨论人	观　点
自己的观点	
同学的观点	
老师的观点	

【本章知识结构图】

本章知识结构图如图 7-1 所示。

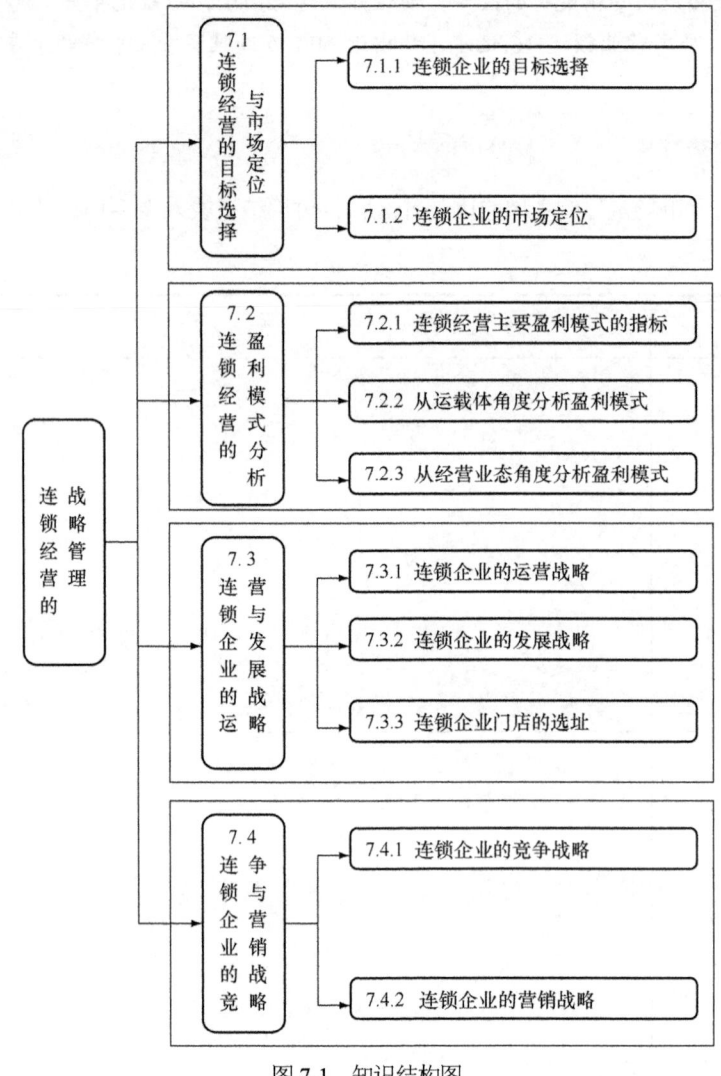

图 7-1　知识结构图

7.1　连锁经营的目标选择与市场定位

连锁经营是零售业、餐饮业、服务业以及其他行业的一种经营模式。而作为这种经营运作模式载体的连锁企业，既有企业的共同特点，又具有连锁经营企业的特点。在企业的目标选择和市场定位上，连锁企业同样体现了这一特征。

7.1.1　连锁企业的目标选择

连锁企业的目标选择有企业外部和内部两个层面。内部是指企业所定的经营目标，外部是指企业选择的目标市场。

1. 连锁企业经营目标

企业经营目标是在分析企业外部和内部条件的基础上，确定的企业各项经济活动的发展方向和奋斗目标，是企业经营思想的具体化。

企业经营目标不是一个单纯的经济指标，而是一个综合的目标体系，主要包括以下几个方面。

（1）连锁企业的基本目标

第一是经济收益或利润。经济利益是企业生存发展的基本条件，是衡量企业经营活动效果的基本尺度，也是企业满足各方面要求、实现其他目标的前提。

第二是企业组织的发展。主要表现为连锁企业总部组织职能逐渐完善，加盟店日益增多，社会影响逐渐扩大。这既反映了企业完成基本职能的水平，又有利于国民经济的发展，也提高了企业本身的地位。主要表现为店铺增加、人员增加、资产增多和销售量增加等。

（2）为企业所有者或投资人带来收益

也就是使企业所有者的原有资产保值增值，使投资人获得较高的回报。

（3）实现经营管理者的理想抱负

作为管理者，企业的发展壮大是事业成功的标志。只有企业发展，才能体现企业组织的价值和贡献于社会的价值，也才能激励企业组织的人员为企业经营目标去努力拼搏，才能体现出管理者对社会做出的贡献。

（4）实现广大员工的利益

企业是由一个个员工组成的，企业的经营实际是由员工的一系列相关工作来组成的，因此企业在经营中必须体现员工的利益。这主要包括以下几点：获得与劳动相符的报酬、实现员工的职业生涯规划（升职、加薪、提升管理技巧和专业技能等）、建设一个良好的工作氛围等。

（5）承担企业公民的责任

企业是社会的成员，企业的存在是以社会的需要和必要的资源支持为前提的。因此，作为占用了社会资源而获得了利益的企业，应当承担相应的责任、回报社会，这一点体现在企业经营的经济效益、社会效益和环境效益三者统一上。

2. 连锁企业经营目标的作用

连锁企业的经营目标在企业组织中主要有以下几方面的作用。

① 经营目标反映了一个组织所追求的价值，是衡量企业多方面活动的价值标准，也是企业组织生存和发展的意义所在。

② 为企业各方面活动提供基本方向，是企业一切经济活动的目标和依据，对企业经营活动具有指导作用，可以使企业有选择、有针对性地部署各种资源，发挥企业优势。

③ 实现企业与外部环境的动态平衡，使企业获得长期、稳定、协调的发展。企业在权衡内部条件和外部环境，科学预测和把握外部环境发展趋势的基础上确定的经营目标，既能在一定时期内、范围内适应环境趋势，又能使企业的经营活动保持稳定性和连续性。

3. 连锁企业目标市场

为了适应经济的快速发展、商品的极大丰富、"买方市场"的形成及消费需求的差异化，企业必须以市场为导向，围绕消费需求的变化和特点实施目标市场战略。

进行目标市场定位，要在分析营销环境的基础上进行市场细分，划分出细分市场的范围，具体分析每一细分市场，最后根据企业资源条件和竞争对手情况，确定出目标市场。换言之，连锁企业的目标市场定位必须建立在连锁企业对客观市场机会和主观能力结合评估的基础上。连锁店目标市场定位过程如下。

（1）市场细分

即按照购买消费者的分类组合，将一个市场分为若干个不同的购买群体行为。

细分市场的主要变量如下。

① 人口因素，包括年龄、性别、家庭人数、收入、职业和教育状况等。

② 心理因素，包括社会阶层、生活方式、个性等。

③ 行为因素，包括使用时机、使用率、对企业和服务的态度等，连锁店市场细分最常用的变量还是年龄和职业。连锁店分析市场的着眼点不同，则市场细分使用的变量就不同，即使是经营同类商品或服务的连锁店也是这样。例如，在中国台湾快餐连锁业中，外来快餐店均以年龄作为划分目标市场的主要依据，而本土快餐店多以职业为其依据。

（2）目标市场选定

即判断和选择要进入一个或多个细分市场的行为。这一过程要求对细分市场进行分析，分析的主要内容主要有两个方面：一是有市场竞争状况和消费倾向；二是分析连锁企业的经营目标和资源能力，即在自身经营目标和资源条件上对细分市场加以分析。

（3）市场定位

即建立与沟通在市场上该产品关键特征的利益行为。对连锁企业而言，选择什么层次、什么需求的消费群体为服务对象，明确这一目标或者说确立自己的目标市场的过程就是市场定位。

连锁店目标市场定位过程如图 7-1 所示。

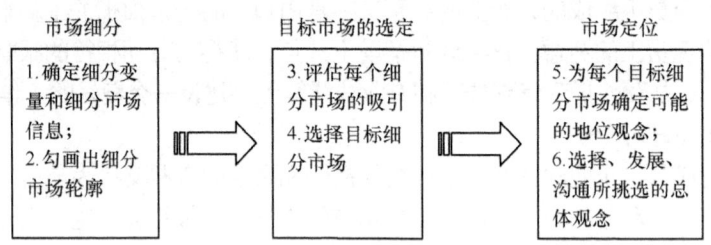

图 7-2　连锁企业目标市场的选择步骤

7.1.2　连锁企业的市场定位

著名市场营销家菲利浦·科特勒对市场定位下的定义是："为了适应消费者心目中的某一特定地位而设计公司的产品和营销组合的行为。"可见，市场定位的理念来自消费者心理的定位。

市场定位是连锁经营中的首要问题，因为市场定位不好将影响连锁店下属的所有分店。一种产品或服务无法满足所有消费者的需要。在我国人民生活水平大幅度提高、物质文化生活日益丰富的今天，不同类型消费者的消费需求呈多元化发展趋势，差异也日益明显，这要求连锁企业的发展要有明确的顾客群。激烈的市场竞争也要求连锁企业进行目标市场定位。

连锁企业市场定位可分为 3 种类型：无差异型定位、差异型定位和集中型定位。这 3 种类型的定位各有优势局限，适于不同特点的连锁店。

1. 无差异型定位

采取这种定位，一是不考虑细分市场的区别，推出一种产品来追求整个市场。无差异定位的优越性在于成本的经济性，采用该定位的连锁店被看作是"制造业中的标准化生产和大批量生产在营销方面的化身"，可以降低存货、运输、广告和调研等方面的成本。但是，当同行业中有多家连锁店或其他商业企业采用该定位时,就会使最大的细分市场内竞争加剧,而较小的细分市场的需求得不到满足,各连锁店的利润都会减少。较早建立的连锁店和传统的商业企业多数采取无差异的定位方式,企图占领整个市场,但往往失掉了整个市场。随着营销观念的更新和市场竞争的加剧,越来越多的连锁店把目标市场定位在一个或几个细分市场上,无差异方式只适用于提供的产品或服务具有同质性的连锁店,如粮油连锁店、大部分快餐连锁店和美容、理发、洗染和冲印等服务业连锁店。

2. 差异型定位

这种市场定位就是同时服务于几个不同类型的细分市场,或者根据每一门店所处地理区域内的消费对象来确定服务内容和服务政策。这种定位具有市场的适应性和变化上的灵活性,一般要比采用无差异方式能创造出更大的总销售额。

例如,爱迪生兄弟公司是美国经营鞋店的一家公司,它将其 900 家鞋子商店分为 4 类不同的连锁商店,以此来迎合不同的细分市场。查达勒连锁店出售高价的鞋子;贝克连锁店出售中等价格的鞋子;伯特连锁店出售廉价的鞋子;威尔达·佩尔连锁店着重面向需要非常时髦鞋子的顾客。人们发现伯特、查达勒、贝克 3 家连锁商店分别设置在芝加哥民族大街的 3 个街段上。尽管商店位置设置得这样接近,但却并不影响它们的业务。这一战略,使得爱迪生兄弟公司成为美国最大的妇女鞋子零售公司。

我国的一些连锁店采用差异型市场定位,收到了很好的经济、社会效益。例如,上海东方商厦本部的超级商场是以外国人和高消费层顾客为服务对象的,而开设在总店之外的连锁分店是以零售商、小批发商和普通消费大众为服务对象的。连锁经营由于分店众多,各地市场状况存在差异,所以因地制宜、选择不同的目标市场,是符合连锁经营的特色的,有利于发挥连锁经营的规模优势,各分店最终可以形成合力攻占整个市场。但是,差异型市场定位会增加连锁店的经营成本,同时在制定不同的、互不冲突的服务内容和服务政策上也存在较大的难度。

3. 集中型定位

连锁店只选择一个细分市场,这就是集中型市场定位。该定位使连锁店提供的产品专一化,营销组合也是特定的,经营成本和管理难度都低。因此,只要连锁店选择的细分市场恰当,就能获得较高的投资回报。例如,上海华联连锁超市公司确定以工薪阶层为自己主要的服务对象,以这一消费层顾客的"开门七件事"来组织商品和设置服务项目,执行低于市场价的商品价格政策,口号是"华联超市——工薪阶层的购物天堂"和"同品同质比市场价低 2%—5%",由于这一集中型市场定位的成功,该连锁企业发展迅速,2012 年连锁门店已达 5 147 家,成为全国最大的连锁超市公司。采用集中型市场定位,还可以使连锁店避开激烈的竞争,抓住市场空隙,另辟蹊径。例如,中国台湾的快餐连锁店遍地林立,大多数连锁店都采取了该种市场定位方式,其中麦当劳以年轻人为主要目标市场,肯德基炸鸡店则以家庭成员为目标市场,而三商巧福(台湾最大牛肉面连锁店)的市场定位则是学生和上班族。连锁店采用集中型市场定位要慎重选择细分市场,防范经营风险,因为连锁企业只将产品或服务提供给一个极小的市场,犹如"将全部鸡蛋放在一只篮子里",经营风险大,一旦该目标市场的购买量发生突然变化,连锁企业将面临经营危机。

上述 3 种市场定位各有利弊,连锁企业究竟选择哪种类型的市场定位,要考虑到连锁企业的资源情况、产品特点和市场状况。一般来说,如果连锁企业实力强、资源雄厚、产品同质化顾客的消费倾向大致相同,竞争者较少,就应采用无差异型市场定位;反之,应采用差异型或集中型市场定位。在差异型和集中型定位之间的选择中,通常的做法是:连锁企业组建和规模发展初期,选择集中型定位；当进入到规模较快发展阶段时，则可选择差异型定位，因为这时连锁企业随规模的扩大、市场占有率的提高和连锁运作的成熟，定位有差别的服务内容与政策的难度会降低，连锁企业有较强的实力向其他细分市场拓展。

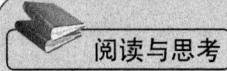

家乐福对准百姓　万客隆瞄向商贩

家乐福的目标市场是社区商圈内的家庭主妇，以日常生活用品为主，最大限度地满足居民家庭日常生活"一次购足"的需要。北京家乐福位于朝阳区北三环东路，紧邻中国国际展览中心，这里交通方便，乘坐公共汽车 601 路、302 路、18 路、367 路都可以到达。但是在上、下班高峰时间，该路段交通较拥挤，堵车时间较多。家乐福的停车场仅有 100 多个车位，且停车不方便，虽然位置较好，但很多人都是骑车或乘车前往。社区内百姓是家乐福的主要客源，开车前来购物者有减少的态势。家乐福的客单价为 200 元。

万客隆与其他仓储商店一样，产生之时是以小商贩和集团购买者为目标市场的，因此实行批量销售或日捆绑式销售。后来虽然也办理了家庭会员卡，但只是为了扩大目标顾客群。北京万客隆 1 号店位于南三环洋桥以南，这里属于城乡结合处，虽然位置略显偏远，但仍有 14 路、66 路汽车从市区到达这里，而且它庞大的停车场有 400 多个车位。很明显，万客隆的目标顾客与家乐福有异，重点是吸引社区外、开车前来批量购物的小商贩及机关、单位和部分家庭消费者。万客隆的客单价为 300 元，比家乐福高 100 元。

请思考：1. 家乐福与万客隆在经营上有什么不同？原因是什么？
　　　　2. 造成家乐福与万客隆经营上不同的主要原因是什么？

7.2　连锁经营的盈利模式分析

关于企业的盈利模式，目前尚无一个明确的定义。但简单地说，盈利模式就是企业赚钱的渠道，即通过怎样的模式和渠道来赚钱。

7.2.1　连锁经营主要盈利模式的指标

连锁经营发展至今，人们习惯性地将连锁经营的盈利的认识停留在进销差价上，但是随着连锁经营的发展成熟度及消费者需求的个性化及多样化，连锁业的盈利模式指标体现在多方面。

1. 可比较的连锁零售店销售额增长

这个指标的使用要考虑到以下原因可能引起的误导：

① 通货膨胀；
② 增加的销售额是由于一次促销活动引起的；
③ 新开店的影响。

前两个问题可以通过同行业的情况与标杆来分析，第三个问题可通过可比连锁零售店的销售额增长来分析。

2. 毛利率

毛利率=（销售收入－销售成本）/销售收入×100%

3. 库存周转率

连锁企业的主要支出就是存货，它包括：

① 库存占用的资本成本；

② 存放货物成本(仓库和商店内)；

③ 无形损耗的风险。存货越多，从购进到销售的时间就越长。连锁企业是在正确的时间，以正确的价格，在正确的地方，拥有正确的货物。

库存周转率=成本连锁零售额/平均库存成本

4. 库存毛利率回报率

这个指标是将库存成本和回报结合起来考虑。

库存毛利率回报率=毛利/平均成本库存=（毛利额/销售额）×（销售额/平均成本库存）=毛利率×库存周转率

5. 纯利

纯利是在扣除与产生利润有关的活动的所有可确认成本之后的利润。它不包括固定管理费用的分摊。包括直接部门利润，即直接部门创造的营业毛利扣除部门内部的管理费用、人员工资、市场开发费用及库存占用成本后的利润；同时也包括直接产品利润，即与销售某种物品相关的毛利。

7.2.2 从运载体角度分析盈利模式

根据我国连锁经营发展的特点，结合国内发展国情，综合借鉴外资连锁企业在国内的发展路径，可以知道我国连锁经营的一般盈利模式。一般来说，连锁经营的盈利来源主要是通过主营业务收入、其他业务收入和营业外收入等方面，也就是从利润产生的源头入手。以连锁零售企业为例，目前我国内外资的连锁企业的盈利模式可以从运作载体不同及经营态势不同来进行分析。

1. 百货店盈利模式

百货店主要靠厂商联营收取扣点，其本质类似收取租金，其优点是风险比较小，缺点是对商品的管理能力比较弱，很难通过内延式增长来提升业绩。由于历史形成的原因，百货店一般都占据了所在城市最好的商业位置。对于商业，选址占据了最重要的地位，选址是百货店影响将来经营发展的最重要因素之一。因为有些高档商品，譬如珠宝首饰、手表名包、奢侈服饰等，消费者还是倾向于在百货店购买，而百货门店的地理位置就显得尤为重要，同时百货店的稀缺性和不可再生性也保证了百货店盈利模式是稳定与持续的。

2. 沃尔玛模式

连锁零售商的盈利主要来自进销差价、规模经济带来的成本降低及增值服务或收取的各种费用。沃尔玛的盈利主要来自进销差价及采取大规模采购实现的成本降低。沃尔玛采取直接采购，缩短中间环节，避免了繁杂的流通环节带来的流通成本，从而实现了盈利。放弃进场费而促使供应商降低产品价格，提高产品的竞争力，最终提升企业的盈利水平。但是，因为绝大多数供应商同时还要与其他超市打交道，所以必须在一个区域市场内维护自己的价格，在其他同行通过收取"进场费"这种模式被行业和上游供应商所认可的情况下，沃尔玛也被迫开始采取一些变通做法，如收取新店费、新商品费和年终返利。

在降低成本方面，沃尔玛在美国的优势是集中采购、统一配送，在规模效益下做到天天平价。但是在中国，各个区域市场差异很大，物流的基础设施不完善，沃尔玛虽然在深圳和天津设立了两个大型物流配送中心，但是除了华南地区以外，借助配送中心的并不多，主要还是依靠供应商的物流体系或者第三方物流。另外，市场参与者众多，也削弱了集中采购所得到的价格优惠。

沃尔玛另一个降低成本的方法是应用先进、高效的信息系统，这为连锁零售行业树立了高效科学的标杆。沃尔玛借助自己的商用卫星，便利快速地实现了信息系统的全球联网，沃尔玛通过这个网络能与供应商时刻交换商品销售、运输和订货信息等方面数据，实现各门店的销售、订货与运输配送保持同步，最大限度地降低了商品库存和在途时间，极大地压缩了营运成本。而目前国内的网络环境还远未达到这种高效信息系统，大多数供应商也没有实现业务信息的数据化。

3. 家乐福模式

家乐福模式是典型的从上游供应商寻求利润的盈利模式，虽然其经营模式受到各界的质疑，但是其模式发展至今，逐渐受到国内连锁零售行业各界的效仿与推崇。从某种意义上来说，家乐福模式已经成为了国内连锁零售业的典范。家乐福收取的名目繁多的费用占其营业额的36%左右，同时，家乐福采取强势的控制手段，占用供应商的资金，使得供应商不得不与家乐福合作。但是，"通路费"的可持续性值得商榷，对"通路费"的高度依赖，会使得国内零售业无法实现最根本的盈利模式，也就是说，零售商可以放弃市场研究，忽略企业内部的科学管理及经营成本的控制，这终将使得企业的发展能力及盈利能力弱化。巨额的进店费让许多的供应商不堪重负，相关机构已经开始研究禁止商业企业收取进店费的有关法规，如果这条法规出台，这将使家乐福的盈利模式面临越来越大的压力。

4. 国美、苏宁模式

国美、苏宁模式是一种准家乐福模式，即以收取各种名目繁多的费用为主要收入来源，同时大量占用供应商的流动性，但是与家乐福模式不同的是，它们是以短期融资来支撑其他的、连锁零售业以外的长期投资。家电连锁与供货商之间存在着过分的不平等的博弈关系，由于家电产能的严重过剩，很多中小型家电生产商连生存都十分困难，供货商不得不向销售商屈服，而不断的屈服导致供应商掉进了一个连环套里面。家电连锁需要不断地扩张来维持盈利，这种扩张都是由家电生产商来支撑，而二、三线生产商的能力是有限的。

5. 租赁出让盈利模式

这种模式是由统一的连锁零售管理方提供场所、物管、宣传、收银等服务，由供应商自主进货并自派销售人员进行管理，通过收取供应商的租金或销售额佣金、物管费和营销服务费等费用来实现盈利。尽管租赁出让是实现稳定收入的好方式，并且此模式易于管理，比较容易谋取高利润，但国内许多连锁零售企业为了保证行业发展的持续性及良好声誉，对租赁出让的经营方式意愿不强。

7.2.3 从经营业态角度分析盈利模式

1. 多业态联营

多业态经营也称组合零售，是指一个零售企业同时经营两种以上零售业态，每一种业态都根据不同的目标市场而设定特定的需要。这种经营战略已经被很多大型连锁零售企业采用。多业态经营可以保障连锁零售业随着外界环境变化做出对变化的有效适应，而这种适应性在未来的连锁零售业中的发展至关重要。连锁零售商实施纵向扩张战略，不仅可以分散连锁零售业的风险，而且可以增加连锁零售商的经营领域。

因为纵向扩张战略，延伸连锁零售业经营业态可以互补业态之间的正面效应，对优势资源进行共享，有利于提升企业的品牌优势。这种"不要把所有鸡蛋放进一个篮子"的经营方式越来越来为连锁零售业所选用，这也是连锁零售商降低风险的有效方式。

（1）商业+地产开发

随着商业与连锁零售业的快速发展，与之密切相关的地产行业也随着市场的发展趋势逐渐兴旺起来。连锁零售业的多业态发展的模式之一就是与商业企业签订联合发展的合同意向。其中国内运作比较成功且比较典型的是大连万达购物广场。大连万达广场不是物业的经营者，其仅仅是物业管理者，其商业模式正是通过物业管理这条路径创造了商业价值，因为在提供物业服务的同时，连锁零售业的供应链及商品的销售链的增值服务都能涉及，这正是商业与地产开发带来利润空间的巨大源泉。因此，要想在连锁零售业具备商业价值并获取商业利润，渗透物业的开发及新商业模式的开发至关重要。反过来说，连锁零售商也可以进入商业地产开发行业，整合上下游产业链，这种现象在国外发展得相对比较成熟。

（2）连锁零售+金融投资

由于连锁零售商经营的特性，资金在连锁零售商经营过程中也是多业态发展可挖掘方向之一。实际上，连锁零售企业拥有巨大的融资能力，可以凭借供应商的货款资金，利用这些款项转而投资于其他使用资金量比较大、获利空间更高的行业。随着连锁零售商的经营天数的延续，企业可以占用的供应商货款逐渐提高，因此，连锁零售商可以将占用的全部或部分资金用于收益更高的其他项目，如金融投资项目，借以赚取更多的利润。这种方式更是快捷地为连锁零售企业获得营业外收益提供了机会，提高了企业的收益水平。

（3）连锁零售+物流服务

终端就是资源，随着连锁零售网点在整个城市的快速普及，终端的网点资源如何发挥更多的价值也成为了连锁零售商所关注的重点。在 7-Eleven 的门店，提供的相关服务项目包括洗衣、邮寄、快递、各项公共事业收费（如水、电、煤气瓦斯、停车、缴税和电信费用等）、自动提款机、影印、传真等繁杂的数十项服务。这些项目的服务使得便利店这个终端已经成为了周围住户的社区服务中心，有了任何事情都可以到门店中寻求帮助解决，带来的物流服务市场空间较大。

（4）连锁零售+软件开发

随着连锁零售企业的兴起，与其密切相关的商业管理软件一时间也成为了软件企业争相关注的热点。原本为大型商业连锁企业量身定做商业软件的企业也逐步发展起来，这些企业由于与商业企业关系密切，了解企业在发展过程中的应用问题，具有一定的商业管理理念，而受到了多方的关注。所有想进入连锁零售行业的企业都想用一个成功的大型商业企业所使用的商业软件，好像与成功企业用相同的软件，其成功的可能性就达成了一半。然而，这些商业软件企业在销售的过程中，为了能够吸引更多的关注目光，与已经成功的商业企业合作，利用这些成功企业的声誉优势去影响潜在消费者，甚至在软件中加入了这些成功的商业企业的相关作业表格和报表、参数设置等。当然，连锁零售企业自己也能在对外推广软件中获得一定的收益，同时也进一步提升了企业的外在声誉。

（5）连锁零售+管理咨询

在国内的一些连锁零售企业还有这种现象，某些门店或者商厦输入了某知名企业的管理团队和管理经验或者招商团队。这些知名的连锁零售企业对于一些外地的经营项目，不能或者不愿意投资合作，而是以一种外部合作的方式，出管理和出人才，但是不挂企业的名称，这样一旦出现了风险也与企业没有直接联系，而同时又能获得相当的一笔收益，做得好的一些企业不仅能够每月获得项目收益，还能拿到企业的利润分成甚至经营股份。

与生产商相比，多业态联营的实施使连锁零售业引导生产、创造生产的职能得以发挥出来，作为商业连锁零售领域经营的一大变革，其可使商业企业创造出新的竞争优势。

2. 电子商务

作为连锁零售企业的一个新的盈利模式，电子商务与传统的连锁零售业存在着明显的差异，利用电子商务技术从事连锁零售业务的企业称为电子连锁零售企业。电子商务模式是在网络世界中经营的虚拟商店，消费者不需出门即可进行消费，他们只需通过电脑在任何地方选择所购产品。电子交易一般都包括4个流程，即商流、物流、资金流及信息流。连锁零售商的电子商务模式同样包括4个流程。模拟来说，电子商务业务模式就如鼠标与水泥相结合，鼠标代表像亚马逊这样的连锁零售企业，水泥则代表传统的连锁零售企业。它们的结合就是新兴连锁零售企业和传统连锁零售企业的结合。目前全球来说类似这样的案例，经营得最好的是亚马逊。电子商务的运营模式通过网上和离线的结合，为顾客提供了新的购物方式，满足了消费者的购物模式的新需求。对连锁零售商来说，不但提高了企业经营效率，而且降低了企业成本费用，对扩大市场与提升公司竞争力具有促进作用，由此将产生客观的社会效益和经济效益。从这个角度来说，电子商务是连锁零售业发展的趋势，它具备不可替代性。

（1）广告宣传效应

实施电子商务经营模式的连锁零售企业通过电子网络平台，比如网页、邮件等方式对全球范围内的消费进行广告宣传，并在电子平台上宣传企业的品牌及企业形象，同时及时公布商品的信息，这样可以与消费者保持及时的沟通与宣传。并且，对连锁零售企业来说，电子商务的广告宣传不仅成本低廉，而且能提供给客户尽可能多的信息。

（2）挖掘客户需求

通过电子商务平台，连锁零售业可通过实时的邮件、新闻组或商品信息等方式与消费者进行洽谈，通过信息技术实现在网上的咨询，由此可避免面对面洽谈带来的限制与不便，这为全球化的异地客户挖掘提供了可能性。

（3）网上订购便利性

连锁零售企业通过电子商务的平台，消费者可在网络系统界面了解商品信息，然后选择所需购买商品，当客户提交订单申请后，系统后台予以确认与回复，最终实现网上订购流程。此种经营模式可以加快交易速度，同时还可以保证客户与商家的信息不被泄露。

（4）优质服务传递

实现电子商务的连锁零售企业可以通过服务传递系统为消费者所订购的商品通过高效的信息平台传递服务。对于销售的有形的商品，服务传递系统还可以通过网络系统对产品进行物流任务分配，通过物流服务的提升来保证整体服务的优质性。

（5）高效交易管理

电子商务的又一重大功能是通过交易平台可以准确地搜集每个交易记录，利用计算机的处理能力，对交易过程中的客户、交易量、交易额、货物流向等事项进行及时科学的汇总与分析，交易流程与效率能够得到有效的管理与提升。并且，电子商务环境给消费者提供了一个很好的交易环境，使得交易过程能够安全、顺利、高效地完成。这些都推动电子商务的运营模式得以广泛应用。

与传统的连锁零售模式相比，电子商务对连锁零售的发展具有重要的竞争能力。一方面，电子商务模式可以为消费者提供差异化产品。另一方面，在竞争者提供替代产品时，电子商务可以挖掘线上客户，尽最大努力挽留消费群体。但是，电子商务还处在起步阶段，各方面配套还不完善、盈利能力不高、很多甚至亏损，但电子商务和实体店相结合的模式绝对是今后商业发展的趋势和方向。

3. 价值链整合

对于连锁零售企业来说，价值链整合是核心零售业通过其价值链上的相关方如连锁零售企业的上下游企业、与其直接相关的机构或行业的整合，来提高企业的经营效益，最终提高盈利水平的。价值链的整合能否实现高效的盈利关键在于强大的整合能力和规模运作要求。目前价值链整合的成功案例是家乐福中国公司，家乐福通过内外部整合实现上游供应商整合，并寻求利润的模式。

（1）整合资金资源

运作成熟的连锁零售商可通过应付款项或经营的现金存量对现金的资源进行整合。一般来说，连锁零售商自行建设或购买地产物业不是连锁零售业的首选，长期租赁等方式可大大减少前期固定资产的投入、减少资金的占用，结合当地的情况，结合当地政府的有关支持政策，连锁零售商还可能获得各种优惠政策。同时，连锁零售业的发展对地产物业也有明显的拉动作用，也可以让地产商参与到物业的管理中来。众所周知，在大陆乃至全球，连锁零售业在资金链中的地位日益上升，发挥资金链的作用与整合能力，对供应商来说，其也可以享受整合带来的效益。

（2）整合制造商和经销商资源

连锁零售商的另一重要资源是供应商与经销商的资源，整合这些资源的关键在于降低渠道的成本，同时为上下游及消费者带来收益，由此发展的购销模式已经被大量采用。此模式下连锁零售商可通过多途径获取利润，如进场费、折扣、津贴、赞助等。以进场费为例进行说明，在2011年中国连锁零售商的上市公司年报中可以看出，进场费在整个销售额及利润方面占据较大比例。

（3）整合消费者资源

调查数据显示，让原有顾客重复购买的成本只有开发新顾客成本的1/5，所以大多数的连锁零售企业都有会员管理系统。会员系统的优势在于可以及时准确地掌握购买信息，降低沟通带来的成本，提高消费者的忠诚度。通过对会员资料的分析，可以预测消费者的偏好，包括在目标细分市场的了解，例如，可通过网络平台、手机信息、电子邮件等信息进行传送。当然，节省的成本也要回馈给消费者，如建立会员中心、提供免费会员服务等，这又进一步提升了忠诚度。

（4）整合业外资源

连锁零售业的业外资源包括所有关联资源。根据有些产品的特性，可以对相关产品进行组合，因为这些产品之间存在互补性。针对组合产品进行联合营销、联合设计，甚至可以进行绑定销售，整合连锁零售的业外资源，扩大企业经营规模，同时吸引消费者的消费幅度。但是前提是产品的组合必须满足一定条件，如产品的拟合度、产品的组合优势等。广告是重要的异业资源。例如，连锁零售企业可以"承包"媒体，然后"连锁零售"给各个品牌。行业协会的职能在连锁零售业中的影响力越来越大。通过行业协会的论坛、沟通，可以直接或间接获取商业利润，同时提升企业的品牌知名度及企业形象。

总之，虽然连锁零售商的价值链越来越被业内广泛应用，但是价值链的整合更需要连锁零售具有一定的条件，如连锁零售商要在行业内有一定的规模与知名度，过分脱离最基本的盈利模式，对主营盈利过度忽略，价值链的整合效应当然也无法实现。

4. 自有品牌

目前连锁零售企业应该致力于开发价值创造自有品牌和溢价自有品牌，即开发能够超越制造商品牌的自有品牌产品，以获得差异化竞争优势。在商业经济日趋激烈，连锁零售业发展越趋理性化的环境下，自有品牌越来越成为提升企业核心竞争力的重要组成部分。各商场的自有品牌已成为企业的一种资源，被重视和推广，商家对服务的投入也开始加大。根据自有品牌的概念，自有品牌不仅仅是代表某一特定服务的产品，而且是代表着整个连锁零售商的形象。一个具有市场价值的自有品牌，不仅能充分展示服务质量和价值，保障消费者的利益，而且也是市场竞争的一项重要资源，并且是竞争者难以模仿与替代的资源，同时也是建立和培育连锁零售业核心竞争力的关键。

当然，自有品牌对连锁零售商经营发展的好处是显而易见的。第一，可以节约流通费用，实现价格优势；根据消费需求开发商品，灵活经营，实现终端优势；第二，对自有品牌进行重点展示，在促销手段与成本方面具有优势；第三，顾客细分市场，可以逐渐形成地域优势；第四，成差异化优势，有利于连锁零售商的特许经营。拥有自由品牌的产品针对某一目标可对竞争者形成品牌效应，对提升连锁零售业核心竞争力具有促进性作用。连锁零售企业核心竞争力的建立并非是一朝一夕可以完成的，它需要企业全体员工根据市场和社会环境的变化与时俱进、不懈努力、逐步完善，在提高自身综合竞争力的同时，以最优质、最鲜明的特色吸引消费者、提高市场占有率。只有这样，企业才能够在激烈的市场竞争中稳步前进。自有品牌已经成为连锁零售企业发展到一定规模和影响力时的必要而且重要的经营战略和新的盈利模式。

7.3 连锁企业的运营与发展战略

7.3.1 连锁企业的运营战略

1. 连锁企业经营战略

经营战略是企业为实现经营目标，通过对企业的外部环境和内部条件进行分析而制定的较长期的全局性的重大决策，它是企业组织活动长期发展方向的基本设计图。经营战略主要解决企业组织与市场环境相结合的问题。连锁企业经营战略包括运营战略、发展战略、竞争战略和营销战略。

（1）连锁企业经营战略的特征

① 竞争性。它是针对竞争者而制定的有明确目的的战略。

② 关联性。它阐述的是企业与市场环境相联系的方针，重点考虑环境对企业的要求。

③ 长期性。它是为谋求企业长期生存和发展而进行的统筹规划。

④ 全局性。它是根据企业的总体发展而制定的战略。

⑤ 实务性。它注重与实际相结合，紧密贴近市场需求状况。

⑥ 导向性。它不但决定企业的发展，而且决定企业如何发展；不但决定总部的发展，而且指导整个连锁体系的发展。

（2）制定连锁企业经营战略的意义

① 有助于长期研究市场和竞争对手的资料，制定战略决策。

② 有助于连锁企业为广大消费者提供更满意的服务。

③ 有助于有效决策的制定与执行。

④ 有助于连锁企业品牌的建立和良好形象的塑造。

⑤ 有助于实现专业化、标准化和商业化的专业管理。

2. 连锁企业的运营战略

连锁企业的运营管理是指连锁企业在经营过程中，对运营中的各个环节确定目的标准，制定管理制度，确定经营规模，把握扩张速度，控制产品质量等问题而制订的长期运营规划。具体内容包括如下方面。

（1）顾客满意战略

顾客满意战略是站在消费者的立场上考虑和处理问题，坚持顾客第一、顾客至上的理念，并始终以消费者满意为宗旨，并将这种理念始终如一地贯穿到从商品采购到最终销售的全过程。

① 充分认识顾客的价值。顾客的价值不在于他一次购买的金额而是长期重复消费所带来的利益，其中包括顾客对亲朋好友的口碑效应。

② 充分认识顾客满意的价值。顾客满意与企业利润存在着因果关系，而且忠诚的顾客与企业利润之间的关系更为密切。调查统计显示，90%以上的企业利润来源，1/10 由一般顾客带来，3/10 由满意顾客带来，6/10 由忠诚顾客带来。

③ 树立"顾客第一"的经营理念。根据 IGA（国际零售商联盟）总裁的观点，顾客第一的经营理念应体现在以下几个方面。

第一，以诚相待。在与顾客的交往中，面带微笑地注视着出入商店的顾客；如果顾客询问商品的位置，要亲自把他们带到商品的位置；每天营业前要做到一尘不染，清洁是购物的前提；商店的设计要与顾客购物的方式方法一致；征询顾客的意见，采纳好建议，使他们感到店是为他们设立的；要有孩子们玩耍的场所和老人休息的地方；积极参与社区活动，多做公益事业。

第二，精诚合作。例如，可通过将食品加工厂和食品配送中心联合在一起合作来换得竞争的先机，从而使企业能更好地为顾客服务。合作伙伴之间要密切合作，把货架、货箱、冷柜和冰箱都摆满质优价低的商品，使企业具有竞争力。

第三，热情周到。无论在哪个国家，讲何种语言，保持成功的秘诀是：店主要热情周到。好的商店具有人情味，有温馨的感觉，这种气氛来自于店主的热情周到。热情周到并持之以恒，才能使商店成为最好的工作和购物场所。

（2）商业化运作战略

必须以商业为主导，完全按市场规则来运作，这对处于生产领域技术变革和现代化之后的背景，把顾客满意作为自身经营宗旨的连锁企业来说显得更为重要。商业化的标准有：明晰的产权，连锁企业内部权、责、利必须明确；遵守市场运行规律运作，讲求实用和效率；市场为主导，即一切跟着市场走，紧紧把握市场的脉搏才能使企业立于不败之地；追求利润，努力扩大销售，降低成本。

（3）规模经营战略

虽然同一资本拥有 11 个分店以上，就算作是连锁经营了，但要达到规模经营，11 个分店是远远不够的。在美国，要实现规模经营，起码要达到 200 个分店以上。从实践来看，达到规模经营的手段是通过不断地扩张来实现一定的规模，以求降低经营成本，同时增强连锁企业自身实力，使其在竞争中处于优势。

（4）标准化战略

连锁商店标准化的经营，是连锁企业适应市场需要而采用的新的形式。随着市场竞争的加剧、顾客需求的多元化，顾客从对商品的认可转移到对商店的认可。所以，标准化的经营对树立商店的形象进而赢得更多的消费者尤为重要。连锁商店经营中心标准化，主要表现为商品服务的标准化和企业整体形象的标准化。

（5）专业化战略

专业化指连锁经营的各个环节根据不同的生产经营过程分成各个业务部门，并使其固定下来，在连锁经营中，所有的商业活动都具有详细而具体的分工，以保证连锁经营的良好运作。

7.3.2 连锁企业的发展战略

连锁经营作为一种集团化、规模化生存和发展的经营组织形式，发展和扩张是它生存的动力。但制定连锁企业的发展战略，首先必须要对连锁企业和外部环境进行评估。在实践中，不同的连锁企业选择的发展方式、发展模式都是不同的，因而在制定连锁企业的发展战略时，要具体问题具体分析。一般来说，连锁企业的发展战略主要有以下几种。

1. 发展方向战略

即业态的选择。一般而言，创业业态就是其扩张业态。如果创业业态市场已经高度饱和、已无潜力，则可以向其他业态扩张。如果连锁企业的业态处于新兴阶段，则投资回报率、销售增长率及市场占有率会较高，而且处于迅速提高中。当企业的业态处于加速发展阶段时，其在市场竞争中已获得稳定的优势，当其市场占有率和收益率达到巅峰状态时，则开始出现了模仿者，这时企业应利用自己的先发优势进行区域扩张。当企业业态处于成熟阶段时，该业态已无成长潜力，连锁经营企业必须通过不断创新来维持已经开始呈现下滑的趋势。为避免被市场淘汰，可以考虑向其他业态扩张。当企业业态处于衰退阶段时，其市场范围已明显萎缩，则必须转为新业态经营。连锁企业在进入新的业态市场时，一定要对业态的生命周期进行评估。

实力雄厚的连锁企业在创业业态时已实现成功连锁扩张，也可考虑向其他业态扩张，实现企业的多业态发展。目前很多大型连锁企业就是多业态连锁，一般包括百货商店连锁、超级市场连锁、便利店连锁等。实施多业态连锁可使连锁企业充分利用品牌优势和市场形象，使不同业态优势互补、扩大规模、降低风险，提高经经营效益。

2. 发展方式战略

主要有 3 种扩张方式。

一是直营扩张，也就是利用自身资本和经营资源开出分店，以企业对每一家分店拥有完全所有权为特点来扩大规模。在直营式战略扩张方式下，连锁总部对新门店拥有绝对的资金、人事、销售等方面的控制权。

二是兼并，连锁企业通过付出一定的货币资本来获得另一企业的资产和经营控制权，从而获得被兼并企业的法人资格，进而达到扩大连锁规模的目的。兼并方式使连锁企业的扩张突破一家一家门店发展的限制，将被兼并企业旗下几十家、几百家甚至更多的门店收编，能有效地实现连锁企业的快速扩张，扩大连锁规模。

三是通过特许加盟进行扩张。通过将企业现有的商标、商号、专利、专有技术、经营诀窍等经营资源授权给加盟者使用，并利用加盟者的资金进行扩张。特许经营是连锁企业拓展业务、销售商品和服务的一种双赢的商业模式，它使连锁企业总部能够最充分地组合、利用自身优势并最大限度地吸纳社会资源。

3. 发展速度战略

连锁企业的发展速度是指连锁企业在一定的时间内开发的门店数量，与资金、人才、管理协调系统、物流配送系统、信息系统等资源情况密切相关，发展速度要合适，即使创业店相当成功，直营连锁扩张速度也不宜过快，否则会出现资金供应紧张、债务负担过重、管理难度加大等问题。特许连锁由于是低成本扩张，所以速度就可以快很多，但一味地追求扩张速度，也会造成后续服务、管理水平无法跟上的问题，使加盟店的服务质量下降，影响连锁企业的品牌形象和加盟者的利益。连锁企业的规模效益一般超过 15 家店以后才会逐步显现，如果扩张过慢，就会造成经营成本过高，获得规模效益的时间就晚；另外，扩张过慢，也意味着有可能被竞争者抢先占领黄金地段而错失商机。

因此,连锁店扩张的速度既不能过快,也不能太缓,一般而言,连锁店从创业到到达规模经营宜在 2—3 年内实现。

4. 区域发展战略

在区域发展方面,连锁企业扩张要考虑区域的市场情况与竞争水平,也要考虑连锁总部和门店的分布与其扩张的区域是否紧密。通常采用渗透式扩张和跳跃式扩张两种模式。

渗透式扩张策略又叫区域集中布局策略,是指连锁企业集中资源于某一特定的地区内开店,形成压倒优势,以达到规模效应的目的。其优势在于:门店分布集中,便于总部管理,节省管理成本;密集式分布使门店本身具有广告作用,节省宣传费用、提高知名度;区域内配送中心能最大效率发挥作用,降低设置成本。

跳跃式扩张策略是指在一段时间内不考虑总部与分店之间的空间距离,在多个主要大城市或值得进入的地区开店。其优势在于:选择潜力较大的一线城市先发制人,单店收益高,能够迅速占领市场。

5. 修枝战略

修枝战略,即裁减与重建,是关于撤除某一家、某一地区的门店或者对某个旧门店进行重新装修改造使其更符合公司长远发展方向的战略。修枝战略的目的在于去除冗店,重新调整连锁企业扩张中地区之间的连锁店分布状况,调整门店形象及经营策略,建立更为有效和紧凑的销售网络,以提高竞争力,获得长期的发展。实施修枝战略的原因是出现了以下几种情况:店铺危机、经营危机、市场危机、合作危机和管理危机。

阅读与思考

好利来经验:连锁企业最怕盲目扩张

"目前我们的现金流一年可以开 200 多家店,很轻松。"坐在北京好利来总部的办公室里,罗红说,"我们没有融资的需求,好公司不一定要上市。"

事实上,这家在全国 60 多个城市拥有近 800 家店面、年收入将达到 16 亿元的蛋糕连锁企业正是私募基金和风险投资追逐的对象。从各个财务标准来看,好利来都是一个非常难得的投资对象,但罗红对融资一概拒绝。

40 岁的罗红是好利来的总裁。在公众的印象里,这个扛着相机、戴着墨镜、站在一大群火烈鸟前的摄影家是个公益活动家,而事实上,曾 17 次去非洲探险的罗红领导着国内最大的烘烤连锁企业,而在好利来之前,中国的烘烤行业并没有一个全国性的品牌。好利来坚持谨慎扩张和"自我滚动式"发展,坚持不搞外部加盟制。

为了在上海开店,好利来在上海做了 3 年的摸底工作,非常细致,从上海人的饮食习惯和消费心理到上海菜系都进行了研究。在上海开店是好利来布阵全国版图的重要一步。

好利来并不规定每年一定要新开多少家店,而是根据实际情况,每个季度对目标做一次调整。好利来的特立独行不仅表现在融资上,开店速度上也是如此。35 岁的谢立,现任好利来公司的总经理,是罗红 8 年前从肯德基挖来的,他认为,连锁企业最怕盲目扩张。

"比如 2004 年从 300 多家店,一下子新增到 450 多家店。新店的快速开张,使得好利来的人员培训不能及时跟上。"谢立说。

从扩张版图上,好利来在进攻核心城市上显得格外谨慎。例如,好利来店面虽然遍布全国 60

图 7-3 好利来

多个城市,但对于极具战略意义的上海市场,好利来只是盘旋在苏州、镇江等上海外围城市,迟迟没能打进上海。

事实上,在北方市场,当年好利来进入北京也并不顺利。1995 年,好利来北京第一家店在前门开业,昂贵的房租以及北方市场开发的滞后,使得该店第一年严重亏损。第二年尽管有所好转,但是该店面属于拆迁范围。罗红决定撤出该市场。2003 年,公司总部才又正式搬迁到北京,并一口气开了 70 家店。

除了在开店速度上不盲目扩张外,在产品线扩张上好利来也避免盲目多元化。据谢立介绍,蛋糕和面包、月饼、汤圆是好利来的三大产品线,分别占好利来收入的 60%、20% 和 10%。事实上,从 1992 年创立至 1999 年,好利来只经营蛋糕生意,直到 2001 年上海冠生园月饼事件之后,好利来才开始进军月饼行业;而汤圆则从 2006 年才开始卖。谢立认为,好利来不会向其他食品领域扩张。

好利来的创业故事,源自 17 年前罗红在成都想给妈妈买一个漂亮的生日蛋糕,但他跑遍全城也没有买到,一气之下他就自己创办了一家蛋糕店。

好利来几乎没有发生过收购,并坚持不搞外部加盟制。尽管找上门来谈加盟的人不少,但在罗红看来,加盟涉及能否达到好利来品控部门的一系列要求等问题,这可不好解决。不过,为了鼓励内部员工,罗红采用了"内部加盟"制度,凡在好利来工作 5—7 年并且表现优秀的员工可以申请内部加盟好利来,总部授权加盟店独立核算。"这样既可以激励内部员工,又可以保证好利来的品质,一举两得。"谢立说。

请思考:请分析好利来连锁扩张的方式和原因。

7.3.3 连锁企业门店的选址

连锁企业门店的选址需考虑以下这些方面。

1. 交通条件

交通条件是影响连锁企业选择开设地点的一个重要因素,它决定了企业经营的顺利开展和顾客购买行为的顺利实现。

从企业经营的角度看,对交通条件的评估主要有以下两个方面。

(1)在开设地点或附近是否有足够的停车场所可以利用

国外绝大多数购物中心设计的停车场所与售货场所的一般比率为 4∶1。此外,还要分析交通管理状况引起的有利与不利条件,如单行线、禁停区域以及与人行横道距离较远都会造成客流量在一定程度上的减少。

（2）商品运至门店是否便利

要考虑可供商店利用的运输条件能否适应货运量的要求并便于装卸，否则将导致货运费用的明显上升，直接影响门店的经济效益。此外，门店提供售后服务时，需要送货上门，如果交通不便，将直接影响门店的竞争力。

2. 客流规律

客流量大小是一个门店成功与否的关键因素，客流包括现有客流和潜在客流。门店选择开设地点时总是力图处在客流量最多、最集中的地点，以方便消费者就近购买。

门店客流一般分为3种类型。

（1）自身客流

指专门为购买某种商品而来店购买的消费者形成的客流，这是门店客流的基础，也是门店销售收入的主要来源。因此，门店选址时，应着眼评估自身客流的大小规模及发展趋势。

（2）分享客流

指一家门店从临近门店形成的客流中获得的客流，这种客流往往产生于经营相互补充类商品的商店之间，或者大型门店与小型门店之间。如经营某类商品的补充商品的门店，消费者在购买了主商品之后，就会附带到邻近的这类小门店购买相应的补充商品，以实现完整的消费。

（3）派生客流

指那些顺路进店购物的顾客形成的客流，这些顾客产生的是应急消费和及时消费，购物的特点是快捷和便利，在一些旅游点、交通枢纽、公共场所附近设立的便利店的主要目标顾客就是派生客流。

3. 竞争对手

门店周围的竞争对手对经营的成败有巨大影响，因此，在门店选择开设地点时，必须要分析竞争对手。一般来说，开设地点附近如果竞争对手众多，且商品结构、服务水准等类似，则新店很难获得巨大成功，但若新店经营独具特色，竞争力强，如是经营选购性的商品，也能吸引大量客流，促进销售量增加、增强店誉。

当店址周围的商店类型协调并存，形成相关商店群时，往往能对经营产生积极影响，如经营相互补充类商品的商店相邻而设，在方便顾客的基础上，也扩大了自己的销售。集中在一起的店铺群相互间既存在竞争，又能相互合作，应善于权衡和把握这种关系。

4. 开设位置的环境特征

一个位置的环境特征决定了门店建筑物的类型。环境特征包括建筑环境、能见度和消费者进出的方便性以及地形特点等因素。

（1）建筑环境

新建门店要与周围的建筑环境相融合，不同的环境要求不同的建筑风格，从而影响开设成本等一系列问题。例如，在豪华建筑群中，一个装修简朴的门店将是难以生存的。

（2）能见度和消费者进出的方便性

一片空白而平坦的地方有好的能见度和易接近性，但是这样的地点对于开发和发展却是不利的。连锁企业必须在此开发道路、门店、停车场，甚至提供交通工具，投资规模和成本很大。如果在一个有效的地点，且已有建筑物，连锁企业必须考虑现有的建筑物能否被改造和利用或者需要全部或部分地拆除。

（3）地形特点

通常十字路口的易接近性高，那里拥有较大的客流量，许多连锁企业也愿意支付较高的租金以获得这样的位置。路口拐角处也能提供较大的橱窗陈列的机会,并可多设出入口,这增强了能见度与易接近性。但是,有立交桥的路口不是好的地点。

5. 城市规划

在门店开设地点选择时,要考虑城市建设的规划,既要包括短期规划,又要包括长期规划。有的地点从当前分析是最佳位置,但是随着城市的改造和发展,将会出现新的变化而不适合开店。反之,有些地点从当前来看不是理想的地点,但从规划前景看会成为有发展前景的新商业中心区。因此,连锁企业必须从长远考虑,在了解地区内的交通、街道、市政、绿化、公共设施、住宅及其他建设项目的规划前提下,作出最佳地点的选择。

最后,连锁企业还要对未来门店的效益作出评估,主要包括平均每天经过的人数与来店消费人数的比例、客单价等,从而做出门店开设地点的决策。

7.4　连锁企业的竞争与营销战略

7.4.1　连锁企业的竞争战略

1. 连锁企业的竞争战略释义

(1) 连锁企业竞争战略的含义

竞争是企业发展的突击力。连锁企业的竞争战略指连锁企业在企业经营环境中的企业经营战略。竞争战略是企业在发展到一定的市场规模后,为实现企业价值最大化而同业内其他企业之间产生的市场份额和客户占有率方面的争夺策略,是企业突出自己的企业优势,弥补自己的竞争劣势,抢占市场,发展自己,抑制对手的手段。

(2) 连锁企业竞争战略选择

为适应激烈的竞争环境,连锁企业产生了不同价值观支配下的不同环境、不同发展阶段、不同行业的不同竞争策略,主要如下。

① 总成本领先战略。即追求成本优势,使企业的成本低于竞争对手的成本,在市场上以低成本取得领先地位,形成成本优势的策略。

② 差异化战略。是指企业向顾客提供一种区别于竞争对手的、独特的产品或服务的战略,是一种追求标新立异、与众不同的战略。差别化战略是回避直接竞争的基本手段,特色是这一战略的核心。如肯德基的口味、麦当劳的速度、沃尔玛商品的快速周转等均是差别化的结果。

③ 目标集聚战略。即确定企业的重要目标,核心是细分市场。对于连锁企业而言,通过集中其全部力量主攻某个特定的顾客群、某产品系列的一个细分地区的方式,为自己建立起一个良好的竞争战略体系。

7.4.2　连锁企业的营销战略

连锁企业的营销战略由商品营销策略、价格策略、渠道策略和促销策略4个方面组成。

1. 商品营销策略

首先,进行合理的商品定位和确定商品组合。商品定位包括确定经营组合中的商品品种、品质、档次、价格、服务等,零售连锁企业要根据自己的经营业态业种和模式进行选择,时刻关注顾客需求和市场环境的变化,从而变换自己的商品组合。

其次,进行商品的品类管理。零售商和供应商把经营的商品分成不同类别,并把每类商品作为企业经营战略的"基本活动单位"进行管理,通过品类管理向顾客提供超值的商品和服务。

最后,自由品牌的开发。连锁经营企业通过研发自有品牌可以降低商品价格,优化销售渠道,形成企业的经营特色。沃尔玛、屈臣氏在这方面都做得比较好。

2. 价格策略

这是大多数连锁企业营销策略中非常重要的一个方面。作为连锁经营企业,价格低廉和价格统一是其竞争优势之一。连锁企业实行统一采购,不但可以取得价格折扣,还能获得延期付款等优惠待遇,之后对商品进行统一库存调配、统一管理,大大降低了流转费用和管理费用,保证了其低廉的价格。统一的销售价格则树立连锁门店的整体形象,给顾客留下货真价实的良好印象,有利于树立企业的品牌形象。

3. 渠道策略

在传统的经营企业中,零售企业向批发商进货,由于数量有限无法享受更大优惠,而连锁企业则是将众多分销商联合起来,统一由总部向生产厂家批量进购,将市场中的批发交易行为转变为企业内的产品分配职能,将采购、批发、配送、零售等相互独立的职能有机地组合到一个统一的经营体系中,实现了产销一体化和批零一体化,符合现代化大企业的运作机理,既节省了交易费用,又节约了流通费用,是连锁企业拥有低成本运行的绝对优势。

4. 促销策略

广告宣传是连锁企业最常用的促销手段;公共关系营销是企业改善与社会公众的关系,促进社会公众的认知和支持,树立良好的企业形象,实现企业与公众的共同利益的管理活动。连锁企业必须与各行业的企业、顾客、媒体、投资者、所在社区、群众团体、主管部门建立良好的关系,同时企业内部的总部与门店、门店之间、店内工作人员间的关系也是公共关系营销的一部分。销售促进策略是除了广告、推销之外的各种刺激顾客购买的市场营销活动,如陈列、演出、展览会、示范表演等,是门店用来吸引顾客、聚集人气的好方法。

连锁企业在制定营销战略时,是以总部为主,门店为辅的。总部统一制定某一段时期的营销策略组合,下发给各门店,各门店根据各自的实际情况,选择某一种或某几种营销策略。同时,根据消费者需求的变化和市场状况的变化做到总部和门店的营销策略及时更新。各连锁门店也具有实行独立营销策略的自主权,如果某种营销策略行之有效,门店可以及时反馈给总部,总部加以完善和通用化,可使之应用于全国各连锁门店。所以,在营销战略的制定方面,总部和各门店是相辅相成,共同设计制定的,理论和实践相结合。

阅读与思考

武商集团:五彩纷呈创营销

武商集团世贸广场是一家集购物、休闲、餐饮、娱乐为一体的大型购物中心,经营面积8万平方米,世贸广场坐落于武汉市最繁华的商业地带——武商摩尔城内。在其半径100米的商圈内,有武汉广场、庄胜崇光广场、汉商广场等4家近20万平方米的同业竞争对手,同时还有许多超市与家电连锁店,竞争呈白热化的态势。

1. 创新由来

规避同质化竞争,绕开价格战的"陷阱",是企业营销策划所面临的难题,破解难题的钥匙是有机整合企业硬件、软件经营资源以及要素,迎合消费需求的特点变化,彰显营销个性与特色，从而打造企业品牌形象，形成新的竞争力。

2. 创新做法

（1）论证自身经营资源优势

世贸广场拥有 1—8 楼跳空式的中庭物业结构，卖场环绕四周，中庭设有四排双向手扶电梯，两部直达 8 楼的观光电梯，内空建筑极具特色。同时，还拥有中西餐厅、影院、电玩、歌厅等 24 个功能项目，非常适宜让消费者体验互动，在过程中享受快乐。

（2）提炼营销要素概念

世贸广场的经营理念是：创导生活新时尚。为此，时尚与传统、高雅与亲民、前卫与古朴、互动与体验，这些要素就构成了创意营销策划活动的基本层面。

（3）有机整合资源、经营资源

① 在室内中庭举办"中国五大时装设计师酒店作品发布会"，由中国金顶服装设计师伍学凯等五大名师展示他们近年来的扛鼎之作。五大设计师是中国服装顶尖时尚理念的策划者，展示他们的作品，不仅让消费者近距离领略、感受高端艺术，同时，也借助五大设计师在服饰时尚界的权威公信力，给消费者留下"时尚从这里策源"的深刻印象，强化世贸广场不断"创导生活新时尚"的经营理念。

② 与湖北美术学院在全场走廊、楼梯、顾客休息区联合举办"室内绘画、雕塑、装潢设计、服装设计艺术展"，让全场区域空间被充满生活气息的艺术品层层点缀，使卖场成为艺术天堂，并与中庭服饰文化推介展示活动遥相呼应，全方位吸引消费者的眼球。

③ 将京剧花脸与时装走秀完美结合。京剧花脸作为舞台背景衬托服饰文化推介展示主题；同时，模特走秀的伴奏乐巧妙点缀锣鼓京胡的韵律，使古老国粹与时尚元素、传统形式与前卫动感完美结合，既富有中国特色，又具备现代气息。

④ 晚间在正门舞台推出"新仙乐卡拉 OK 大赛"、"武汉之夏戏曲票友联谊赛"、"红帽象电玩大赛"、"宝宝爬"以及"时尚宝宝的最爱"童装模特大赛等一系列消费者参与性强的文化活动，使卖场内外相互营造浓郁氛围。同时举办购物券活动，让消费者不仅享受到购物的乐趣，也享受到唱歌、看大片、品味中西餐厅和风味小吃的实惠乐趣。

3. 创新成果

（1）企业品牌形象获得展示

"时尚尖峰——世贸广场服饰文化周"营销活动一经推出，就引起了全省所有主流传媒的广泛关注。《湖北日报》、《长江日报》、《武汉晚报》、《武汉晨报》、《楚天金报》连续一周纷纷以新闻、图片、连载的形式，予以追踪报道。

（2）企业口碑声誉获得好评

具有个性化的营销活动，为企业赢得"一块儿买、一块儿吃、一块儿玩"的互动式体验经济口碑，其辐射影响力随着消费者的传播，吸引了武汉周边地区消费者纷纷前来惠顾，使世贸广场在节假、双休日中，周边地区自驾车顾客占到顾客总数的40%。

（3）企业经济效益明显增长

仅"时尚尖峰——世贸广场服饰文化周"期间，日均销售额就达到500万元以上，活动结束后的当天日销售额突破1 000万元。

请思考：武商世贸营销创新的原因是什么？

【本章小结】

本章主要介绍了连锁经营的目标选择与市场定位；连锁经营的盈利模式，无差异型定位、差异型定位、集中型定位；连锁企业经营战略中的顾客满意战略、商业运作化战略、规模经营战略、标准化战略和专业化战略；连锁企业发展战略中的发展方向战略、发展方式战略、发展速度战略、修枝战略、连锁企业竞争战略中的无差异化战略、差异化战略和集聚化战略以及营销战略中的商品营销策略、价格策略、渠道策略和促销策略等内容。

【本章实训】

【实训主题】案例分析：沃尔玛的竞争战略。

【实训过程设计】将学生分成3—4人一组，对下列案例进行讨论分析，下次上课时由老师点评。

沃尔玛的竞争战略

在沃尔玛创业初始，山姆·沃尔顿面对像西尔斯、凯马特这样强大的竞争对手，采取了以小城镇为主要目标市场的发展战略。在20世纪60年代，像凯马特这样的大公司对在人口低于5万人的小镇开分店根本不感兴趣。而山姆·沃尔顿的信条是即使是5 000人的小镇也照开不误，而且山姆对商店选址有严格要求，首先要求在围绕配送中心的600千米的辐射范围内，把小城镇逐个填满后，然后再考虑向相邻的地区渗透。这样正好使沃尔玛避开了和那些强大对手的直接竞争，同时抢先一步占领了小城镇市场。当沃尔玛在小城镇立稳脚跟后，沃尔玛开始实施农村包围城市的战略，开始向大城市渗透。

与此同时，沃尔玛为了进一步建立和保持长久的竞争优势，把"天天平价"和"保证满意"确定为沃尔玛的战略目标，想尽一切办法在每一环节上把成本降至最低，取得了在行业上的成本领先者地位。同时为了满足顾客的需求，不断推出新的服务方式和服务项目，如山姆会员店、超级购物广场、一站式购物、免费停车、免费送货等，最终以超一流的服务赢得了顾客的忠诚，取得了在服务方面的差异化。

反观沃尔玛的竞争对手，如西尔斯、凯马特等大型零售商，它们既不能取得价格方面的优势，在服务方面又远远逊色于沃尔玛，因此处于被迈克尔·波特称为的"夹在中间"的尴尬地位，最后只得一步步将市场拱手让于沃尔玛。

而沃尔玛公司由于能够成功实施在价格方面的总成本领先战略和服务方面的差异化战略，因而建立了远远超过其他竞争对手的巨大竞争优势，并最终凭借这些优势，将西尔斯、凯马特等对手一一击败，建立起今日的零售王国。

表 7-2　　　　　　　　　　　　　沃尔玛的发展历程

年份	1960	1970	1980	1990	1998	2012
销售额	140万美元	3 100万美元	12亿美元	260亿美元	1 332亿美元	4 218亿美元
利润	11.2万美元	120万美元	4 100万美元	10亿美元	41亿美元	418亿美元
商店数	9	32	576	1528	3 000多家	9 000多家

从表 7-2 中可以看出，沃尔玛连续 50 多年的高速扩张，每隔 10 年就上一个台阶，直至今日仍未停止。那么是什么使得沃尔玛公司具有如此强大的竞争能力和扩张能力呢？其中的奥秘就在于它独特的自成一体的竞争战略。

（1）天天平价

当你走进沃尔玛的大门时，第一眼看到的一定是"天天平价，始终如一"的标语，就连沃尔玛的购物袋上印的也是这句话，这句话对沃尔玛的重要程度由此可见一斑。

天天平价和一般的削价让利有着本质的区别。天天平价是折扣销售额的基础，是把减价作为一种长期的营销战略手段，减价不再是一种短期促销行为，而是作为整个企业市场定价策略的核心，是企业存在的根本，是企业发展的依托。

沃尔玛公司正是在所有折扣连锁店中将这一战略贯彻得最为彻底的一家公司，它想尽一切方法来降低成本，力求使沃尔玛商品比其他商店更便宜。这一指导思想使得沃尔玛成为本行业中的成本控制专家，它最终将成本降至最低，真正做到天天平价。

深圳沃尔玛店与我国的一家房地产商合作，落脚在罗湖区一个居民小区楼群下的几层楼房，免去了豪华装修和过高的场地租金。所有管理人员是在一个大平面里用玻璃打出隔断来办公。美方总裁与一位香港总监办公室各自仅有 5 平方米大小。这家拥有千名员工的商店只有 3 辆小轿车。商店严格规定不在这些与生产直接关系不大的地方乱花钱。沃尔玛有个规定，外出采购商品花销不可超过进货额的 1%，结果出差人员住廉价店、步行是常有的事。深圳沃尔玛店迄今为止没有做过任何广告，他们的做法是，"价廉物美、方便、实惠"，靠顾客的口碑去传播声誉。在商店管理中，严格推行精兵简政的方针，由此沃尔玛开创 50 多年里一直保持了销售额与成本比的最低水平，国际零售界通行比例为 5%，而沃尔玛仅为 2%。

（2）保证满意

"保证满意"是在沃尔玛商店中悬挂最多的标语之一，这是沃尔玛对顾客做出的承诺，也体现了沃尔玛的经营理念。

沃尔玛的经营哲学认为顾客永远第一，商店需要不断地了解顾客的需要，设身处地地为顾客着想，最大限度地为顾客提供方便，沃尔玛把为顾客提供超一流的服务摆在和天天平价同等重要的战略高度。

在零售行业，舒适的购物环境、优质周到的服务必然与较高的价格相联系，而在价格低廉的折扣商店，顾客虽可以得到价格上的优惠，却往往无法享受到优质的服务。而沃尔玛公司努力地将二者结合起来，做到在提供廉价商品的同时，保证顾客能享受到超值服务。

沃尔玛这样告诫第一天进店的新员工："顾客来到商店，是他们来给我们付工资的。这样无论如何，我们都要好好对待顾客，永远要尽力帮助顾客，永远要走到你的顾客身边，问他们你是否能帮助他们。"

在沃尔玛商店，你还随时都能看到这样的标语："顾客永远是对的。顾客如有错误，请参见第一条。"

沃尔玛还宣称："我们争取做到每件商品都保证让你满意。如果不满意，可以一个月内退货，并拿回全部货款。"

纵观所有取得成功的企业，它们正是正确实施某一种基本竞争战略，取得了某种竞争优势，才得以在市场上占有一席之地的。

而反观那些业绩平平、举步维艰的企业，它们通常是没有清晰竞争战略的"夹在中间者"，既控制不好成本，也没有什么经营特色，经常处于微利或亏损的边缘。这类企业如果不尽早确定自己的竞争战略，创造出竞争优势，迟早要被市场所淘汰。

因此，尽快确定自己的基本竞争战略是一个企业取得竞争优势的关键，通常企业必须在3种基本竞争战略中做出抉择，毕竟像沃尔玛这样能够同时取得成本领先和标新立异的竞争优势的是少数。因为成本领先和标新立异通常是相互抵触的，标新立异意味着增加成本，而降低成本则意味着牺牲歧异性，同时实施两种竞争战略，常常会使企业陷入"夹在中间"的危机。这一点，企业在实践中要特别注意。

问题：1．沃尔玛的竞争战略的成功之处主要体现在哪些方面？
      2．沃尔玛的成功经验对我国连锁企业有何启示？

第 8 章　连锁零售业从业指南

【学习目标】

- 了解连锁零售业人才短缺的原因和素质要求
- 掌握连锁零售业典型就业岗位及成长路线
- 掌握连锁零售业从业的利与弊
- 具备分析相关案例的能力

【案例导入】

小张的屈臣氏之路

小张,1986 年 2 月年出生在湖南汨罗一个普通的农民家庭,2004 年 9 月考入长沙某职业学院连锁经营管理专业学习。2006 年 11 月 29 日以实习生身份加入屈臣氏长沙金色年华店。2007 年 7 月毕业后转为正式员工,并于 10 月在学完公司零售学院课程后升职为高级营业员,同年 12 月担任店铺培训生,负责店铺员工培训工作。2009 年 6 月学习完精英计划课程(一阶段)并通过考核后升职为新世界百货店助理店经理,同年 9 月调至株洲开发新店。2010 年 9 月经考核后升职为株洲王府井店经理,2011 年 11 月经考核后升职为区域培训店铺经理,负责店铺的销售策划等营运工作,同时还承担区域店铺经理及助理店经理的培训工作。2012 年 3 月调至长沙,学习完精英计划课程(二阶段)并通过考核后升职为区域经理,负责 4 家店铺的营运管理、店经理、助理店经理的培训工作。

屈臣氏的职业发展路线如图 8-1 所示。

【课堂讨论】

小张的屈臣氏之路有何特点?将讨论结果填入表 8-1 中。

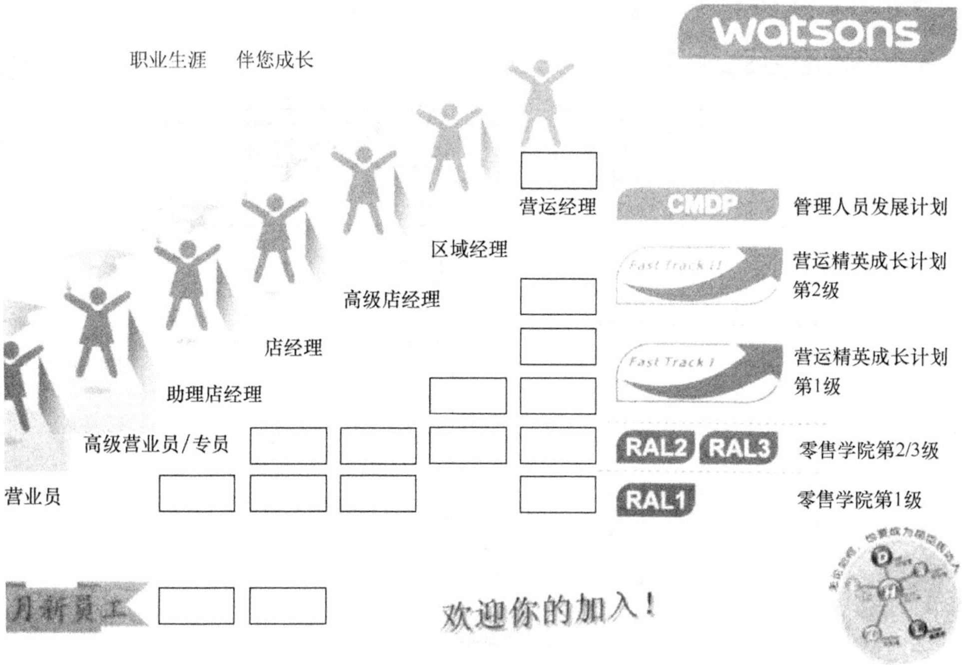

图 8-1　屈臣氏职业发展线路

表 8-1　讨论结果

讨论人	要　点
自己的观点	
同学的观点	
老师的观点	

【本章知识结构图】

本章知识结构图如图 8-2 所示。

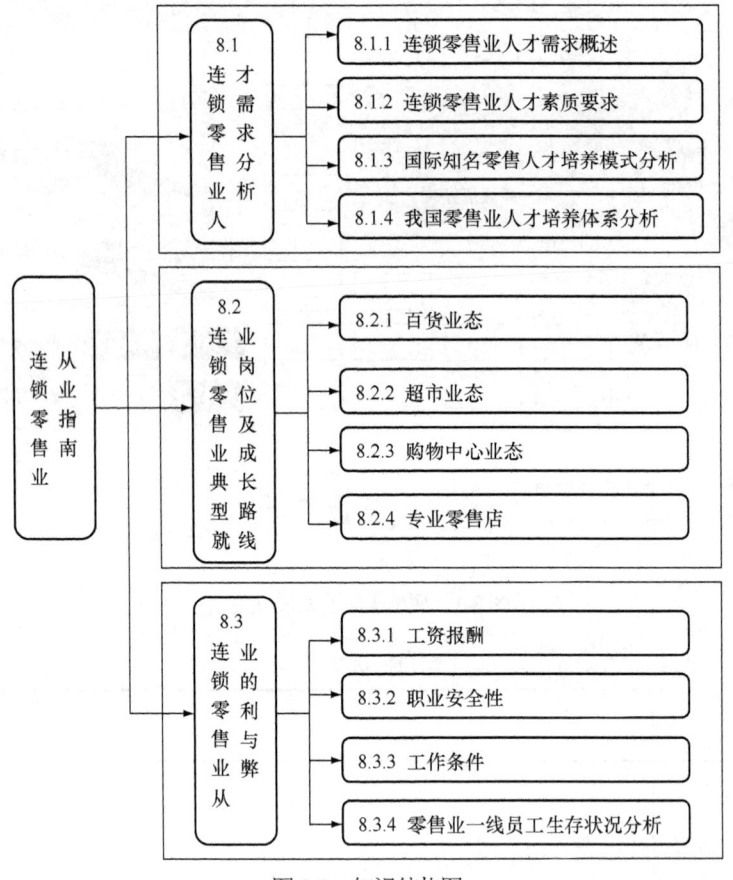

图 8-2 知识结构图

8.1 连锁零售业人才需求分析

8.1.1 连锁零售业人才需求概述

1. 连锁零售业人才需求现状

（1）我国零售业概况

随着零售业的全面放开，我国零售行业已经进入群雄并起、纷争天下的时代。地域扩张、多业态、连锁发展成为风潮。

自 2011 年"十二五"开局之年起，众多中国本土零售企业和在华外资零售商都祭出了规模扩张的大旗。随着沃尔玛、华润零售、苏宁电器等零售巨头扩张计划的相继出炉。公开资料显示，沃尔玛中国提出，5 年内在中国开店的速度会加快，而且在一些县市布点的规划已经在商讨中；华润零售雄心勃勃地提出 2015 年销售规模达到 1 550 亿元的目标，相当于目前销售额的 3 倍多；苏宁电器集团抛出"十年发展规划"，到 2020 年，在电器连锁方面销售规模达 6 000 多亿元，再加上综合地产开发方面，总体销售规模将迈入万亿元门槛，跻身世界一流企业。

（2）我国连锁零售业人才需求现状

在零售企业急剧扩张、零售经济快速增长、零售企业惊人发展的同时，人才需求量也急速膨胀，全国零售业从业人数由 2008 年的 4 500 万增加到现在的 6 000 多万，经营单位数达到 2 300 多万个，吸纳了第三产业近 1/5 的从业人员。与不断增长的人才需求相比，国内零售业的人才储备却是寥寥无几。虽然人才总量有所增加，但是与快速发展的零售业相比显得供不应求，国内外零售巨头高薪难求零售经营人才的消息屡见不鲜，零售业成为人才需求最为旺盛的行业之一。

据调查显示，零售业急需的人才主要为生鲜经理、采购买手、配送管理、营销能手、店长 5 类管理人才，岗位缺岗率高达 30%，其中零售店长的需求数量位居榜首，"10 个瓶子 7 个盖，盖子轮留盖，还有 3 个没有盖。"这是一句在业界广为流传的形容零售业店长人才缺乏的名言。因为这 5 类人才都需要长时间对零售行业进行摸索，熟悉零售业运营管理、工作流程和各种规范体系，了解零售业运营标准和市场情况，了解商品的采购、销售渠道和流程环节，熟悉成本、毛利核算、库存、损耗控制，全面研究企业的发展方向，并且有丰富的管理经验。

据统计，一家大型超市的开设，至少需要招聘 400 名管理人员和基层员工，从店长、店长助理到部门经理、采购人员和财务人员等，仅中层管理人员就需近百人。国内连锁零售业的大规模扩张，导致了人才的短缺，尤其是对单店管理型人才的需求非常迫切。另外，随着零售市场的全面开放，外资进入流通领域的步伐加快，零售市场的竞争越演越烈，从而导致零售人才竞争日益激烈，使得我国零售人才本来就缺乏的形势更加严峻。

零售业人才短缺并不是指从业人员不足，相反目前市场上劳动密集型人员的储备充足，普通零售从业人员已经过剩。但是，适应现代商业零售业需求的综合性人才、中高层经营管理人才、专门人才等高端人才严重短缺。像宜家这样的跨国公司在我国的一个店每年销售额能达到 4—7 亿元，已经是大企业的运作形式。店长在零售行业属于高级人才，应具备综合知识和长期行业经验的积累，这样的人才在国内很难找到，因此宜家高级管理人员多从欧洲、美国、加拿大等地派来，他们中有的在行业里做了 20 年。培养一名中层"零售业人才"，要求是熟悉零售企业相关工作经验，有较强的领导能力、组织协调能力、应变能力和公关能力，一般至少需要 5 年时间。培养一名中层管理人员需要 3 年时间，每年的培训费用为该员工年薪的 1/2。

2. 连锁零售业人才短缺原因分析

（1）零售行业人才培养环境不健康

由于历史的原因，我国长期存在"重工轻商"的观念。零售业在我国曾一度没有得到重视，该行业长期以来缺乏对优秀人才的吸引力，从而造成我国零售业人才总体储备不足。加之我国零售行业目前正处在高速扩张阶段，并伴随着旧业态调整、新业态的转变与发展过程，使得人才紧缺矛盾加剧。

通常，零售业人才资源来自两方面：一是从企业外部引进；二是通过企业内部培养、提升。从社会上引进虽然周期短，能在短时间内基本满足企业对人才的急需，但目前的"外部引进"仅是各企业之间将行业内现有存量人才挖来挖去，并不能增加整个行业的人才储备。而企业之间挖角的手段通常采取的就是打"高薪聘用"的旗号。一味高薪甚至一部分人高得离谱，会使其他员工心理不平衡，从而影响工作积极性，削弱企业持续发展的竞争力；一味高薪，还会使员工在选择公司时，不以未来发展、对企业的认同及与企业文化的融合为衡量标准，而仅仅以薪水高低来评价优劣，从而使从业心理变得浮躁和扭曲，引发频繁跳槽，对员工自身和企业都不利。由此，企业解决人才短缺的最根本途径还是内部培养。

但从实际情况看，我国零售企业对人才的内部培养的积极性不高。根据调查显示，最近 3 年间全国有近 60%的企业按国家规定足额或超额完成了职工教育经费的提取，但是，零售行业平均计提的职工教育经费占职工工资总额的比例仅为 1.4%，低于国家规定的 1.5%的提取比例。

（2）高校的人才培养与社会需求相脱节

据统计，目前开设有零售学相关专业的本、专科以上院校并不多，根据中国商业联合会提供的数据，在 2000 年全国零售店店长数量仅有 200 名，以后呈快速上升的趋势，到目前店长等中高级管理岗位的需求数量已经猛增到 10 万个以上，整体缺岗率 10%—20%。然而，我国高校每年能够为零售业提供的人才比例却不到 10%，不仅数量上远远达不到市场的需求，即使开设有相关专业的高校在人才培养的质量上也与市场脱节。我国目前的高校提供的还是传统的"正规"教育，普遍采用的是灌输理论的教育方法，然而零售企业需要的更多的是职业培训。正规教育侧重于理论素养的提升，企业急需的是拥有实际操作能力的专业性人才。所以，如何培养、锻造出既懂理论又有实际操作能力的专业人才是目前高等教育体制必须考虑的问题。

（3）企业内部人才培养机制不健全

国内许多零售企业把人才培养局限于岗位培训，缺乏战略眼光。不少企业往往在门店扩张期新员工进驻企业后，开办短期的岗位培训班，而对于人才梯队建设与人才层次培训、开发则缺少关注。这种短期的岗位培训造成员工对企业缺乏归属感，人员流动性过大，从业员工普遍存在"打短工"的思想，人才大量流失。虽然少数国内企业也开始注意到后续培训的重要性，但却很少从开发员工能力的角度帮助其规划职业生涯，培养企业未来发展需要的有潜质的职业经理人。这样的短期行为直接危及企业的竞争力和发展力。根据华南理工大学工商管理学院的调查统计显示，零售企业不管什么职位的人才流动，排在第一位的原因都是个人发展受阻。另外，这种短期的岗位培训还造成了企业人才结构失衡或断层，中高层人才后继乏人。近几年虽然本土连锁企业扩张迅速，但管理理念和手段并没有更新，这与缺乏系统的人才培训规划、健全的培训机制是分不开的，具有现代经营理念的新人难以充实到高层管理岗位上，企业原有的高层管理人员也不能通过培训及时更新观念。

（4）社会培训机构对零售人才培养发展缓慢

近几年来，针对企业对人才培养的力度不够以及高校人才培养的脱节现象，一些人抓住商机迅速地成立了相应的社会培训机构，其增长速度非常快。然而面向零售业的精品培训项目操作难度大，对课程设置、教材、师资等要求很高，这就给成本控制带来一定的难度，而本土零售业对培训费用的承受能力又不高，所以，操作这样的项目往往是"吃力不讨好"。社会性的培训机构以牟利为目的，往往行为短视，滥设培训班。虽然数量增加了，但是培训的质量始终上不去，各类培训项目大多是低水平重复复制。翻开报纸、杂志，打开网站，各种培训名目繁多、五花八门，但是，真正能够给管理者带来实效的培训项目并不多。培训项目鱼龙混杂，客观上既影响了培训市场的正常秩序，更影响到求职者与需求行业对专业培训机构的信任及有效选择。

另外，目前我国零售业还没有设立权威的、统一标准的职业认证制度，各种培训班借助参训人员希望进入零售行业的动机，拉人头，发文凭，陷入了"给钱就发证"的怪圈。

8.1.2 连锁零售业人才素质要求

1. 综合素质高

零售人才的生理、心理、社会文化 3 个层次的素质都较好，智商（IQ）、情商（EQ）两者的综合指数较高，具有丰富的想象力和创造性思维能力，尤其具有整合其他各种信息的自我生成能力，善于及时而有效地把社会文化科技知识、社会行为规范、社会实践经验内化为自己的个性心理品质，从而对自己的能力充满信心。

2. 智能结构好

零售人才的知识结构和能力结构具有多重整合的特点，知识之间和能力之间的有机结合、相互渗透，达到融会贯通，并形成各种知识、能力和素质的融合并发挥综合作用。它既有较宽的基础和相关知识，又有较深的专业才能，从而使它更具创造性和适应性，这是其成功实施达成特定目标信念的基础。

3. 思维辐射广

零售人才的思维方式主要呈发散型、多维型、非线性。学习兴趣广，并能不断想象成功的场景，传递积极的指导。善于从多角度、多层次、多方面去探索，敏感地把握事物的内在联系和运动规律，具有分析和解决实际问题的能力。

4. 思路敏捷、反应快

零售人才在认识活动中坚信自己对活动具有效能，善于联想和迁移，能够举一反三、触类旁通，迅速认识和把握一事物与其他事物的关系。有很强的敏感性和判断力，能够在变幻莫测的国际国内环境中把握商机，抢占市场。

5. 社会适应力强

零售人才具有很好的应变能力，在多种社会实践或某种非常复杂的社会实践中，都能游刃有余、充满自信。特别是在学科交叉、专业交叉的职业领域，复合型经贸人才掌握良好的适应技巧，对自己从事不同行业以及实现不同市场目标的探索能力充满自信。

连锁经营管理专业高职毕业生就业调查报告

为了更加深入和全面地了解连锁经营管理专业高职毕业生的就业情况，从连锁经营管理技能人才本身出发，探究连锁企业人才需求情况和高职院校在人才培养方面的问题和不足，北京和重庆两所职业院校的连锁经营管理专业，面向2009、2010、2011届该专业的毕业生进行了就业情况的调查。

本调查的调查对象涉及以上两个学校，共回收有效问卷85份，其中，北京49份，重庆36份，共设问题13道，内容涉及三个方面（就职企业基本情况、学校教育感知、能力素质感知）。

一、就职企业基本情况

1. 就职企业所属类型和经营状态

两地毕业生就职企业所属类型如图8-3所示。

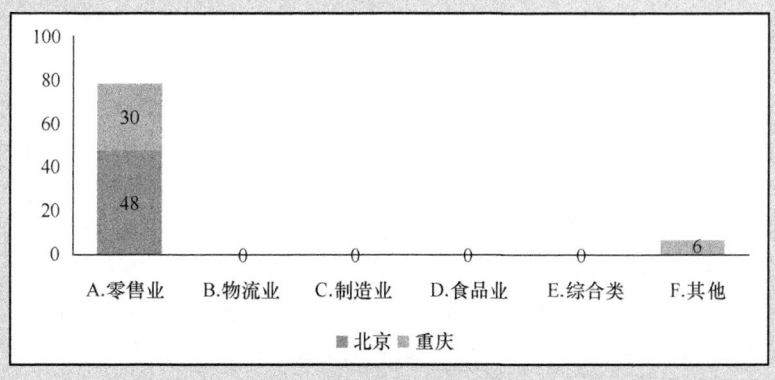

图8-3　两地毕业生就职企业所属类型分布

接受调查的连锁经营管理专业高职毕业生工作与专业对口率较高，绝大部分毕业生就职于零售行业，个别学生从事其他行业。北京的连锁经营管理专业的培养目标就是面向首都商业零售业、培养连锁企业基层领班人。明确的培养目标指引下使得该专业学生就业企业与专业对口率较高。如图8-4所示。

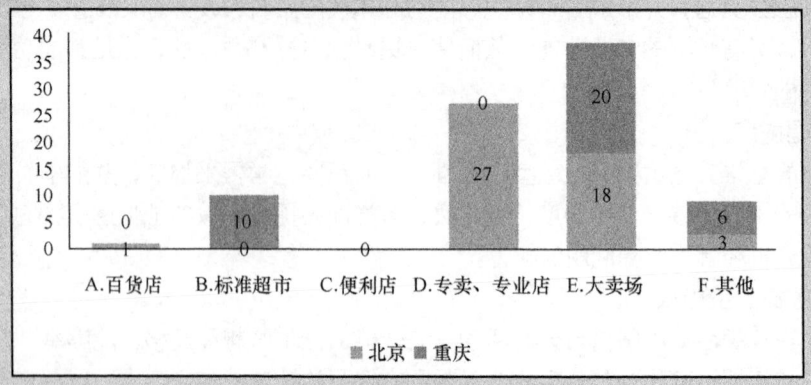

图 8-4　就职企业经营业态

在就职企业的经营业态上，两所学校略有差异。北京的学生多就职于专卖店和大卖场，其中以专卖（专业）店为主，而重庆的学生仅不到30%就职于标准超市。虽然重庆和北京同属于直辖市，但是北京作为国家首都，经济、政治、文化的中心，其商业更加繁荣，尤其是在建设世界城市的进程中，世界知名企业在北京开设了很多专卖店（专业店），因此更多企业向连锁经营管理学生敞开了就业之门。

2. 就职企业规模

就职企业用人规模如图8-5所示。

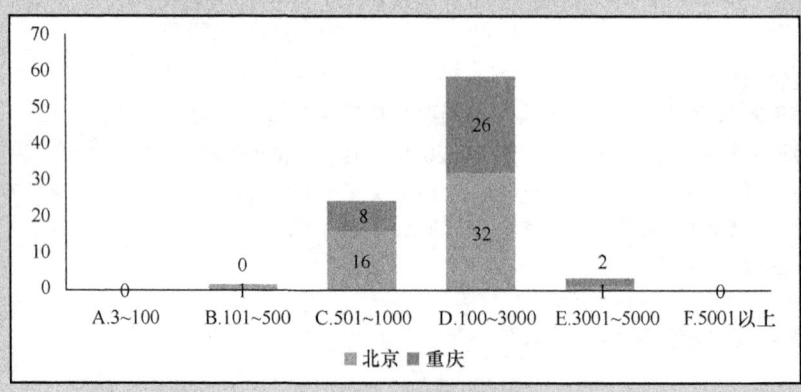

图 8-5　就职企业用人规模

从用人规模来看，两所学校的接受调查的毕业生绝大部分供职于大型企业，例如北京的学生与北京菜市口百货集团、卜蜂莲花、王府井集团有紧密联系，其培养模式为订单培养；同样，重庆的学校与重庆中百仓储有限公司、重庆人人乐商业有限公司、重庆兴红聪餐饮管理有限公司有订单合作。

从企业所拥有的门店数量来看，北京的学生就职的企业门店数量要少于重庆的学生。

3. 门店扩展和人才需求

未来2—3年，北京的企业门店扩张力度不如重庆大，北京有将近一半的毕业生表示，其所在企业将在未来2—3年扩张3—10家门店，而45%的重庆毕业生表示其所在企业将在未来3年扩张门店超过50家，这意味着重庆这些已经合作的企业有更加旺盛的人才需求。如图8-6和图8-7所示。

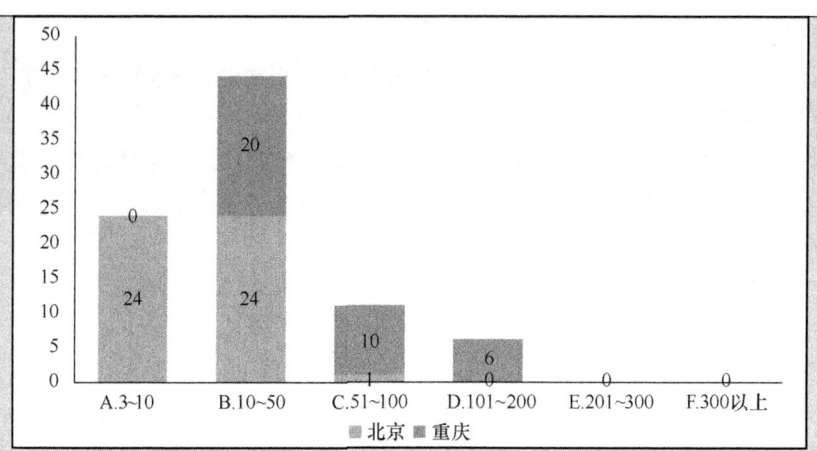

图 8-6 所在企业拥有门店数

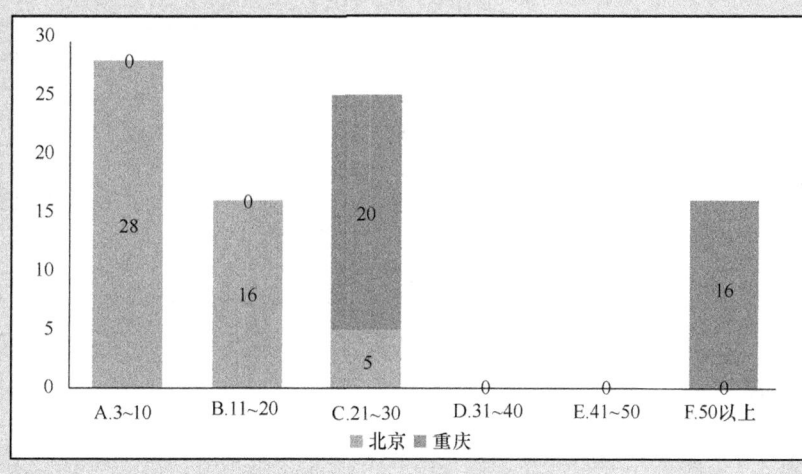

图 8-7 未来 2—3 年门店扩展数量

随着企业规模的不断扩大,企业对人才的需求也随之增加,对于不同层次人员的需求每个企业也不尽相同。通过调查显示,学生认为,北京的企业最需要的人才类型排序为——基层管理者、职能管理者和中层管理者、基层营业员、高层管理者;重庆的企业最需要的人才类型排序为——基层管理者和中层管理者、基层营业员、高层管理者、职能管理者。从调查对象总体来看,学生认为企业最需要的是基层管理者以及中层管理者,这也是高职连锁经营管理专业学生可以胜任的岗位。如图 8-8 所示。

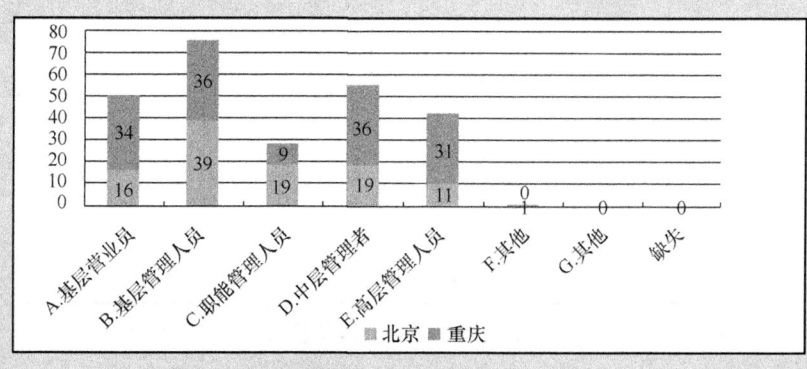

图 8-8 人才类型需求

二、学校教育感知

学生在步入工作岗位后,回顾在校期间所接受的教育,对教育与市场需求是否匹配最有发言权。

1. 培养目标定位

培养目标是高职院校以就业为导向培养技能人才目标的细化,北京的连锁经营管理专业的培养目标是面向首都现代连锁经营行业,培养具备良好职业道德、掌握连锁店管理技能和方法的连锁企业基层领班人——连锁店长;而重庆的培养目标是现代服务业从事连锁经营的高级技术应用性专门人才。但实际调查中我们发现,北京的学生则认为学校的培养目标应定位于基层管理人员,而重庆的学生则认为学校的培养目标应定位于中层管理者和门店店员。可见,在被调查学生看来,北京所订培养目标高于他们接触到的实际情况,而重庆的培养目标略低于实际所需。这可能是由于北京的特殊地位造成的,北京固有的人才吸引力使得其高学历、高技能层次人才并不缺乏,因此存在人才高消费现象,相比之下,重庆作为西部城市,人才吸引力和人才聚集度还较弱,因此高职学生面临的竞争较小。如图8-9所示。

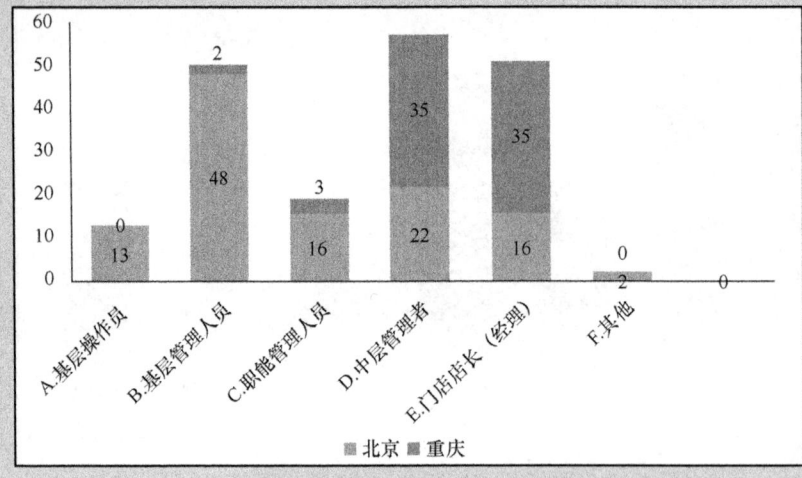

图8-9　学校培养应定位的目标

2. 顶岗实习时间

顶岗实习时间如图8-10所示。

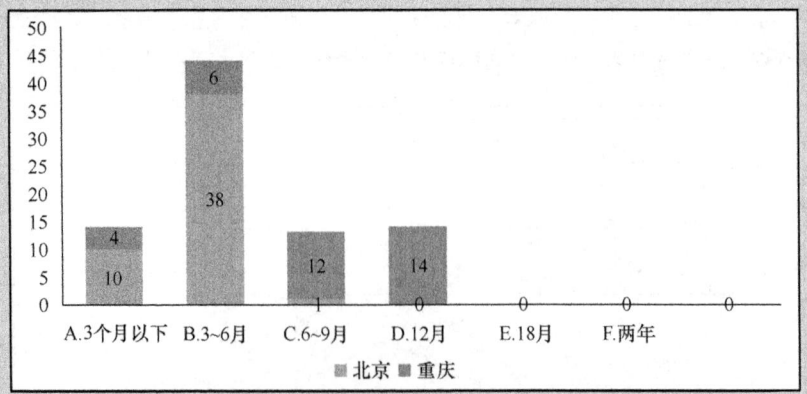

图8-10　顶岗实习最佳时间长度

顶岗实习作为高职学生从学校到企业的过度时期,从社会人向职场人转变的必经过程,从理论学习到实际操作发展的重要手段在高职学生培养过程中起到了举足轻重的作用。顶岗实习的长短也关系到了实习质量和实习效果。通过调查显示，学生认为的顶岗实习时间长度也存在南北方差异。北京学生意见比较统一，77.5%的同学认为顶岗实习的时间最好控制在3～6个月。而相比之下，南方同学认为顶岗实习期应该长一些，38.9%的同学认为顶岗实习期应安排在一年时间为宜。

3. 顶岗实习补贴

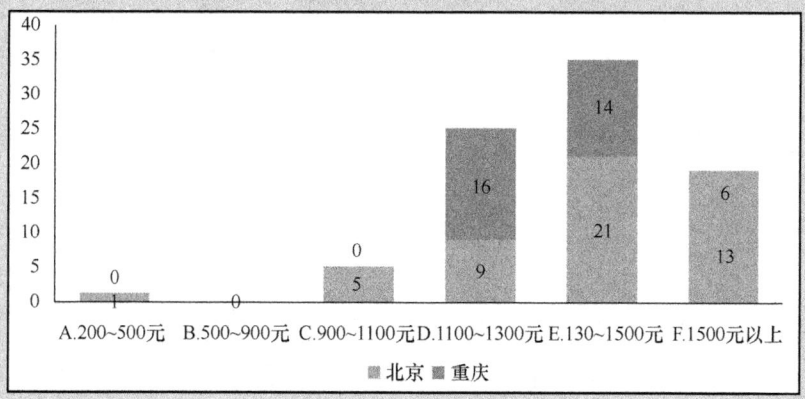

图 8-11　两地学生顶岗实习补贴

高职毕业生参加顶岗实习，既可以将自己在学校所学的理论知识转化为实践成果，按照相关法律规定也应获得相应的薪酬。从总体来看，76%的学生表示他们在顶岗实习时期获得的补贴介于1100—1500元，22.4%的学生的补贴超过1500元。两地对比来看，北京地区学生顶岗实习补贴较之重庆学生补贴要高，这跟两地居民收入水平和物价水平直接相关，也与劳动法律保护的力度有关。如图8-11所示。

4. 学校应加强训练的技能和素质

调查显示，学生经过一段时间工作之后认为，在校期间学校应加强培养学生以下素质或技能（按重要性排序）：办公技能、专业知识课、与人合作能力、专业技能课、职业素质、公关礼仪。两地差异表现在：1.重庆学生认为职业素养在学校培养过程中起到很重要的作用，应再加大力度（重庆学校单排名），而北京的学校在全国高职院校中率先创建"财贸素养课程"，简称"五板块"（爱心、诚信、责任、严谨、创新），学校对学生的职业素质已经十分重视；2.北京学生认为专业知识课程较专业技能课重要，而重庆学生认为专业技能课更为重要。如图8-12所示。

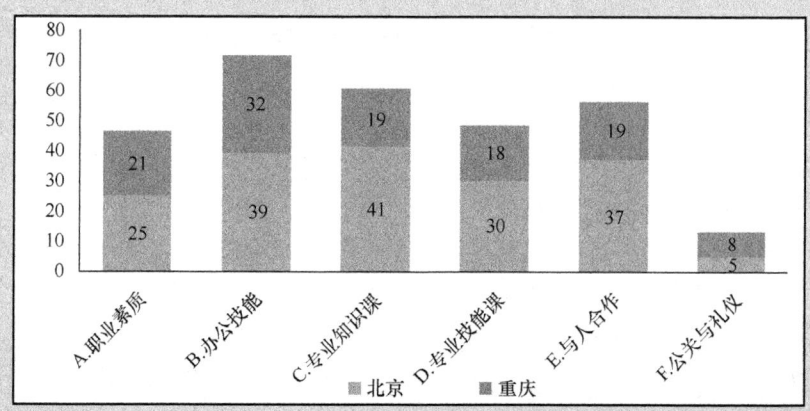

图 8-12　学校应加强培养学生的技能和素质

三、能力素质感知

1. 企业最看重的职业素养

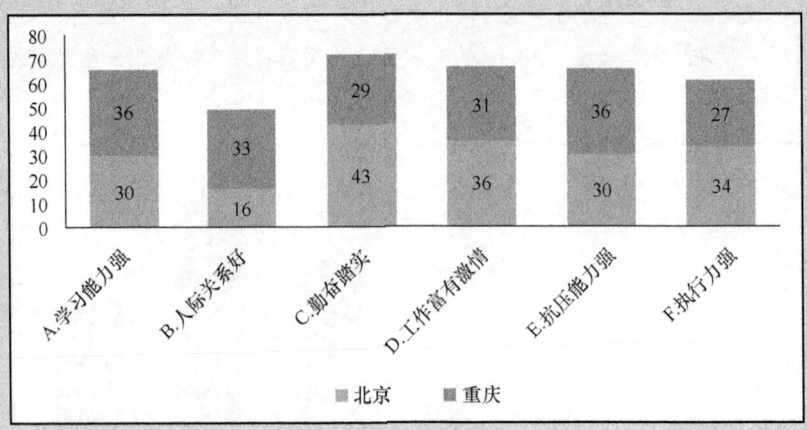

图 8-13　企业最看重的职业素养

调查显示，在指定的 6 种职业素养中，勤奋踏实、工作有激情、抗压能力强和学习能力强是企业最为看重的前 4 位职业素养。高职连锁经营管理专业学生大多从事零售业等现代服务业，行业性质要求从业者既要有饱满的工作热情，又要有很强的抗压能力，更要做到最基本的脚踏实地、勤奋好学。因此，学校应在学生培养过程中，有针对性的加强这些方面的培养。

2. 企业最不满意的方面

企业对大学生不满意的方面如图 8-14 所示。

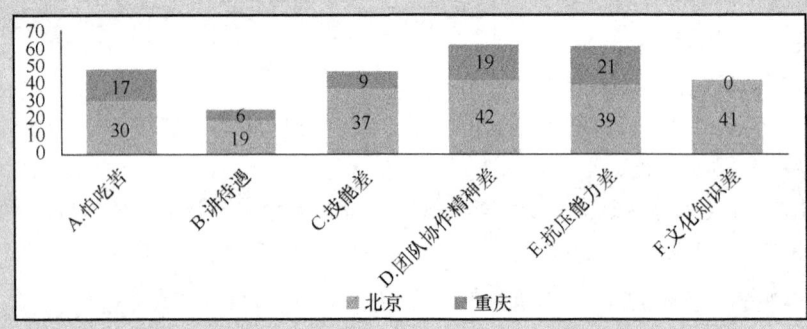

图 8-14　企业对大学生最不满意的方面

"知己知彼，方能百战不殆"了解用人单位的喜好更要了解用人单位的不满，只有这样才能有针对性的培养出符合企业需求的优秀人才。在调查中，了解到企业对大学生最不满意的方面（不满程度前 4 位）：团队合作能力差和抗压能力差、怕吃苦、技能差。由于现在的大学生绝大部分是 90 后的独生子女，"自由散漫、追求个性、贪图享受"成为大众媒体给这一时期年轻人的性格标签，而企业在希望员工工作热情饱满有创新精神的同时，更加希望员工能精诚合作、在竞争压力和工作压力较大的今天能保持旺盛的精力，面对挫折能不畏惧，直面压力。同时，企业招聘高职院校学生，原因之一就是看中了高职学生的"职业技能"，如果学生的技能水平不能为企业所用，这也是企业不愿也不能接受的。因此，学校在培养学生过程中必须瞄准技能。

3. 遇到的问题

企业和校园环境的不同以及身份的不同，使得高职毕业生从大学生向职业人转变的过程中难

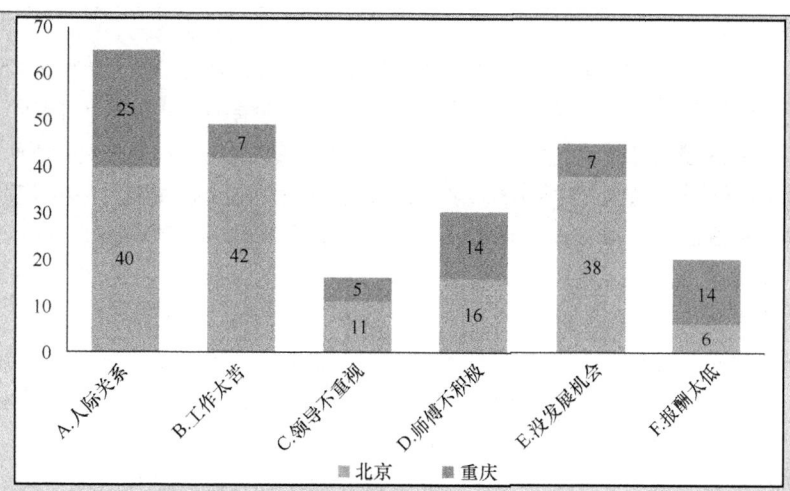

图 8-15 学生在企业工作中遇到的问题

免会遇到一些问题,这是每个人职业生涯发展的必经阶段。参与调查的毕业生反映,他们在企业工作中遇到的最大问题就是人际关系的问题,其次是工作太苦,再者认为没有发展机会。一方面,大学生应该摆正自己的就业心态,要了解迈入商业就必须面对一些问题,诸如节假日不休息、加班加点等,要踏踏实实、边干边学,虚心请教只有这样才能融入到企业当中;另一方面,企业应该重视构建人才成长环境,关心新员工心理,适时进行员工的心理疏导。

4. 在工作中应注重培养的职业知识和职业能力

在16种连锁经营管理专业的职业知识和职业能力当中,最重要的前5位是商品陈列、卖场布局设计、商圈分析与门店选址、营销策划和应用文写作知识。这些职业知识和职业技能是学生在企业工作一段时间后的切身体验。学校应有针对性地围绕这些企业必须的知识和技能开设专业课程、安排顶岗实习内容。另外,调查显示,一个合格的连锁经营管理人才不但要掌握本专业的相关知识,也要有独当一面的能力、掌握全面的知识和能力。这里涉及财务管理知识、人力资源管理能力和物流配送知识,因此连锁经营管理专业要与这些相关专业相联系,共同构建完整的连锁经营管理专业的课程体系。

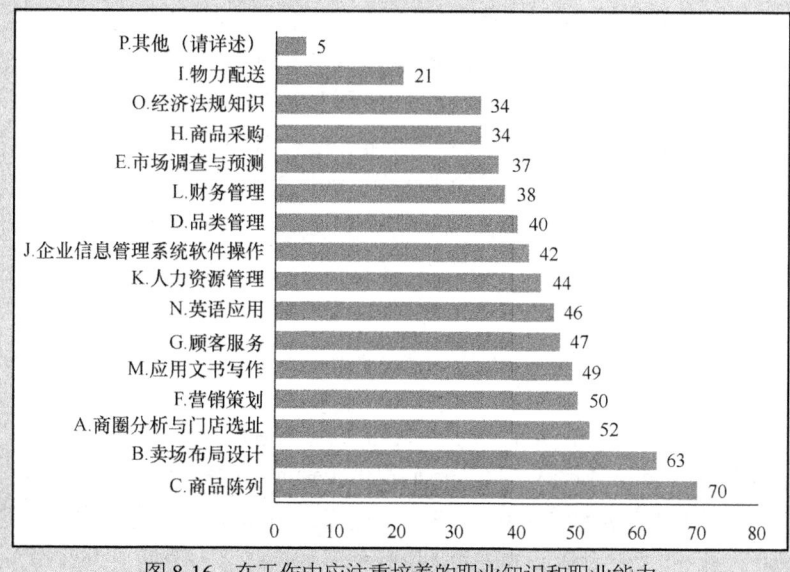

图 8-16 在工作中应注重培养的职业知识和职业能力

5. 意见和建议

第一，学校、企业和家庭应联手共同培养学生的职业素养，尤其是培养大学生在工作和生活中的情商。1. 要加强责任意识教育，培养学生爱岗敬业的精神，在教学过程中采用项目教学法安排学生在校期间或者实习期间就要勇于承担责任；2. 培养学生的人际沟通能力，从诚信爱心的角度出发，与同事相处好、与顾客相处好；3. 培养学生抗挫折的能力，积极面对外部环境和内部环境带来的挑战。

第二，加强校企合作，共同开发课程。直面市场和企业需求，了解企业的各方面动态，尤其是新知识、新能力、新技术的需求，有针对性的共同开发课程，不但包含专业课程，更应包含一些职业素养课程。

第三，深化顶岗实习制度。加强顶岗实习的内涵建设，一方面要保护学生的利益；另一方面应该与企业紧密联系，加强企业师傅与校内老师的联系。适度加长顶岗实习时间，开展其他形式顶岗实习，如假期学生参加卖场促销等。

总之，面对连锁经营管理企业旺盛的人才需求，需要多方面共同努力培养人才，只有这样才能服务企业、服务社会，解决学生就业困难问题。

8.1.3 国际知名零售人才培养模式分析

进入我国的零售业跨国大集团已经越来越多，尤其以沃尔玛、家乐福、麦德龙、肯德基、麦当劳、屈臣氏等具有代表性，而且都取得了快速的发展。究其根本原因，归功于这些企业在国际化竞争中经过长时间积累并建立起来的员工培训体系。下面以全球零售巨头沃尔玛为代表分析它们的成功的零售职业化人才培养体系。

1. 期初的全面培训

沃尔玛的培训十分全面，各公司必须在每年的 9 月份与总公司的国际部共同制订并审核年度培训计划。从对刚刚加入公司新员工的入职培训，到普通员工的岗位技能培训和部门专业知识培训，到部门主管和经理的基本领导艺术培训，到商场副总经理以上人员的高级管理艺术培训、传奇顾客服务培训、培训员培训、沃尔顿学院培训，沃尔玛的培训计划几乎涵盖了零售业经营和员工管理的方方面面。

各种培训中又分为很多小的培训。例如，对新员工进行入职培训时，在新员工入职的第 1 天、第 30 天、第 60 天和第 90 天分别会有 4 个侧重点不同的培训。因为沃尔玛认为，员工入职后的这几个时间点是非常关键的时期，培训一定要配合员工各个时期的心理变化和员工对公司、业务了解程度的变化。其他培训项目还包括第 30 天、第 60 天和第 90 天的回顾培训，目的是巩固培训成果。沃尔玛看重的是好学与责任感。在一般零售企业，没有 10 年以上工作经验的人根本不会被考虑提升为经理，而在沃尔玛，经过 6 个月的训练后，如果表现良好，具有管理好员工、管理好商品销售的潜力，公司就会给他们一试身手的机会，先做助理经理，或去协助开设新店，如果干得不错，就会有机会单独管理一个分店。在企业看来，一个人缺乏工作经验和相关知识没有多大关系，只要他肯学习并全力以赴，绝对能够以勤补拙。而且公司乐于雇用有家室的人，认为他们稳定，能努力工作。而在今日美国，零售业由于大量使用兼职工、非熟练工以压低成本，各公司的员工流失率均居高不下，唯有沃尔玛是例外。

注重新员工培训。随着公司在国际上的大举扩张，它现在在全世界的雇员总数超过 200 万。确保有才能的员工取得成就得到承认，并为他们提供脱颖而出的机会，就成了留住人才的关键。为此，公司将注意力集中在帮助新员工在头 90 天里适应公司环境上。如分配老员工给他们当师傅；分别在 30 天、60 天和 90 天时对他们的进步加以评估等。这些努力降低了 25%的人员流失，也为公司的进一步发展赋予了新的动力。

培训分为不同的层次，有在岗技术培训，如怎样使用机器设备、如何调配材料；有专业知识培训，如外国语培训、电脑培训；还有全面讲述沃尔玛经营理念的企业文化培训等。

沃尔玛还设有培训图书馆，通过借阅图书馆的图书，员工可以了解各种新闻资料及公司各部门的情况，从而对公司的背景、福利制度以及规章制度有更深刻的了解。

在沃尔玛，在工作表现及办事能力上有特殊表现的员工还有机会参加企业的横向培训。例如，收银员有时会参加收银主管的培训，优秀的员工还会被派往其他部门接受业务、管理上的培训，为今后的提升创造更有利的条件。

沃尔玛还通过专门设立的沃尔顿零售学校、山姆营运学院来培养高层管理人员。根据管理人员的不同潜能对其进行领导艺术和管理技能培训。例如，沃尔玛在美国阿肯色大学有一个专门的沃尔玛学院，在进入沃尔玛之前没有受过高等教育的经理可以到那里进修充电，以便更好地理解自己的工作职责，为迎接以后工作中更多的挑战打好基础。

这种全面的培训系统，使得沃尔玛可以不在乎员工有无从业经验，因为经过培训，几乎所有的新人都能成为沃尔玛的合格员工。沃尔玛还竭力帮助员工迅速成长，在培训 6 个月后，表现良好的新人就可以从事管理工作。

2. 期中的交叉培训

沃尔玛实行世界上独一无二的交叉培训，通过交叉培训，许多沃尔玛的员工都成了一专多能型人才。

所谓交叉培训，就是一个部门的员工到其他部门学习、培训上岗，从而使这位员工在熟练掌握自己的职业的技能的基础上获得另外一种职业技能，用人们常说的一句话就是"一专多能"。交叉培训可以让员工掌握多种技能，使一个员工能做多种工作，提高工作团队的灵活性和适应性。沃尔玛崇尚岗位轮换。对于公司的各级主管，公司经常要他们轮换工作，有机会担任不同工作，接触公司内部的各个层面，相互形成某种竞争，最终能把握公司的总体业务。这样做虽然也可能造成企业内某些主管间的矛盾，但公司认为是对事不对人，每个人应首先帮助公司的其他人，发扬团队精神，收敛个人野心。

具体来说，交叉培训的优点如下。

（1）有利于员工掌握新的职业技能

交叉培训使员工掌握了新的职业技能，从而使员工在整个商店的其他系统、其他岗位都能够提供同事或者顾客希望得到的帮助，促使员工能够完美、快速地解决所面临的问题，从而提高商店整体的工作效率，缓解顾客的购物心理压力，让顾客轻松地度过购物时光。

（2）有利于员工提高工作积极性

零售业是人员流动最大的一种职业，造成这种现象的一个重要原因是员工容易对本身的工作感到厌烦。交叉培训可以去除员工以往只从事一种工作而形成的单调乏味感，减少了员工对本职工作的厌烦心理，有效地减少了沃尔玛的人员流动。

（3）有利于员工在全国的任何一家店相互支援

沃尔玛是世界零售业巨鳄，其分店已经分布世界各地，开新店就如做家常便饭。交叉培训有利于员工在新店开张的时候给予支援。例如，沃尔玛要到某座城市去开店，如果是完全招聘新的员工来完成开店前的准备工作，常常会由于新员工缺乏经验而让顾客对公司的品牌印象大打折扣。而让老员工去支援，就避免了这种不利情况的出现，同时也可能有效地提高员工的工作效率。

（4）有利于员工建立全盘思考的意识

交叉培训能使员工从不同角度对其他部门的情况加以考虑，从而了解到其他部门的实况，整体掌握公司的实际情况。

例如,采购部门员工没有从事过销售,就不知道顾客的需求和哪种商品的销路好,但如果让采购部门的员工参加培训进入销售部门,以后在采购时就能够从不同角度进行全盘考虑,减少公司的损耗。

(5)能够快速完成企业的"飞鹰行动"

"飞鹰行动"是指在周末和节假日,特别是在圣诞节到春节期间这一购物旺季,使不是前台的员工也能够从事收银工作,让顾客快速地离开商场,减少顾客的购物时间。通过交叉培训,使得这种"飞鹰行动"有了可能,杜绝了在其他大型零售卖场节假日购物时让顾客长时间排队等候的现象。

3. 特殊培训:培养女性员工

早期的零售行业中有一种成见,认为女性主管不像男性主管那样可以自由迁移,而"男性经理可以干更多体力活",这就使得很多优秀的女性主管能力得不到很好的发挥。山姆则认为,实际上女性也可以成为出色的管理人员,所以,沃尔玛公司对男女员工一视同仁,并尽一切可能多招收女性从事重要职位的工作,这使沃尔玛很受女性的欢迎。在沃尔玛,女员工占员工总数的一半左右,而女性的管理者占管理人员总数的41%。

在培训方面,沃尔玛还针对女性员工实施了"目标管理者加速培养计划"(简称 TAMP 计划),这一计划是沃尔玛全球培训体系中最具特色的课程之一,是沃尔玛专门为有潜力并愿意成为公司高级管理者的女员工设立的。

TAMP 计划被引入中国沃尔玛后,公司召开了由从全国 2 万名员工中选出的 41 位女性员工参加的峰会。在这个计划中,培训内容富有针对性且不失主动有趣。

沃尔玛这项计划的成功推出,不仅使公司的在本国得到巨大发展,而且也影响到世界各地,使世界各地的妇女积极踊跃地加入沃尔玛的销售大军当中。如沃尔玛深圳山姆会员店的总经理杜丽敏女士就是被 TAMP 计划这种生动有趣、别具一格的培训所吸引,最后成为企业的高级管理者的。

此外,在培训中,沃尔玛还会让员工们知道"沃尔玛最大的财富就是员工自身"。而作为沃尔玛的一位员工,其自身要有一定的"财富",这样的"财富"不一定要天生具有,但要懂得后天积累,只有拥有了自身的"财富",才能成为沃尔玛的"财富",而沃尔玛会不断地为各位员工提供这样的"财富"。

4. 沃尔玛的人才开发

(1)终身培训机制

沃尔玛建立了一套行之有效的培训机制,培训项目包括任职培训、升职培训、转职培训、全球最佳实践交流培训和各种专题培训等。在每一个培训项目中又包括 30 天、30 天、90 天的回顾培训,以巩固培训成果。培训分为不同的层次,有在岗技术培训、专业知识培训、企业文化培训等。一项重要的培训是沃尔玛根据管理人员的不同潜能进行领导艺术和管理技能培训,使这些人成为沃尔玛的中坚力量。

沃尔玛非常重视提高分店经理的业务能力,并且在做法上别具一格。沃尔玛最高管理层不是直接指导分店经理们怎样做生意,而是让他们从市场和从其他分店学习这门功课。沃尔玛采用信息系统,为分店经理提供了有关顾客行为的详细资料,又装置了卫星通信系统,总部经常召开电话会议,分店经理无须跨出店门便能彼此交换市场信息。

(2)重视能力和协作

沃尔玛创始人山姆推崇美国人的努力工作和待人友好的态度,在用人中注重能力和团队协作精神,学历、文凭并不十分重要。在一般零售公司,没有 10 年以上工作经验的人根本不会被考虑提升为经理，而在沃尔玛经过 6 个月的训练后，如果表现良好并具有管理员工、擅长商品销售的能力，公司就会给他们一试身手的机会，先做助理经理或去协助开设新店，如果干得不错，就会有机会单独管理一个分店。

（3）内部提升制

沃尔玛过去推行的是"招募、保留、发展"的用人哲学，现在的模式改为"保留、开发、招募"的顺序。这种改变表明了对保留与开发已经拥有的人才的重视。公司期望最大限度地发挥员工的潜能并创造机会使其工作内容日益丰富和扩大，尽可能地鼓励和实践从内部提升管理人员。公司的人力资源部门会对每一位员工的表现定期评估，并与员工进行面谈，存入个人档案。沃尔玛的员工评估内容包括工作态度、积极性、主动性、工作效率、专业知识、有何长处以及需要改进之处等，这些将作为员工日后获得晋职提升的重要依据。

8.1.4 我国零售业人才培养体系分析

目前，我国零售业人才培养体系主要有高等院校、职业中专技校、社会培训机构及大型零售企业培训系统等几种类型。

1. 高等院校

我国高等院校有 2 000 多所，其中开设了连锁经营管理专业或方向的有 260 多所，主要包括上海商学院、北京财贸职业学院、江苏经贸职业技术学院、山东商业职业技术学院、重庆城市管理职业学院和黑龙江职业学院等。

高等院校连锁经营管理专业主要是面向零售业典型的基层管理岗位，培养高技能型人才，如采购专员、客服专员、食品/百货课长、现场督导、招商专员等岗位。在课程设置上普遍开设了经济学、管理学、市场调查与预测、电子商务基础等专业基础课及品类管理、连锁企业门店营运管理、连锁店开发与设计、连锁零售业商品采购管理、连锁经营管理原理等专业核心课程，毕业生既掌握了熟练的岗位操作技能，又具备一定的管理技能，能够胜任相应的岗位需要。

2. 职业中专技校

职业中专技校以培养操作技能为主，可以为零售业培养更多的职业化的普通员工，由于零售业属于劳动密集型企业，从业人员众多，因此职业中专教育可从整体上提升我国零售业从业人员的综合素质以及从业水平。

3. 社会培训机构

以零售业各项培训为主的社会培训机构，可以更多地从企业的实际情况解决员工遇到的各类问题，迅速地提高员工的综合能力，对企业培训和教育培养职业化零售人才形成有效的补充。不过，按照目前的现状，我国国内专门从事零售业培训的机构非常稀少，据调查了解，专门从事市场营销、物流管理、采购管理和人力资源的我国零售业管理培训中心有超市 168 网店长培训、中国国际商会（CCOIC）、美国城堡全球公司（Castle Worldwide，CWW）、盖博思维（北京）教育科技有限公司（GBS）联合推出的中国零售行业首个全方位培训认证体系"零售管理专业能力水平认证证书体系"项目，这套认证体系有利于零售企业解决日益突出的专业人才紧缺的矛盾。

4. 大型零售企业培训系统

像沃尔玛、家乐福、麦当劳、屈臣氏这样的跨国连锁零售企业之所以能够获得成功，与它们有一套完善的内部培训体系是分不开的。

企业培训系统能够更加有针对性地培养人才。企业本身就是一个实践基地，为受训人员提供了将理论知识转化为能力的机会，使得零售人才的理论知识与实践能有机地结合。

 **阅读与思考**

麦当劳的汉堡大学

阿里巴巴董事长马云有句名言:"今天很残酷,明天更残酷,后天很美好,但是大多数人都死在了明天晚上,看不到后天的太阳。"一句话道出了当今激烈的市场竞争环境下企业生存和发展的残酷性。汉哲管理咨询的一些连锁型企业客户就面临着这样一个急迫的问题:企业为了实现快速发展的战略目标,实施了连锁型店铺异地扩张战略,但是由于缺乏店长等中基层管理人才,企业的快速扩张遇到了瓶颈。

2012年3月30日,麦当劳(中国)有限公司在上海宣布,麦当劳中国汉堡大学成立,并表示麦当劳将在未来投资2.5亿元,通过该大学培养超过5 000名的管理人员,为学员提供运营管理及领导力相关培训,麦当劳亚洲、中东及非洲区总裁芬顿还透露,麦当劳将在未来3—5年间,将其在中国大陆的门店数从目前的1 100余家扩增至2 000家。

对零售连锁企业来说,规模效益是业内公认的制胜之道,实现快速扩张的关键在于实现市场空间和区域空间的双重占领。麦当劳的汉堡大学模式为其他零售连锁企业提供了一盏指路明灯:零售规模扩张与人才培养双举并重是零售连锁企业成功的关键战略举措。

作为麦当劳在中国市场发展的一个里程碑式事件,汉堡大学正式从香港移师上海成为全球第7所麦当劳汉堡大学。麦当劳(中国)宣布,麦当劳中国汉堡大学将担负起为快速发展的中国业务培养本土领导人才的重任,同时还宣布了与中国烹饪协会签订的一项为期3年的战略合作计划,该计划以提升中国餐饮行业领导力为宗旨,通过麦当劳中国汉堡大学为本土餐饮企业提供食品安全与质量管理培训。

中国目前已经成为除了美国外的第2个餐厅数量超过1 000家的市场,因此,在中国开汉堡大学具有战略性的重要意义,既为本土人才提供更多的培训,也让麦当劳更好地适应了现中国快速的经济发展。汉哲管理咨询观点认为:汉堡大学的人才培养模式有以下特点。

1. 培训标准:全球一致的标准化品质

"食物很容易被抄袭,房子也很容易被抄袭,但是人不行。我们的目标,是成为全世界最大的人力发展中心,"麦当劳全球训练学习发展部门副总裁克劳儿表示,"只有对员工好,员工才会对顾客好。因为任何的岗位说明、操作标准、质量管理等,不管如何详尽终究是要通过人来执行,尤其是对麦当劳这种零售连锁企业来说,只有通过对人才的培养才能实现其全球一致标准化品质的目标。

根据麦当劳内部数据,每年人才培养费用超过总营业收入的3%。这样的培养经费投入比例在零售行业是很高的,也只有这样的培养投入规模,才能支撑起麦当劳全球120多个国家,拥有2.8万多家餐厅的国际品牌,维持全球一致的标准化品质。

2. 培训环境:真实工作环境里的训练

企业大学与一般的大学不同,具有很强的实战性和实用性,因此,企业大学的挑战,在于如何透过课程训练将培训的成果内化为企业核心竞争力。汉堡大学就把实务和课程结合得很好,所有的培训不但立即可用,对现场反应能力也很重视。

汉堡大学的培训着重以情境模拟与角色扮演的方式,模拟真实工作环境可能会发生的种种状况,让学生真正参与到课程内容中。例如,在教室里模拟店内真实情境,进行角色扮演或是电脑模拟,让经理练习如果同时有30位客人进店,要炸多少份薯条。而为了训练经理的表达与沟通能力,课程结束之后还要进行分组汇报,通过录像纠正经理的表达方式,包括手势、音调、与听者的互动等。

3. 培训规划：全职业生涯训练规划

麦当劳成功的关键在于其各家分店的经理或主管经过一系列的职业素质培养之后，能够掌握麦当劳成功的经验和运作模式，并将这种经验和模式在全球各地进行不断复制。他们凭借的这一套训练过程，被麦当劳称为"全职业生涯训练规划"，也就是随着不同职级，有着不同的训练课程。

麦当劳的一位经理在各自的分店就必须通过 BOC（基本营运课程）、IOC（中级营运课程）、BMC（基本管理课程）、AEC（应用设备讲习）的"必修课程"。在进入汉堡大学后，针对不同职级，分别接受员工开发与餐厅管理的培训，若是升到部门主管与顾问，则进一步参加中级管理与高阶主管开发两类课程训练。培训课程包括食品安全、房地产经营、开店训练、广告行销、沟通技巧、时间管理、危机处理，甚至尊重他人等。根据经理或主管的级别，每一级培训课程又分为初级、中级、高级 3 个档次，因此，麦当劳汉堡大学的人才培养是贯穿其员工职业生涯通道的全职业生涯培养。

请思考：麦当劳汉堡大学的培训体系有何特点？

8.2 连锁零售业典型就业岗位及成长路线

8.2.1 百货业态

1. 从业人员基本要求

（1）能力要求

① 表达与沟通能力。具有良好的语言组织和表达能力，能清晰明了地向顾客、同事或管理层传达信息并正确领会信息，普通话标准。

② 顾客服务能力。能甄别并了解不同顾客的需求，以顾客为导向为顾客提供购物经历中所需的服务与支持，同时解决潜在的顾客投诉。

③ 执行力。能快速领悟上级管理层的任务安排并迅速付诸实施，同时可兼顾处理多重任务。

④ 情绪管理能力。善于化解自己及顾客的不良情绪，在一定的心理压力下仍能为顾客提供优质服务。

⑤ 学习能力。能够快速学习岗位所需的专业知识，善于补充新知识。

（2）知识背景

① 大专或同等学历。

② 专业资格认证。

③ 零售行业专业知识。

④ 岗位领域专业知识。

⑤ 具备零售服务行业相关工作经验或同等岗位经验更佳。

（3）个性特征

① 热情大方，乐于与人交流、合作。

② 细心且富有耐心。

③ 能够吃苦耐劳。

④ 对零售业感兴趣，具备良好的为内外部顾客提供优质服务的意识。

⑤ 愿意遵循灵活的工作时间。

2. 典型工作岗位

① 服务台员工—助理客服主管—客服主管。
② 收银员（统收）—助理收银经理—收银经理。
③ 百货营业员—百货柜长—百货值班经理。
④ 超市营业员—超市柜长—超市值班经理。

3. 成长路线图

（1）人才梯队培养模型

人才梯队培养模型如图8-17所示。

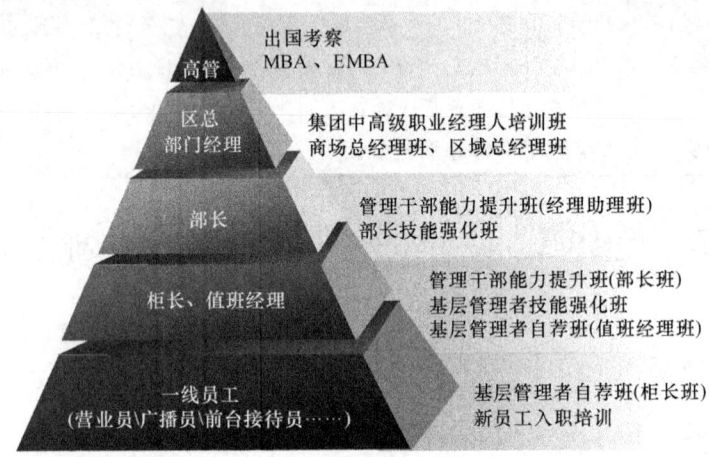

图8-17 人才梯队培养模型

（2）双通道晋升路线

双通道晋升路线如图8-18所示。

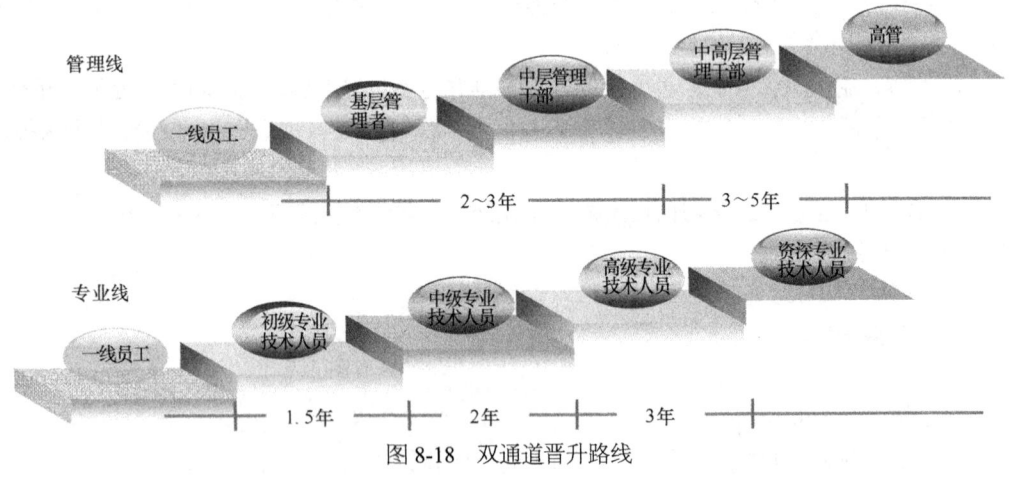

图8-18 双通道晋升路线

8.2.2 超市业态

1. 从业人员的基本要求

（1）个性特点

① 乐于沟通。
② 热情并富有耐心。

③ 愿意与他人合作，并能够吃苦耐劳。
④ 对零售业感兴趣，并有服务意识。
⑤ 愿意遵循灵活的工作时间。

零售连锁行业的营业时间应满足所有消费者，如此，在周末的零售对于连锁经营零售公司来说是至关重要的。因此，连锁零售企业从业人员也应适应灵活的工作时间。

（2）能力要求

① 沟通能力。通过与顾客的沟通为顾客提供服务与支持，同时解决潜在的顾客投诉；与同事/管理层分享或交流信息。
② 顾客服务能力。以顾客为导向，为顾客提供购物经历中所需的服务与支持。
③ 与团队合作能力。超市从业者需要与团队成员共同合作完成任务能力。
④ 执行力。能够快速领悟上级管理层的任务安排并付诸实施。
⑤ 同时处理多重任务的能力。超市的工作特点为工作节奏快速繁忙，因此从业者必须具备同时处理多重任务的能力。
⑥ 学习能力。能够快速学习岗位所需专业知识的能力。

（3）知识与技能要求

① 大专或以上学历。
② 专业资格认证。
③ 零售行业专业知识。
④ 岗位领域专业知识。
⑤ 具备零售服务行业相关工作经验或同等岗位经验更佳。

（4）顾客服务技巧

在零售行业，无论从事什么样的零售行业，它都是必不可少的。其中重要的客户服务质量，零售业员工应能在各种情况及压力下从容地与客户进行互动。

（5）时间管理技巧

超市零售工作的特点就是繁忙与工作节奏快，因此作为员工，需要同时平衡许多不同的任务，同时在有限的时间内完成任务目标，因此需要把握一定的时间管理技巧。

（6）沟通技巧

超市零售业与其他服务行业一样，从业者需要直接与顾客进行沟通并且通过有技巧的沟通为顾客提供卓越的顾客服务从而完成业务目标，因此要求从业人员具备相应的沟通技巧。

2. 典型工作岗位

① UPC/票据员工—UPC/票据主管—副店长。
② 现金房、服务台、收银员工—现金房主管/前台主管—副店长。
③ 楼面销售（营运储备主管）—楼面主管—副店长。

3. 成长路线图（纵向及横向）

成长路线图如图 8-19 所示。

8.2.3 购物中心业态

1. 从业人员基本要求

（1）能力要求

① 表达与沟通能力。具有良好的语言组织和表达能力，能清晰明了地向顾客、同事或管理层

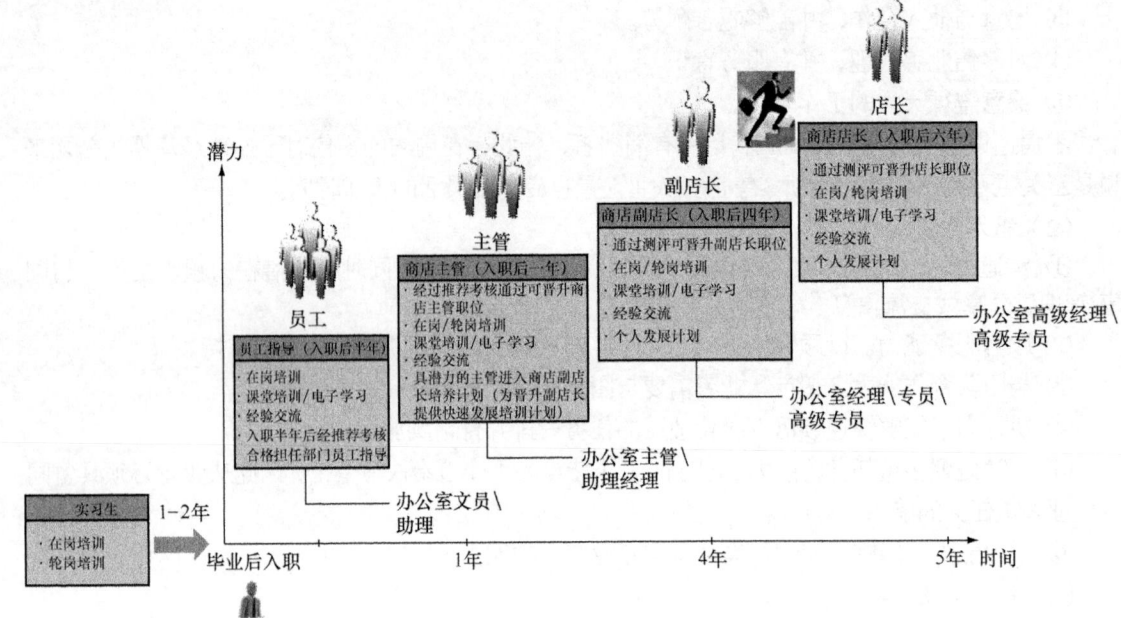

图 8-19 成长路线图

传达信息并正确领会信息,普通话标准。

② 顾客服务能力。能甄别并了解不同顾客的需求,以顾客为导向为顾客提供购物经历中所需的服务与支持,同时解决潜在的顾客投诉。

③ 执行力。能快速领悟上级管理层的任务安排并迅速付诸实施,同时可兼顾处理多重任务。

④ 情绪管理能力。善于化解自己及顾客的不良情绪,在一定的心理压力下仍能为顾客提供优质服务。

⑤ 学习能力。能够快速学习岗位所需专业知识,善于补充新知识。

(2) 知识背景

① 大专学历。

② 专业资格认证。

③ 零售行业专业知识。

④ 岗位领域专业知识。

⑤ 具备零售服务行业相关工作经验或同等岗位经验更佳。

(3) 个性特征

① 热情大方,乐于与人交流、合作。

② 细心且富有耐心。

③ 能够吃苦耐劳。

④ 对零售业感兴趣,具备良好的为内外部顾客提供优质服务的意识。

⑤ 愿意遵循灵活的工作时间。

2. 校企合作重点岗位

① 楼层管理—楼层主管—楼层经理。

② 招商助理—招商专员—招商主管—招商经理。

③ 统收收银员—收银主管—收银经理。

④ 客服中心专员—客服主管—前台经理。

3. 员工成长路线
人才梯队培养模型以及双通道晋升路线图与图 8-17 和图 8-18 相同。

8.2.4 专业零售店

1. 岗位名称
销售专员。

2. 岗位描述
通过专业的销售技巧，热情、规范的服务，全面提升店面销售。

3. 岗位标准
（1）职责一：销售工作
① 工作一：熟悉展品知识和性能，熟练掌握各类商品知识、服务承诺，能熟练演示产品性能，并能结合顾客需求，生动形象地将产品介绍给顾客。通过热情、规范和高效的顾问式服务，促进商品销售。
② 工作二：根据店面需要积极参与市场调研工作，及时反馈市场信息。
③ 工作三：负责本柜台的商品出样工作。
④ 工作四：做好营业前的准备和营业后的收尾工作。

（2）职责二：服务工作
① 工作一：做好商场开门和营业结束时的迎、送宾工作。
② 工作二：接待并协助处理顾客投诉，做好投诉记录。
③ 工作三：根据商品销售要求做好本柜面的促销布置和美化工作。
④ 工作四：负责本柜面的商品、赠品、货架和场地的安全与卫生，做好商品、标价签、商品宣传单页的整理，保持本区域内的清洁。
⑤ 工作五：按照各项制度、规范和要求，协助做好商品退换工作。
⑥ 工作六：向问询的顾客介绍本店各类商品和功能区的楼层分布、促销活动等各类相关信息。同城多店的还需掌握其他店面的具体位置和相关信息，以备顾客问询。

（3）职责三：商品安全的相关工作
① 工作一：负责商品的盘点工作，确保账实相符。
② 工作二：做好与对班人员的交接工作，传达当日晨会内容、本班未解决问题，以及相关票据等，做好交班记录。

4. 工作责任
① 对所负责品类的销售业绩负责。
② 创造更高的顾客满意度，为消费者提供专业、便捷和舒心的服务体验。

5. 岗位要求
（1）基本条件
① 高中及以上学历，特殊岗位学历因销售商品品类要求而异。
② 18 周岁以上，男女不限，男身高 170cm 以上，女身高 160cm 以上，身体健康。
③ 五官端正，体态匀称，气质佳，举止大方得体，口齿清晰。

（2）知识与经验
① 具有一定的相关商品知识、服务礼仪及相关服务知识。

② 一年以上零售销售工作经验或连续半年以上同岗位实习经验。

③ 掌握顾客接待、正常销售、样机销售、支票销售、预付款销售、退换货和系统离线销售的标准操作流程。

④ 掌握商品试机、盘点、商品出样、现场投诉处理、市场调研、迎送宾和交接班的标准操作流程。

⑤ 了解国家及企业相关商品销售与售后服务的政策法规。

（3）技能

① 普通话标准，语言表达流利。

② 掌握基本的电脑操作技能，电脑操作熟练。

③ 有一定的沟通能力和销售技巧，能有效促成销售。

④ 有良好的客户投诉处理技巧和解决问题的能力。

⑤ 掌握商品出样的相关技能，具备一定的美陈知识和相关基本技能。

（4）基本素质

① 积极主动，乐观开朗，适应性强，有较强的责任心。

② 热爱服务性行业，具有良好的服务意识和团队合作精神。

③ 具有一定的抗压能力和吃苦耐劳的精神。

④ 思路清晰，具备一定的判断力、理解能力和应变能力。

⑤ 具备较好的学习能力，能够快速学习岗位所需的专业知识。

6. 销售专员培养路径

销售专员培养路径如图 8-20 所示。

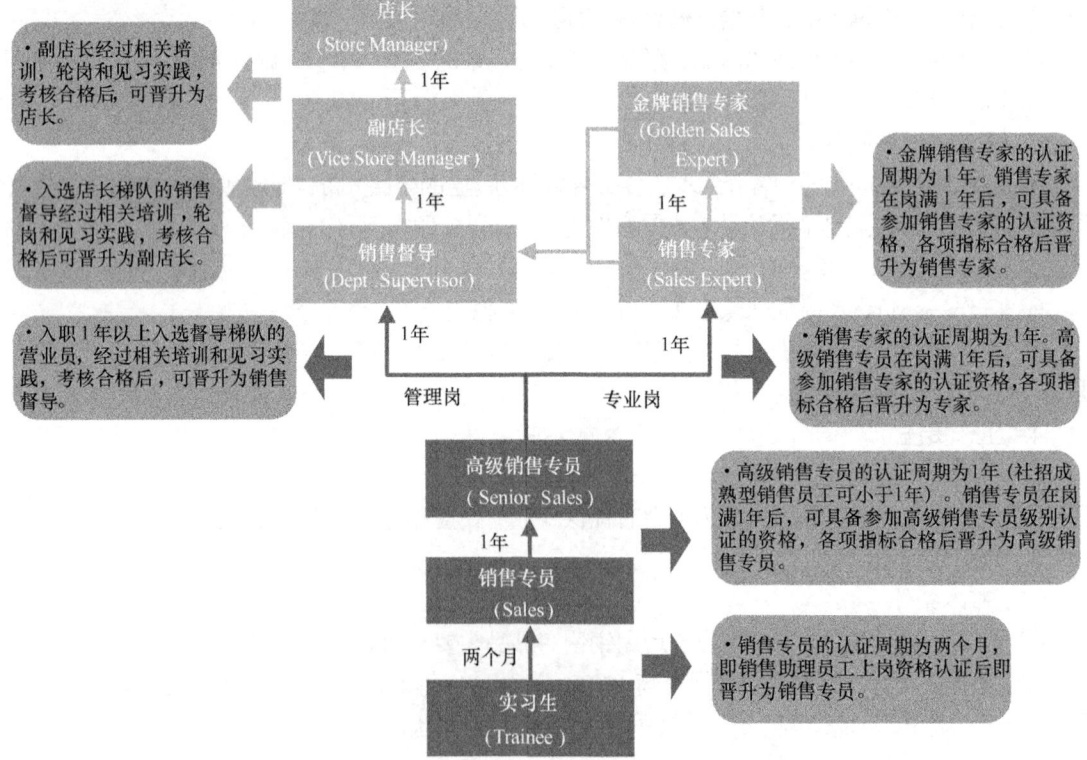

图 8-20 销售专员培养路径图

8.3 连锁零售业从业的利与弊

俗话说,"360 行,行行出状元"。意思是无论从事什么样的工作,只要努力,你就会做出一番事业,就会获得成功。但在人们的传统观念中,往往将零售业与"低薪"、"辛苦"、"没前途"、"技术含量低"等词汇联系起来,导致人们在选择职业时不会优先考虑零售业。其实,真正了解零售业的人都知道,这个行业管理复杂,要求从业人员特别是中高层管理人员综合素质高、专业技能强。

每个行业、每种职业都有利弊,人们在选择职业时,应该根据自己的兴趣爱好、性格特长来进行选择。下面我们就对连锁零售业从业的工资报酬、职业安全性以及工作条件 3 方面的利与弊来进行分析。

8.3.1 工资报酬

在个人报酬方面,零售业具有稳步增长的特点。虽然《福布斯》排行榜上世界首富的名单有可能年年在变,但是沃尔玛创始人山姆·沃顿 5 个子女的财富总和一直位居世界之首,德国阿尔迪老板阿尔布莱希特家族的财富也稳居《福布斯》排行榜前列。由此可见零售业能创造出惊人的财富。

零售业如收银、理货和收货等基层操作性岗位由于技能简单,因此对从业人员的能力要求不高,薪酬水平也比较低,因此很多大学毕业生不愿意进入零售行业,他们宁可去一些规模很小的公司当文员,也不愿意加入零售行业哪怕是知名的企业做店员。目前零售企业新员工的起薪在1 500 元左右,外资企业会高一些,如果做了两三年之后,晋升到店长或经理等管理岗位后,月薪可达到 3 000 元左右,资深店长或管理人员可拿 5 000 元左右甚至更高的月薪,因此,对中高层管理人员或是高级采购员、系统工程师等专业技术人员来说,薪酬水平还是比较理想的。

据联商网对百货店、购物中心、大卖场、家电连锁店等零售业态企划总监、企划经理、企划主管、企划助理/专员等企划类岗位薪酬的抽样调查显示,这些岗位平均月薪为 5 330 元。零售企划人的月薪与工作年限呈逐年递增趋势,且增长较为平稳。调查结果如图 8-21 所示。

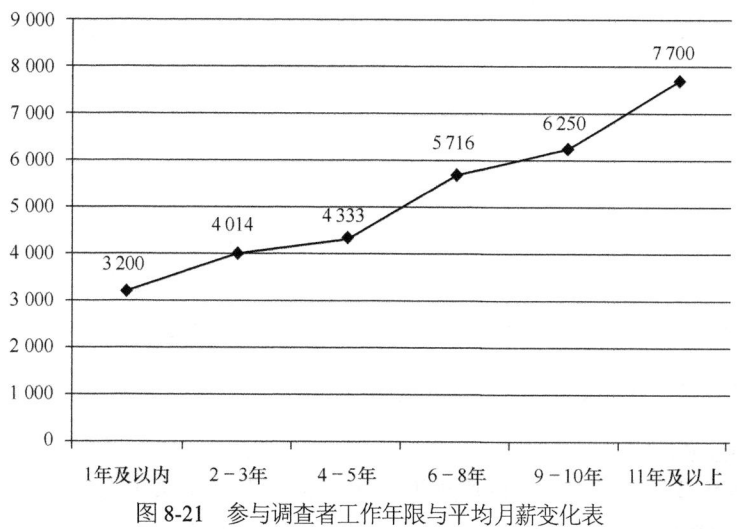

图 8-21　参与调查者工作年限与平均月薪变化表

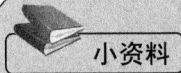 **小资料**

美国便利店的员工薪酬

根据2013年3月对美国100家有代表性的便利店进行的调查结果显示，门店店经理的年薪范围为32 000美元至66 000美元，平均数为36 500美元；经理助理为18 000美元至41 000美元不等，平均数为26 500美元。

一个正式员工每小时的工资范围是7.25美元至14.10美元，平均为9.35美元；兼职人员每小时的工资范围是7.25美元至12美元不等，平均数为8.61美元。

8.3.2 职业安全性

一般而言，零售业不会像制造业（如汽车业）等行业那样容易受到经济环境变化的影响。在经济萧条时，人们只是减少但肯定不会停止日常生活用品的购买，或者改变购买方式，因此在这一时期，零售业的销售额和利润会遭受损失，但整个行业的就业水平不会受到严重的影响，抵御风险能力较强，在零售业就业相对比较稳定。

但另外，零售业是非常注重结果的行业，销售额往往是考核管理人员的一项重要指标，而销售结果往往是立竿见影的，因此，那些在管理岗位上业绩不佳的人员退出行业的速度会很快。此外，企业之间的收购和兼并造成的所有权变更，以及组织结构的调整等原因，会使一部分员工产生职业危机感。

由于零售企业往往采取连锁经营的方式进行扩张。因此，企业一些岗位的管理人员会经常在各门店之间进行工作轮换，给员工提供了多样化的工作机会，能够消除他们长期从事某一岗位产生的厌倦感，从而提高工作效率。

8.3.3 工作条件

零售业天天营业，每天营业时间一般在12小时以上。因此，尽管实行的是轮班制，但对大部分从业人员来说，工作时间仍偏长，往往大于每周40小时，而且劳动强度大、工作内容乏味，这些似乎成了零售业工作条件的代名词，这也是造成许多从业人员特别是基层人员产生不满情绪甚至离职的重要原因。中国连锁经营协会的一项调查显示，基层从业人员每年流失率高达20%，其中流动率最大的职位是收银员、理货员、防损员、仓储员。"超负荷的加班、无休止的工作、不断增加的压力、相对微薄的薪水"，客观描述了基层从业人员的工作状况。因此，许多企业会想办法丰富员工的业余生活，抵消这些乏味的工作时间。

与平静、有序、安宁而没有新奇感的工作环境相比，零售业的工作刺激而又责任重大，许多决策需要迅速做出，否则会贻误商机。因此零售业适合那些对数字敏感（日销售、月销售、年销售等，分析库存、分析负毛利、分析畅销滞销），吃苦耐劳，对市场发展趋势有分析鉴别眼光（经常关注竞争对手的销售动向，关注市场新品趋势）并且努力、持之以恒的人。

8.3.4 零售业一线员工生存状况分析

1. 选择零售业的动因

据对402名零售业一线从业人员的调查显示，他们选择从事零售业的主要原因是个人兴趣（占47.4%），其次是有发展前途（占17.4%），可见零售业一线员工都对零售业发展抱有很大期望，该行业具备较大发展潜力。在看重的工作因素方面,如表8-2所示,有51.6%的被访员工看重个人发展机会,44.5%的被访员工注重个人物质利益,尤其是个人薪资福利水平,21.1%的被访员工看重个人的能力和贡献,可见零售行业本身具有很大的吸引力,而提供的薪资福利水平和发展机会则是一线员工发展的重要因素,导致他们另谋出路的最主要因素是为获得更好的发展机会和更高的报酬,两者的比率大概均为32.4%,20.7%的被访者的离职原因为寻求更优的工作环境。同时,一线员工工作中也面临着不少困惑和压力,行业竞争激烈导致个人业绩提升越来越慢、工作岗位压力大、对企业发展缺乏信心,仅有少部分的员工担心自己会被辞退,缺少强烈的危机意识和竞争意识。这些因素都严重制约了零售企业发展。

表 8-2　　　　　　　　　　零售业一线员工看重的企业因素

因素	个人的能力和贡献	个人发展机会	薪酬福利	工作区域	企业文化	企业发展	企业在行业中的地位	其他
数据	21.10%	51.60%	44.50%	13.30%	7.80%	10.90%	7.80%	10.20%

此外,调查数据显示,零售业一线员工对企业的最大期望是"加薪"(占41.9%),之后依次是"培训或学历学习的机会"(占27%)、"提职机会"(占25%)、"免费旅游机会"(占15.1%)、"公司医保和社保等福利"(占9.1%),可见,学习培训机会是企业零售业员工的重要期望。如表8-3所示。

表 8-3　　　　　　　　　　零售业一线员工对企业最大的期望

最大期望	培训或学历学习机会	提职机会	加薪	免费旅游机会	公司提供医保社保等福利	其他
数据	27%	25%	41.90%	15.10%	9.10%	2%

2. 零售业一线员工生活状态分析

调查结果显示,大部分员工的日工作时间比较正常,在8小时以内;但是有36.7%的员工的工作时间在8小时和10小时之间,16.4%的员工没有月休息时间,这在一定程度上限制了员工的工作积极性和工作效率。对于休闲活动的选择,大部分被访员工选择玩电脑或看电视,选择读书和进修的人仅占14.1%,这说明员工对自身能力的提升缺少足够的重视;很多一线员工表示下班后最好的休闲活动是上网(48.0%)、看电视(40.7%)、逛街(25.0%)、陪家人(29.5%),以及朋友聚会(25.3%),这也体现了零售业以女性为主的从业特点。如表8-4所示。零售业一线员工的工作具有工作时间长、劳动强度大的行业特点,而且短期内也很难改变,因此企业应开展企业文化建设,增加企业凝聚力,加强一线员工的归属感和责任感。

表 8-4　　　　　　　　　　零售业一线员工休闲活动

休闲活动	听音乐	运动	读书或进修	朋友聚会	陪家人	逛街	上网	看电视	其他
数据	23.70%	10.60%	12.90%	25.30%	29.50%	25%	48%	40.70%	8.40%

阅读与思考

国美电器公司的商店管理培训

在国美电器电器公司,各个层面的管理人员和员工都有机会参加各种培训节目。国美电器在不断做大做强的同时,深刻认识到终身学习和发展对于一个企业的重要性,对公司的高层管理人员进行管理发展项目的特制课程培训,通过学习管理发展项目课程实现团队自我的不断提升,带领企业走向更加辉煌,实现企业愿景。2008 年 4 月,国美电器与著名大学合作,举办了国美高层管理第一期培训班,参训人员为 40 名国美电器总部和大区、分部的高管人员,学习期间为 7 个月,每次课程连续授课 3 天,课程内容包含哈佛案例分析、卓越领导之道、零售业态创新、企业发展战略执行等多个模块的课程。

在国美电器公司还设有"蓄水池工程暨管理实习生计划"、"管理人员 1+1 培养计划"等。从 2002 年开始,在全国范围内开展"蓄水池人才培养工程"。在国内重点大学中遴选优秀的应届本科及以上学历毕业生,为他们设计一条有针对性的职业发展道路,从基层岗位做起,经过两三年的培养,使他们逐步成为具备丰富的专业知识和管理技能,熟悉公司组织结构和业务模式的中层管理人员。在国美电器公司,还有门店员工例行培训,对全国各分部各门店员工进行有明确时限和标准要求、周期性、重复性的基础性培训。门店经理负责全力支持配合培训专员开展各项培训工作。门店训导师是门店培训工作的第一负责人,负责门店各项培训工作的具体计划、组织、实施、考核工作,并负责制订门店各项计划、培训总结及培训效果,并按时上报。负责组织安排门店级的例训,向分部上报例训计划,检查、跟踪本门店各品类部例训实施情况。国美电器的培训,主张全员性、适用性及超前性,要求公司的每个员工把头脑打开,以为用而学、学以致用为目的,树立运用知识、发展能力、提高素质的学习概念,以积极主动、认真求实、经验共享的学习态度参加培训,通过以问题为中心、善于提炼、知行结合的学习方法,发掘每个人的最大潜力。

请思考:国美电器电器公司的培训有何特点?为什么要进行这些培训?

【本章小结】

本章主要介绍了连锁零售业人才的需求现状、素质要求以及国内外零售人才的培养模式;百货业态、超市业态、购物中心业态、专业零售店 4 大零售业态的主要就业岗位及成长路线;零售业从业者在工资报酬、职业安全性、工作条件等方面的利与弊。

【本章实训】

【实训主题】调查零售业部分岗位的薪酬水平、岗位职责以及受训情况。

【实训过程设计】将学生分成 3—4 人一组,调查自己家乡或学校所在地某连锁零售企业部分岗位如收银员、采购员、生鲜课长、店长等典型岗位的薪酬水平以及受训情况,将调查结果填入表 8-5 中,下次上课时由老师点评。

表 8-5　　　　　　　　　　　　实训结果

岗位名称	薪酬水平	受过何种培训	主要岗位职责描述

附录1 零售业态分类标准

前言

随着中国零售业的迅速发展,新的零售业态不断出现,2000年发布的国家标准《零售业态分类》已不能满足形势发展的需要。

本标准在原有标准的基础上进行了修订。本标准与GB/T 8106—2000的主要差异:增加了折扣店、无店铺销售等业态,并对购物中心的种类进行了细分。另外,还对各个业态的基本条件进行了细化,并以表格的形式体现。

本标准自实施之日起,代替GB/T 8106—2000。

本标准由中华人民共和国商务部提出并归口。

本标准的起草单位:中国连锁经营协会、中商商业经济研究所。

本标准的主要起草人:裴亮、于淑华、李飞、李党会、杨青松。

1 范围

本标准规定了零售业态的分类标准及其分类原则和各种业态的结构特点。

本标准适用于在中华人民共和国境内从事零售业的企业和店铺。

2 术语和定义

下列定义适用于本标准。

2.1 零售业 Retail Industry

以向消费者销售商品为主,并提供相关服务的行业。

2.2 零售业态 Retail Formats

零售企业为满足不同的消费需求进行相应的要素组合而形成的不同经营形态。

3 零售业态分类原则 Classification of Retail Formats

零售业态按零售店铺的结构特点分类。根据其经营方式、商品结构、服务功能，以及选址、商圈、规模、店堂设施、目标顾客和有无固定营业场所进行分类。

4 零售业态分类 Classification of Retail Formats

按照零售业态分类原则分为食杂店、便利店、折扣店、超市、大型超市、仓储会员店、百货店、专业店、专卖店、家居建材商店、购物中心、厂家直销中心、电视购物、邮购、网上商店、自动售货亭和电话购物 17 种零售业态。

零售业态从总体上可以分为有店铺零售业态和无店铺零售业态两类。

4.1 有店铺零售 Store-based Retailing

有店铺零售是有固定的进行商品陈列和销售所需要的场所和空间，并且消费者的购买行为主要在这一场所内完成的零售业态。

4.1.1 食杂店 Traditional Grocery Store

食杂店是以香烟、酒、饮料和休闲食品为主，独立、传统的无明显品牌形象的零售业态。

4.1.2 便利店 Convenience Store

便利店是以满足顾客便利性需求为主要目的的零售业态。

4.1.3 折扣店 Discount Store

折扣店是店铺装修简单，提供有限服务，商品价格低廉的一种小型超市业态。拥有不到 2 000 个品种，经营一定数量的自有品牌商品。

4.1.4 超市 Supermarket

超市是开架售货，集中收款，满足社区消费者日常生活需要的零售业态。根据商品结构的不同，可以分为食品超市和综合超市。

4.1.5 大型超市 Hypermarket

大型超市是实际营业面积 6 000 平方米以上，品种齐全，满足顾客一次性购齐的零售业态。根据商品结构，可以分为以经营食品为主的大型超市和以经营日用品为主的大型超市。

4.1.6 仓储会员店 Warehouse Club

以会员制为基础，实行储销一体、批零兼营，以提供有限服务和低价格商品为主要特征的零售业态。

4.1.7 百货店 Department Store

在一个建筑物内，经营若干大类商品，实行统一管理，分区销售，满足顾客对时尚商品多样化选择需求的零售业态。

4.1.8 专业店 Speciality Store

以专门经营某一大类商品为主的零售业态。例如，办公用品专业店(Office Supply)、玩具专业店（Toy Stores）、家电专业店（Home Appliance）、药品专业店（Drug Store）、服饰店（Apparel Shop）等。

4.1.9 专卖店 Exclusive Shop

以专门经营或被授权经营某一主要品牌商品为主的零售业态。

4.1.10 家居建材商店 Home Center

以专门销售建材、装饰和家居用品为主的零售业态。

4.1.11　购物中心 Shopping Center/Shopping Mall

是指多种零售店铺、服务设施集中在由企业有计划地开发、管理和运营的一个建筑物内或一个区域内，向消费者提供综合性服务的商业集合体。

4.1.11.1　社区购物中心 Community Shopping Center

是在城市的区域商业中心建立的，面积在 5 万平方米以内的购物中心。

4.1.11.2　市区购物中心 Regional Shopping Center

是在城市的商业中心建立的，面积在 10 万平方米以内的购物中心。

4.1.11.3　城郊购物中心 Super-regional Shopping Center

是在城市的郊区建立的，面积在 10 万平方米以上的购物中心。

4.1.12　厂家直销中心 Factory Outlets Center

由生产商直接设立或委托独立经营者设立，专门经营本企业品牌商品，并且多个企业品牌的营业场所集中在一个区域的零售业态。

4.2　无店铺零售　Non-store Selling

不通过店铺销售，由厂家或商家直接将商品递送给消费者的零售业态。

4.2.1　电视购物 Television Shopping

以电视作为向消费者进行商品推介展示的渠道，并取得订单的零售业态。

4.2.2　邮购 Mail Order

以邮寄商品目录为主向消费者进行商品推介展示的渠道，并通过邮寄的方式将商品送达给消费者的零售业态。

4.2.3　网上商店 Shop on Network

通过互联网络进行买卖活动的零售业态。

4.2.4　自动售货亭 Vending Machine

通过售货机进行商品售卖活动的零售业态。

4.2.5　电话购物 Tele-Shopping

主要通过电话完成销售或购买活动的一种零售业态。

附录2　专业零售店店长岗位要求

目　次

前言
1　范围 …………………………………………………………………………………………216
2　规范性引用文件 ……………………………………………………………………………216
3　术语和定义 …………………………………………………………………………………217
4　任职能力要求 ………………………………………………………………………………217
5　岗位职能 ……………………………………………………………………………………217

前　言

本标准按 GB/T 1.1—2009 给出的规则起草。
本标准是由中华人民共和国商务部提出并归口。
本标准起草单位：中国连锁经营协会、苏宁电器股份有限公司、广东万宁连锁商业有限公司。
本标准主要起草人：杨青松、郭玉金、潘敏、相艳风、容羡薇和李满。

专业零售店店长岗位要求

1　范围

本标准规定了专业零售店店长的任职条件、岗位职能、工作职责等。
本标准适用于专业零售店的店长岗位，其他零售业态的店长岗位要求可参考本标准。

2　规范性引用文件

下列文件对于本文件的应用是必不可少的。凡是注日期的引用文件，仅所注日期的版本适用于本文件。凡是不注日期的引用文件，其最新版本（包括所有的修改单）适用于本文件。

GB/T 18106 零售业态分类

SB/T 10465 连锁经营术语

3 术语和定义

GB/T 18106—2004、SB/T 10465—2008 界定的以及下列术语和定义适用于本文件。为了便于使用，以下重复列出了 GB/T 18106—2004、SB/T 10465—2008 中的某些术语和定义。

3.1 专业零售店 Specialty Store

专业店 Specialty Store

以专门经营某一大类商品为主的零售业态。

[GB/T 18106—2004，定义 4.1.8]

3.2 品类管理 Category Management

零售商和（或）供应商把所经营的商品分成不同的类别，并把每类商品作为企业经营战略的基本活动单位进行管理的一系列相关的活动，它通过强调向消费者提供超值的产品和服务来提高企业的运营效果。

[SB/T 10465—2008，定义 8.1.15]

4 任职能力要求

4.1 核心能力

具有诚实、正直、守信品质，有强烈的企业忠诚度和社会责任感。

4.2 基本能力

4.2.1 具备较好的领导力和团队建设能力；较强的执行力和组织计划能力。

4.2.2 具备良好的沟通、协调及解决问题的能力，对突发事件有快速应变及处理能力。

4.2.3 掌握良好的计算机操作技能和较好的语言、文字表达能力。

4.3 专业能力

4.3.1 熟悉零售行业相关政策、法律法规。

4.3.2 熟悉所经营品类行业及相关行业基本知识与市场现状，具备市场调研分析技能。

4.3.3 熟悉零售店面的业务运营流程及规范。

4.3.4 掌握专属行业及所管理品类商品的知识及陈列技能。

4.3.5 掌握经营计划分解、落实、跟踪、检核并持续改进的技能。

4.3.6 对各类市场信息具备高度的敏感度。

4.3.7 掌握基础的财务管理和人力资源管理的知识与技能。

5 岗位职能

5.1 销售管理

5.1.1 销售计划分解、分析与追踪

5.1.1.1 按照时间维度、品类维度进行分解，并带领下属团队对年度、月度及重大销售活动期间的计划进行分解。

5.1.1.2 组织周度、月度、季度销售例会，分析、收集销售活动、商品管理、价格管理等工作存在的问题，明确提升销售额的方法。

5.1.2 促销方案拟定、执行与评估

5.1.2.1 根据门店整体销售计划拟订门店整体促销活动、异业合作、团购集采等方案。

5.1.2.2 根据促销活动销售预期提出宣传及促销资源需求。

5.1.2.3 推动门店促销方案执行；针对于门店促销活动推进情况分析评估并调整。

5.1.3 市场调研与分析

5.1.3.1 根据专业门店经营特性，建立周边商圈档案并固化市场调研机制，分析商圈及消费者群体变化，优化产品结构，实现精准营销，提高投入产出比。

5.1.3.2 组织日常及重大促销时点竞争对手市场调研，及时了解竞争对手主推产品、价格策略、新品情况、货源情况、促销资源、促销手段、销售情况、工厂支持、服务承诺等，并及时沟通调整，确保竞争优势。

5.1.4 商品管理

5.1.4.1 根据市场情况分析及历史销售数据等因素判断商品销售趋势及预期，并提出出样及货源需求。

5.1.4.2 定期进行出样效率分析与调整方案拟订。

5.1.4.3 定期进行货源情况分析并明确销售策略。

5.1.4.4 根据新品、高毛利产品、畅销品、滞销品/不动销产品等不同商品定位制定不同商品陈列与布置方法及销售策略。

5.1.4.5 制订各品类商品组合陈列与销售方案。

5.2 服务管理

5.2.1 顾客满意度管理

5.2.1.1 全面负责店面人员服务规范管理，要求店面人员按照公司服务规范执行。

5.2.1.2 定期进行店面服务质量分析，梳理影响顾客满意度的因素并提出改进措施。

5.2.2 顾客投诉管理

5.2.2.1 对店面人员解决顾客投诉技能进行指导与培训。

5.2.2.2 负责处理店面其他人员难以解决的顾客投诉，对店面顾客投诉处理结果承担首要责任。

5.3 人员管理

5.3.1 基础人事管理

5.3.1.1 根据店面经营需要明确店面各岗位人员配置需求。

5.3.1.2 负责店面各岗位人员日常监督、考核与奖惩，提出录用、调整、薪酬和辞退建议。

5.3.2 培训及培养管理

5.3.2.1 负责店面员工培训计划制订并监督执行，带领员工积极参与公司开设的培训课程，并阶段性进行考核评估，重点为基础产品知识、业务流程、公司各项制度与标准学习。

5.3.2.2 根据工作计划及员工特长把月度指标按照每周、每日、每个时段合理分配并督促员工切实执行，帮助员工解决工作上的问题，鼓励员工积极地提出可行有效的提升业绩建议，并勇于尝试新方法。

5.3.2.3 关注员工日常工作业绩、工作能力及工作状态，定期与员工沟通并评估员工的工作表现，推荐工作优秀有管理潜力的员工参与晋升梯队培养。

5.4 环境管理

5.4.1 硬件及卫生环境管理

5.4.1.1 定期组织店面门头店招、户内外广告位形象、各类设施设备和消防器材等检查维

护，发现问题及时向相关部门发起维护需求。

　　5.4.1.2　每日组织店面卫生环境检查，保证户外及店面环境清洁、舒适，为顾客营造良好的购物氛围。

　5.4.2　经营环境管理

　　5.4.2.1　根据专业产品上柜资质要求组织进场商品各类资质及证书审核，应符合国家相关标准及要求。

　　5.4.2.2　组织店面各区域宣传物料、广告促销信息检查，应符合国家相关宣传规范。

　　5.4.2.3　负责与店面所在区域城管、工商、税务、公安、消防等政府部门的日常沟通，出现问题及时调整。

　　5.4.2.4　及时上报并处理店铺任何突发事件问题。

5.5　资产资金与费用管理

　5.5.1　资产资金管理

　　5.5.1.1　负责店面商品、固定资产安全，严格按照公司要求执行盘点及交接管理制度。

　　5.5.1.2　负责店面营业收入安全，严格按照公司要求执行资金盘点及缴款制度。

　5.5.2　费用管理

　　5.5.2.1　负责店面促销物料费用、水电费及其他日常经营费用分析与管控，合理使用，节约开支。

　　5.5.2.2　根据店面经营情况定期进行人事费用分析，合理调整人员。

5.6　日常基础工作管理

　5.6.1　会议管理

　　5.6.1.1　每日组织晨会及晚会，及时沟通、总结前日的工作及当日的销售计划。

　　5.6.1.2　每周、每月、每季度组织相应例会，总结分析每一阶段销售计划达成及其他重点工作推进情况，分析存在问题并拟订改进方案。

　5.6.2　检查管理

　　5.6.2.1　每日、每周、每月、每季度须组织店面硬件设施、消防安全、环境卫生、人员着装及行为规范、促销布展等内容检查，及时整改违规情况，确保店面良好经营环境。

　　5.6.2.2　定期进行商品经营资质等方面的检查，及时整改违规情况，针对不能立即解决的问题及时协调相关部门解决。

　5.6.3　档案资料管理

　　5.6.3.1　及时上报公司要求的各项报表及问题反馈。

　　5.6.3.2　按时完成店长工作日志、重大事件记录及各项报表的收集、整理和存档工作。

附录3　连锁经营名词、术语英汉对照109例

1. 便利店（Convenience Store，简称 Cv.S）
2. 超级市场（Super Market，简称 SM）
3. 大卖场、大型超市（Hyper Market）
4. 联合店（Combination Store）
5. 超级商店（Super Store）
6. 专卖店（Exclusive Shop）
7. 专业店（Specialty Store，简称 HS 或 SS）
8. 量贩店（Variety Store，简称 VS）
9. 百货商店（Department Store）
10. 折扣店（Discount Store，简称 DS）
11. 仓储式会员店（Warehouse Club）
12. 厂家店（Factory Outlets）
13. 大型综合超市（General Merchandise Store，简称 GMS）
14. 单品店（Single-Line Store）
15. 中心（Single-Line Store）
16. 快餐店（Fast-food Outlets）
17. 超级专卖店（Super Specialty）
18. 仓储式销售（Warehouse Retailing）
19. 计算机商店（Computer Store）
20. 电子超级店（Electronics Super Store）
21. 超大购物中心（Mega Mall）
22. 电子购物（Electronic Shopping）
23. 美国巨型市场（American Hyper Market）
24. 连锁店（Chain Store）
25. QR（Quick Response）服装衣料业为减少缺货、缩短加工时间，减少经营费用，能准确

预测补货信息的、适应顾客需求变化的快速反应。

26. 配送中心（Distribution Center）又分为分货配货（TC）、流通库存（DC）和生鲜加工（PC）3部分，分货配货即传送中心（Transfer Center）

27. 中央商务区（Central Business District，简称 CBD）

28. 次级商务区（Secondary Business District，简称 SBD）

29. 居民商务区（Neighborhood Business District，简称 NBD）

30. 新产品引进（Efficient Product Introduction），ECR4 大要素之一

31. 电子订货系统（Electronic Ordering System，简称 EOS 系统）

32. 销售时点信息管理系统，即 POS 系统（Point of Sales）

33. 管理信息系统（Management Information System，简称 MIS 系统）

34. 款到发货（Cash On Delivery，简称 COD）

35. 单到付款（Cash With Order，简称 CWO）

36. 电子标签监视系统（Electronic Article Surveillance，简称 EAS）

37. BtoC 企业对个人的电子商务（Business to Customer）；BtoB 企业对企业的电子商务（Business to Business）；CtoC 个人对个人的电子商务（Customer to Customer）

38. 供应链（Supply Chain）

39. 门店（Outlets）

40. 快速商品再包装（Efficient Store Assortment），ECR4 大要素之一

41. 射频识别（Radio Frequency Identification，简称 RFID）技术，又称电子标签

42. 正规 RC 连锁（Regular Chain）、直营连锁、公司连锁（Company Owned）

43. 特许连锁 FC（Franchise Chain）

44. 自愿连锁 VC（Voluntary Chain）

45. 指导、经营指导（Super Visor，简称 SV）

46. 技能、技术、诀窍（Know-how）

47. 补货系统（Efficient Replenishment）

48. 特许经营（Franchise），特许者（Franchiser），加盟者（Franchisee）

49. BF 经营模式的特许经营 Business（经营）Format （模式）Franchising

50. P&T 商品商标的特许连锁经营 Product（商品）and Trade Name（商标名称）Franchising

51. JIT 零库存（Just In Time），日本称多频度、小批量配送系统，零库存系统

52. ERP 企业资源系统（Enterprise Resources Planning）是一种企业信息管理系统

53. FF 加盟金（Franchise Fee）

54. 数据库技术（Database）

55. CI—两层含义：

（1）企业识别系统（Corporate Identify System）

　　MI 理念识别（Mind Identify）

　　BI 行为识别（Behavior Identify）

　　VI 视觉识别（Visual Identify）

（2）企业形象

　　CIM 企业形象管理（Corporate Image Management）

56. DIY 家居建材商店，连锁业态的一种

57. 超级标签（Super Tag）
58. SI 店面识别（Store Identify）
59. 标准字（Logo type）
60. 图形标志（Symbol Mark）
61. 企业精神标语（Slogan）
62. POP 店头广告（Point of Purchase）
63. 沟通（Communication）
64. ISDN 整合行销系统数据网络（Integrated System Digital Network）
65. GOT 图表订货终端机（Graphic Order Terminal）
66. ST 扫描仪（Scanner Terminal）
67. SC 门市电脑（Store Computer）
68. VAN 网络增值系统，又称为增值网（Value Added Net Work）
69. ECR 高效率消费者反应策略（Efficient Consumer Response）
70. CAO 计算机辅助订货（Computer Assisted Ordering）
71. CRP 持续补充系统（Continuous Replenishment Programmer）
72. ADC 自动数据采集
73. CD 穿过式配送，又称作交接运输（Cross Docking）
74. EAN 国际通用条形码体系，也是国际物品编码委员会的简称
75. UPC 美国统一编码委员会的简称
76. ELS 电子标签辅助拣货系统（Electronic Label System）
77. OFC 店铺巡视经营指导员
78. AFC 助理经营指导员，店铺巡视指导员的下级
79. GPS 全球卫星定位系统（Global Positioning System）
80. SKU 数，即单品数（Stock Keeping Unit），指店内销售的不同商品的品种数，也是存货控制的最小单位。每一个单品即为一个 SKU
81. ITEM 号，即单品号，商品号。每一种商品均设有一个商品号
82. MPU 区，贵重物品区
83. OP 单，即订单，店内收货部据此收货。OC 单为退货单。
84. EA 商品的销售单位
85. 销售区（Picking Stock）
86. 存货区（Over Stock）
87. END CAP 堆头
88. RTV 区 非正常销售商品的存放区
89. 端架（End Cap）
90. 边架陈列（Side Kit）
91. 天天低价,简称 EDLP（Everyday Low Price）
92. 一站式购物（One Stop Shopping）
93. 集中付款管理，即 CPC（China Payment Center）
94. Per Customer Transaction 客单价，即每一位顾客平均购买的商品金额
95. 条形玛（Bar Code）

96. DM（Direct Mail Advertising）简称直接邮寄广告、快讯商品广告，又称促销彩页。
97. SP 促销（Sales Promotion）
98. 店外条码，又叫原印码、国际商品条码（Out-Store Bar Code）
99. 店内条码，商店自己编制的商品条码（In-Store Bar Code）
100. 商品管理计划（Merchandising）
101. 国际特许连锁协会（International Franchising Association，简称 IFA）
102. 国际大量零售协会（International Mass Retail Association，简称 IMRA）
103. 大西洋与太平洋茶叶公司（Great Atlantic & Pacific Tea，简称 A&P）
104. 美国中小企业局（The U.S Small Business Administration，简称 SBA）
105. 欧洲特许联盟（European Franchise Federation，简称 EFF）
106. 世界特许联合会（World Franchise Council，简称 WFC）
107. 中国连锁经营协会（China Chain Store & Franchise Association，简称 CCFA）
108. 美国国际特许经营协会（Direct Selling Association，简称 D.S.A）
109. 美国全国零售联盟（The National Retailing Federation，简称 NRF）

参 考 文 献

[1] 陈已寰. 零售学. 广州：暨南大学出版社，2005.
[2] 崔太秀，张秀广. 连锁企业门店营运与管理. 北京：北京大学出版社，2009.
[3] 吕卫，黄旭敏. 连锁经营与管理. 上海：上海交通大学出版社，2013.
[4] 王吉方. 连锁经营管理教程. 北京：中国经济出版社，2005.
[5] 邓汝春. 连锁经营管理原理. 北京：电子工业出版社，2007.
[6] 王学宝. 连锁企业财务管理. 北京：电子工业出版社，2007.
[7] 李荣庆. 三种连锁经营发育的比较分析. 硕士论文. 西南财经大学，2006.
[8] 何淼. 连锁为王——解读中国连锁企业经典案例. 北京：中国经济出版社，2004.
[9] 金娟，王颖，毕春辉. 连锁超市经营管理实务. 深圳：海天出版社，2003.
[10] 匡俞全. 连锁零售业盈利模式与经营策略研究. 硕士论文. 上海外国语大学，2013.
[11] 迈克尔·利维，巴顿 A·韦茨. 零售学精要（中国版）. 北京：机械工业出版社，2009.
[12] 彭俊成. 连锁店经营管理秘诀. 成都：西南财经大学出版社，2002.
[13] 中国连锁经营协会. 零售创新案例. 北京：中国商业出版社，2005.
[14] 宋海峰. 连锁店经营与管理. 内蒙古人民出版社，2010.
[15] 顾大宇. 我国餐饮企业连锁经营研究. 硕士论文. 东北林业大学，2007.
[16] 张仁朝. 连锁零售企业财务管理研究——以国美电器集团公司为对象. 硕士论文. 首都经济贸易大学，2008.
[17] 谢翠梅. 连锁企业采购管理. 北京：对外经济贸易大学出版社，2010.
[18] 王梅. 我国零售业发展现状与职业化人才培养研究. 硕士论文. 天津大学，2010.
[19] 张晔清. 连锁经营管理原理. 上海：立信会计出版社，2006.
[20] 张倩. 连锁经营管理原理与实务. 北京：机械工业出版社，2009.
[21] 张晔清. 连锁企业门店营运与管理. 上海：立信会计出版社，2002.
[22] 郑光财. 连锁企业物流管理. 北京：电子工业出版社，2005.
[23] 刘斌. 物流配送营运与管理. 上海：立信会计出版社，2006.
[24] 周勇. 连锁店经营管理基础. 上海：立信会计出版社，2004.
[25] 赵涛. 连锁店经营管理. 北京：北京工业大学出版社，2006.
[26] 陈新玲. 连锁经营管理原理. 北京：电子工业出版社，2009.
[27] 彭娟. 连锁经营管理基本原理与实务. 北京：中国水利水电出版社，2011.
[28] 杨叶飞. 连锁门店开发与设计. 北京：机械工业出版社，2010
[29] 肖怡. 企业连锁经营与管理. 大连：东北财经大学出版社，2010.